인간심리의 이해

Introductory of Human Psychology

안권순 저

학지사

젤린스키(Zellinski)는 『느리게 사는 즐거움(Don't Hurry, Be Happy)』에서 "걱정의 40%는 절대 현실로 일어나지 않는 것, 30%는 이미 일어난 것, 22%는 사소한 것, 4%는 어쩔 수 없는 것, 나머지 4%만이 우리가 바꿔 놓을 수 있는 것"이라고 하였고, 파드마삼바바(Padmasambhava)는 『티벳 해탈의 서』에서 "걱정을 해서 걱정이 없으면 걱정이 없겠네.", 마음을 일컬어 "영원하지만 알려지지 않으며, 존재하지만 보이지 않으며, 명료하지만 인식되지 않는다"고 하였다. 인간의 심리를 이해하여 걱정 없는 마음으로 살아간다면 행복이 저절로 찾아오지 않을까?

심리학이 학문으로서 출범한 지 140여 년이 지나가고 있으며, "인간과 동물의 행동과 정신과정을 연구하는 과학"이라는 정의를 처음으로 배우고 벌써 40년이 흘렀다. 시대가 변하면서 가치관도 변하고 세상도 변해 가고 있다. 21세기 들어서서 인공지능 시대니 제4차 산업혁명이 도래하니 하면서 모든 게 나날이 변해 가고 있다. 하지만 인간의 본질과 사람의 의식 등은 변화하는 시대에 적응하기 바쁘다. 이러한 변화에 대처하기 위해 심리학 관련 서적도 다수 출판되고 생활문제를 해결하기 위해 전문심리학자들의 부단한 노력이 이어지고 있다. 이에 따라 심리학 분야도 우리가 경험하는 복잡하고 새로운 문제를 해결하고 대처하기 위해 그 영역이 더 세분되고 확장되고 있다. 이처럼 심리학은 현대사회에서 그 역할이 증대되고 있으며, 그러한 시대의 흐름과 새로운 경향성을 반영하는 심리학 개론서의 필요성이 대두되었다.

이러한 요구에 부응하여 누구나 쉽게 심리학 분야에 접근하고, 특히 보건학 분야에 이론과 원리를 적용하여 실제에 도움이 되도록 이 책을 구성하였다. 이 교재는 한 학기 강의 일정에 맞추어 14개 장으로 구성하였다. 제1장 인간과 심리학, 제2장 신경과학과 행동심리, 제3장 감각과 지각심리, 제4장 의식, 수면과 꿈, 약물심리, 제5장 동기와 정서심리, 제6장 기억과 학습심리, 제7장 사고, 언어 및 지능심리, 제8장 인간의 발달심리, 제9장 성격심리, 제10장 적응, 스트레스, 건강 및 행복심리, 제11장 상담심리, 제12장 이상심리 및 치료심리, 제13장 성과 사랑심리, 제14장 사회 및 응용심리로 이루어져 있다.

책을 집필하면서 나름대로 노력을 했으나 여전히 미진한 부분도 보여 아쉬운 마음이 든다. 이 책의 부족한 부분이나 미진한 부분은 수정과 보완을 통해 완성되도록 독자 여러분의 격려와 질책을 부탁드린다.

2023년 2월
안권순

차례

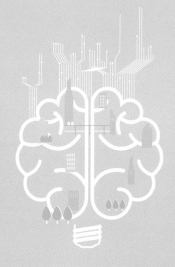

1. 인간이란

1) 인간이란

우리는 인간을 '사회적 동물'이라 부른다. 인간이 사회적 동물이라는 명제는 인간이 무언가를 위해서 '모이는 존재'라는 사실과 인간은 '함께-있음' 속에서만 생존할 수 있고, 유일한 삶의 형식을 통해서만 존재할 수 있듯이 인간은 결코 혼자서는 살 수 없다는 의미다. 이처럼 인간은 동물이면서 다른 동물과는 다른 특성을 지니고 있다. 인간은 스스로를 동물이라 부르기를 주저하며 동물과는 다른 고귀한 특성을 지닌 존재라고 생각한다. 세계적인 신학자 앨리스터 맥그라스(Alister McGrath)는 『인간 그 위대한 미스테리(The Great Mystery, Science, God and the human quest for meaning)』라는 책을 통하여 인간에 대해 조망하고 있다. 인간이야말로 가장 미스터리한 존재이며 그러면서도 가장 위대한 존재임을 천명하고 있다.

따라서 인간이 무엇이냐는 물음은 여러 관계 속에서 그 해답을 찾아낼 수 있다. 인간은 동물이므로 동물과 비교해 보는 것(생물학적 인간학)도 가능하고, 인간을 인간 그 자체로서 연구하는 것(이성적 인간학)도 가능하다. 인간은 욕망의 만족을 추구하면서 전적으로 생물학적 수준에서 삶을 영위할 수도 있지만, 자연을 능가하는 정신으로 살아갈 수도 있다. 인간의 본성에 대한 여러 해석들이 상호 배타적이지 않은 까닭이 여기에 있다. 그러므로 인간이란 무엇인가에 대한 올바른 대답은 어느 하나의 극단을 피하는 종합에서 발견할 수 있고, 인간은 동물이기에 동물로 살아갈 수밖에 없지만, 폭넓은 사회적 관심을 가진 책임 있는 존재로도 살아갈 수 있다.

인간에 대한 연구는 인간학(anthropology)에서 다룬다. "열 길 물 속은 알아도 한 길 사람 속은 알지 못한다."라는 속담처럼 사람만큼 미묘하고 복잡한 존재는 없을 것이다. 인간은 사실 인간인 우리 스스로 생각해 보아도 신비로운 존재다. 인간은 합리적인 동시에 비합리적이고, 문명화되어 있는 동시에 야만적이며, 깊은 우정을 나눌 수 있는 동시에 적개심 넘치는 위험한 존재다. "사람이면 다 사람이냐, 사람다워야 사람이지."라는 말에서 말하는 사람다운 사람이란 무엇이고, 사람답게 산다는 것은 또 무엇을 의미하는 것일까? 이처럼 인간의 본질을 문제 삼으면서, 인간을 인간답게 하는 것이 무엇인지를 묻고, 이를 밝혀 보려는 학문이 바로 인간학이다.

따라서 인간학이란 용어의 개념 발달사 측면에서 보자면, 인간을 독립적으로 다루게 되는 '인간 본성론'으로서의 인간학은 신 중심의 사고에서 인간 중심의 사고로의 전환에서부터 시작된다고 할 수 있다. 인간을 해명함에 있어서 우리가 간과하지 말아야 할 점은 인간이 이미 정립된 존재이기보다는 정립해 가는 존재, 즉 '되어짐'의 존재(Werdensein)라는 사실이다. 인간은 결코 완성된 존재도, 사변적 본질로서의 존재도 아니다. 오히려 끊임없이 자기를 기획하고 그것을 현실로 투사하는 가운데 자신의 현존재를 확인하고 정립하는, 지금 여기에 있음으로서의 실존적 존재다. 그런 의미에서 인간의 현사실성과 인간 심부의 내면성을 강조하는 실존론적 인간 탐구는 오늘날 새롭게 모색될 필요가 있다. 또한 인간이 앞서 정해진 바에 따라서 자신을 규정하기보다는 자유로운 개방된 존재로서 자신을 규정해 간다는 사실은 인간학적 탐구가 본질 탐구에 머물지 않고 나아가 인간의 자기실현과 자기완성이라는 새로운 차원의 인간학적 과제를 안고 있음을 시사한다.

2) 인간의 기원

인간이 유인원(원숭이)으로부터 진화한 것이라고 찰스 다윈(Charles Darwin)은 『종의 기원』을 통해 그의 가설을 설파했지만, 이제는 과학자들 사이에서도 그의 가설의 맹점을 알고 더 이상 받아들이지 않고 있다. '종(Species)의 기원'을 이야기하지만 정작 단세포(Amoeba)의 기원을 설명하지 못한다.

"인간이란 무엇인가?"는 우리가 철학의 이해를 통해 답을 얻고자 하는 질문들 가운데 중요한 하나다. 시대적 구분에 따라 크게 세 가지로 이에 접근해 볼 수 있다.

● 그림 1-1 ● 인간의 기원

첫째, 고대, 중세 철학자들 대부분이 받아들였던 '인간은 이성적 동물이다'라는 것이다. 소크라테스(Socrates)를 시작으로 당시 철학자들은 인간이 모든 다른 생물과 동일하게 '생명의 원리'인 영혼을 지니고 있지만, 특별히 '사고 능력'을 담당하는 지성적 영혼을 지니고 있다는 점을 강조한다. 이러한 맥락에서 모든 인간은 동일한 영혼을 소유하고 있으며, 몸에 의해 '나'와 '타자'가 구분되는 것으로 여겨진다. 바로 이것이 아리스토텔레스(Aristoteles)의 인간에 대한 이해다.

둘째, 정념(Passions), 감정, 감성을 내세우는 근대철학자들의 이론이다. 이들에게서 이성은 참과 거짓의 구별 능력 혹은 계산, 추리하는 능력으로 제한된 의미를 지닌다. 데카르트(Descartes)는 사실 인간의 본성을 정념의 문제로 다룬다. 그에게서 '생명의 원리'로서의 영혼의 본질은 '생각하는 것'으로 바뀌며, 생명의 원리는 몸의 '심장'에 부여된다. 이때 '생각하다'는 단지 '반성작용'만이 아니라 감성까지 포함하는 넓은 의미로서 결국, '의식'을 말한다. 의식의 철학이 시작된 것이다. 인간은 세계 그리고 '자아'에 대해 의식하는 존재로 세워진다. 근대철학자들에게서 인간에 대한 이해는 지성, 이성, 감성, 기억, 상상력 등의 정신 능력에 대한 논의를 통해 보다 구체적으로 전개된다.

셋째, 인간의 본성 자체를 부정하는 현대 실존주의다. 니체(Nietzsche)에 의해 시작된 고전철학에 대한 반론은 생철학(Lebensphilosophie)을 거쳐 실존주의로 이어지는데, 실존주의자들은 인간이 '실존'한 '후'에 각자 자신의 '본질'을 만들어 가는 존재라고 간주한다. 이들 가운데 특별히 키에르케고르(Kierkegaard)는 각 개인이 삶의 여러 길 가운데 하나를 완전히 의식적으로 선택하고 그에 따르는 책임을 질 수밖에 없다고 믿었는데, '신 앞에 선 단독자'로서의 개인을 중시한다. 그리고 사르트르(Sartre)는 인간이 하나의 실존임을 밝히고 도구와 달리 실존은 본질에 앞선다고 주창했다. 신을 거부하며 인간은 자신의 뿌리까지도 뽑아 버릴 수 있는, 즉 자신을 무(無)화시킬 수 있는 자유로운 존재라고 파악한다.

인간을 호모사피엔스(Homo sapiens)로 정의하는 사람들은 '인간의 이성'과 '생각할 줄 아는 능력'을 인간이 다른 동물들과 구별되는 것으로 보았다. 호이징가(Huizinga)는 인간을 호모루덴스(Homo ludens)라는 인간의 본질을 유희라는 점에서 파악하는 인간관이다. 즉, '유희하는 존재' '놀이하는 존재'로 정의했다. 여기서 말하는 '유희'나 '놀이'는 인간의 창조 행위와 예술을 의미하는 것이다. 이것은 인간만이 가지고 있는 독특함이 분명하다. 인간만이 예술과 문화를 구현할 수 있는 존재이기 때문이다.

또한 프리슈(Frisch)는 인간을 호모파버(Homo Faber), 즉 도구를 사용하는 인간으로 규명하기도 한다. 인간만이 도구를 사용하고 기술을 개발시킬 수 있기 때문이다. 하지만 이러한 정의들도 인간 전체를 정의하는 개념으로는 한계가 있다. 인간역시 구체적이고 개별적인 현실의 여러 인간이 있는데, 이러한 사고가 가능하다는 것은 인간이 서로 분리되어 있으며, 그것을 인식할 수 있다는 것을 입증한다. 즉, 이성은 분리되어 있는 실재로서의 자기를 인식할 수 있게 한다.

현 시대를 사는 우리는 앞의 철학자들 덕분에 "인간이란 무엇인가?"라는 질문에 매우 다양한 답을 고려해 볼 수 있다. 어떤 답을 하는가는 각자의 몫이다. 이처럼 인간을 규명하기 위해 소크라테스 이후 수많은 철학자가 사유(思惟)해 왔고, 생물학적 · 철학적 · 심리학적 · 인류학적으로 다방면에 걸쳐 인간 존재의 규명과 정의를 시도해 보았지만 그 어느 것도 인간 존재규명에 대한 명쾌한 답변을 제공하지 못했다.

3) 인간의 본질 및 유형론

인간의 본질론은 어떻게 접근할 수 있을 것인가? 인간의 본질론은 불변적인가 아니면 가변적일 수 있는 것일까? 그리고 인간은 그 존재 자체인가 아니면 존재 부여적 존재인가? 그리고 유신론적인 인간관과 무신론적인 인간관에 따라 그 양상은 달라질 수 있을 것이다. 특히 중세나 근세에 들어와서도 신의 존재를 긍정하고 그 속에서 인간을 파악하려는 태도가 있는가 하면, 이와 반대로 신을 전제하지 않고 오로지 인간의 편에서만 인식의 기초를 삼고 그에 따라 접근하려는 방법도 있었다.

인간 본질론이 철학적 인간학을 연구함에 있어서 실효성을 제고할 수 있을까? 이러한 문제에 해답을 구하기 위해서는 철학적 인간학의 모든 면을 검토해야만 가능할 것이다. 여기서는 미하엘 란트만(Michael Landmann)의 분류에 따라 종교적 인간학, 이성적 인간학, 생물학적 인간학 그리고 문화적 인간학으로 나누어 살펴보기로 한다.

첫째, 종교적 인간학에서는 인간과 신의 관계 속에서 정립되는 인간상이다. 종교적 인간학은 인간에 관한 가장 오래된 지식이 종교에 내포되어 있다. 모든 신앙은 신성(Gottheit)의 본질과 작용에 관해서 알려 줄 뿐만 아니라, 또한 인간에 관해서도 어떤 것을 알려 준다. 무엇보다도 인간의 기원, 사후의 인간 영혼의 운명, 지금까지의 형태이거나 새로운 형태를 가지는 영혼의 존속, 영혼의 저주나 구원 등은 종교의 근본지식의 중요 문제들이었다.

둘째, 이성적 인간학에서는 인간의 죄악성으로 인하여 모든 지식은 온전할 수 없는 것이었다. 따라서 인간은 어두운 말을 하며, 거울을 통하여 사물을 볼 뿐이라는 태도를 취한다. 그러므로 인간의 덕은 인간이 믿고, 사랑하고, 희망하는 종교적 감정 속에 들어 있는 것이다.

셋째, 생물학적 인간학에서 이성적 인간학은 다소 이원론을 극복해 보고자 하였으나 결국은 정신과 물질(다른 개체)과 구별하는 이원론이었다. 왜냐하면 인간은 이성을 가진 존재이기는 하지만 또한 그 이성은 육체 안에 머무르고 있기 때문이다. 특히 이성적 인간학은 인간을 인간이 되게 하는 것은 바로 이성 내지 정신이라고 보고, 인간의 신체 역시 인간적이기는 하지만 이러한 인간의 본질성에 근간이 되는 정신과는 구별하고 있다. 따라서 그 접근방법이야 다를 수 있기는 하지만, 종교적 인간학이나 이성적 인간학은 기본적으로 인간과 다른 개체를 구별하고 있다. 그러나 진화론이 주축이 되어 있는 인간생물학(Humanbiologie) 내지는 생물학적 인간학은 이러한 태도에 대하여 부정적인 사고를 가지고 있다.

인간을 '만물의 영장'이라고 하는데, 그 이유를 통상 인간은 다른 존재와 달리 정신을 가졌기 때문이라고 보기도 한다. 이러한 정의가 옳다면, 여기서 말하는 정신은 인간에 있어서의 신적 요소이며, 인간정신은 신의 인간에의 내재화라고도 볼 수 있다. 이와 관련하여 셸러(Scheler)는 정신작용의 중심을 인격이라 보면서, 생(Leben)과 정신의 완전한 결합, 즉 '정신으로 충만한 생명존재(Geisterfüllter Lebenssein)'를 '전인(Allmensch)'이라고 불렀으며, 이러한 전인이 오늘날과 같은 심각한 변화의 시대에 바람직한 인간상이라고 하였다. 그는 '인간과 역사'라는 글에서 인간을 다음과 같이 분류하였다.

첫째, 고대 그리스인들이 추구한 이성적 인간(homo sapiens), 또는 아폴론적 (Appollinisch)인 인간이 있다. 이는 예지인(叡智人)이라고도 말할 수 있는 것으로 지성과 이성을 인간성의 중심으로 보게 된다.

둘째, 유대-기독교가 추구하는 종교적 인간(theologische Mensch)이 있다. 이는 인간은 필연적으로 그를 창조한 신의 작품으로서 그의 삶의 목적도 창조자의 뜻에 부합해야 한다는 것을 의미한다.

셋째, 근대 실증주의에 근거한 공작적 인간(homo faber)이 있다. 이는 인간과 동물을 구별할 수 있는 것은, 인간은 바로 도구를 사용하고 있는 존재라는 점이다. 이러한 인간관은 동적인 측면에서 본 것이다.

넷째, 이성을 생의 병으로 여기는 디오니소스적(Dionysische)인 인간이 있다. 이는 니체(Nietzsche)에 의하여 명해진 것으로, 그리스 신화에 나오는 바코스(Bakchos: 주신)와 같이 도취를 특징으로 하는 비조형적인 음악 · 예술의 근본 충동에 의한 인간을 의미한다.

다섯째, 무신적인 초월인(Übermensch)이 있다. 이는 니체에 의하면 초인(超人)에 해당하는 것으로, 초인이 초인으로서 살기 위해서는 신은 죽어야 한다고 본다. 즉, 인간의 책임, 인간의 자유, 인간의 임무를 위하여 신은 죽어야 한다는 것이다.

이러한 분류는 인간의 일면적인 부분을 지적하였을 뿐이며, 온전한 '전인'을 파악하는 것이 못된다고 하였다. 볼노프(Bollnow)는 "인간 본질론은 개개의 학문에서 이룩할 수 있는 일을 위해 절대적으로 보장된 근거를 마련할 수 있는 하나의 완성된 사실로서 논증될 수 있는 것이 아니다. 이러한 절차상의 방법은 필연적으로 완성되어 있지 않다는 사실, 즉 환원한다면 새롭게 탐구되어질 수 있는 영역에서는 새롭게 보여질 수 있는, 근본적으로 개방되어 있다는 사실을 의미하게 되기 때문이다."라고 함으로써, 보편성을 부정하고 개방성을 인정하였다.

2. 인간의 마음

1) 마음이란

마음은 사람이 다른 사람이나 사물에 대하여 생각, 인지, 기억, 감정, 의지, 그리고 상상력의 복합체로 드러나는 지능과 의식의 단면을 가리킨다. 이것은 모든 뇌의 인지 과정을 포함한다. '마음'은 가끔 이유를 생각하는 과정을 일컫기도 한다. 보통은 어떠한 실체의 생각과 의식의 능력으로 정의된다. 조직 내의 인간사에서 발생하는 대부분의 문제는 결국 마음으로 귀결된다는 것이다. 그래서 마음의 작용원리를 이해하는 것이 중요하다. 우리의 일상에서의 선택은 무한히 열려 있다. 어떤 선택을 하느냐에 따라서 고통과 불행으로 나가기도 하고, 성공과 행복으로 나가기도 한

● 그림 1-2 ●   마음

다. 그 선택의 메커니즘, 즉 마음의 작용원리를 간단히 이해할 필요가 있다.

심리학적으로 보면, 인간의 마음은 의식적인 마음(conscious mind)과 무의식적 마음(unconscious mind)으로 구분된다. 우리의 일상생활은 의식적인 마음보다 무의식적인 마음의 작용에 더욱 영향을 받고 있지만, 무의식에 대한 이해의 깊이가 깊지 않다.

2) 인간과 마음의 이해

마음을 이해하는 하나의 관점으로 정신(psyche)의 사전적 의미는, 사람과 영혼, 지성 그리고 마음은 주관적으로 인식이 되며, 기능적인 특성을 가지고 궁극적으로 물리적인 과정에 기초하나 환경과 상호작용하면서 전체적인 자신의 유기체를 지배하려는 복잡한 과정이다.

프로이트(Freud)에 의하면 마음은 빙산과 같은데 눈으로 볼 수 있는 적은 부분이 의식의 영역이며 눈에 보이지 않는 큰 부분이 무의식의 영역이라고 한다. 그는 무의식이, 강한 충동과 일시적인 충동과 열정과 숨겨진 기억들과 억압된 개념들과 우리의 행동과 의식적인 생각들에 영향을 미치는 감정들로 차 있다고 믿는다. 그는 우리가 마음을 이해하려면 무의식의 본질과 영향을 더 많이 알아야 한다고 생각했다. 자신의 평소 하던 방식에 변화를 주어, 뇌에 새로운 자극을 주는 것이다. 이것이 머리를 자주 사용하는 방법이다.

히포크라테스(Hippocrates)는 우리에게 뇌라는 것이 있기 때문에 사물을 생각할 수 있으며, 기분이 좋거나 나쁜 것을 분별해 낼 수 있다고 하며 마음이 머무는 곳을 뇌로 추정했다. 인간의 마음을 이론적으로 추구하기 시작한 아리스토텔레스는 마음은 심장에 머물러 있다고 생각했다. 데카르트 이전의 사람들은 마음이 몸에 머물러 있기 때문에 사람들이 움직일 수 있으며, 웃거나 울기도 한다고 생각해서 혼이 떠나면 육신은 죽고 만다고 생각했다. 데카르트는 운동을 정지했기 때문에 몸이 죽고, 그 결과 마음이 육체에서 떠난다고 생각했던 것이다. 그는 인간은 태어날 때부터 관념을 가지고 태어난다고 생각했다.

마음에 대한 탐구는 철학자들이 도맡아 하여서 마음은 형태가 없는 것, 눈에 보이지 않는 세계의 깊숙한 곳에 자리잡고 있는 것으로 생각하였다. 그런데 분트(Wundt)는 인간의 마음을 과학적으로 파악하려고 했기 때문에 심리학의 첫 장을 열 수 있었다. 사람의 밝은 행동과 어두운 행동은 기분이나 감정의 변화 때문이며, 정열적일 때와 냉담할 때는 욕구의 유무나 강약, 하나의 목표에 대해 집념이 있느냐 없느냐는 그의 의지와 관련이 있다.

인간이란 존재는 자신의 머릿속에 떠오른 것을 알고 있는 것은 별 필요가 없다 하더라도 다른 사람에게 말하고 싶어지는 경향이 있다. 인간 마음의 기본원칙으로 마음은 에너지와 정보의 흐름을 조절하는, 몸과 통합(embodied)된, 그리고 관계적인(relational) 과정이다. 이러한 마음의 정의에 기반하여 삶 가운데 건강한 마음을 유지할 수 있는 실제적인 기본원칙을 설정하였다. 첫째, 인간의 마음의 핵심적인 면은 에너지와 정보의 흐름을 조절하는, 몸과 통합된 그리고 관계적인 과정이다. 둘째, 몸과 관계의 발생적 특성(emergent property), 전체는 부분보다 우위에 있다는 개념으로 마음은 내적인 신경생리학적 과정과 관계적인 경험을 통해 만들어지는 것이다. 셋째, 발달하는 뇌 구조와 기능은 인간의 경험, 특히 대인관계를 통한 경험과 유전적으로 프로그램화된 신경계의 성숙화 과정을 통해 결정된다.

아울러 마음의 구성은 다음과 같다.

첫째, 마음은 비물질이다. 마음에 대한 분석은 우리들의 잘못된 견해를 바로잡는 데 목적을 두고 있다. 다시 말하면, 마음에 대한 분석은 학문적 성취를 위해서 하는 것이 아니고, 실재하는 진실을 알아 지혜를 얻고자 하는 것이다. 마음이 무엇인지를 아는 지혜를 얻어야 모든 번뇌를 해결할 수 있다. 인간의 삶은 마음이 이끌고 있기 때문에 마음에 대한 바른 이해가 있을 때 비로소 현상을 바르게 보는 지혜가 나와 모든 괴로움에서 벗어날 수 있다.

둘째, 마음은 대상을 아는 기능을 한다. 마음은 행위를 하는 자의 입장에서 보면

'대상을 안다고 해서 마음이라고 한다'라고 하며, 도구의 측면에서 보는 마음은 '이 것으로 인해 안다고 해서 마음이라고 한다'라고 하고, 행위 그 자체 입장에서 보는 마음은 '단지 알고 있는 그 자체가 마음이다'라고 말할 수 있다. 따라서 마음들의 공통점은 모두 안다는 것이다. 그래서 마음은 대상을 아는 것이라고 알아야 바르게 이해하는 것이다.

셋째, 마음은 매순간 변한다. 존재하는 모든 것들은 변한다. 변한다는 것은 항상(恒常)하지 않은 것으로 무상(無常)이다. 이 세상에 변하지 않는 것은 하나도 없다. 물질도 매순간 변하고 마음도 매순간 변한다. 조건에 의해 일어난 것은 반드시 조건에 의해 사라진다.

넷째, 마음은 대상이 없으면 일어나지 않는다. 마음은 반드시 대상이 있어야 일어난다. 한 순간의 마음은 조건에 의해 일어나고 조건에 의해 사라진다. 이때의 조건이란 눈이 빛에 의해서 형상이라는 대상과 접촉했을 때 아는 마음이 일어나는 것을 말한다. 따라서 마음은 조건에 의해 일어나며, 이러한 조건은 바로 대상과 접촉을 통해 일어난다.

3. 심리학이란

1) 심리학이란 무엇인가

심리학은 독일어의 'psychologie'와 영어의 'psychology'로 번역한다. 이 용어의 어원은 희랍어 'psyche(마음, 정신)'과 'logos(학문)'의 합성어다. 심리학의 연구 주제가 인간의 '정신' 혹은 '마음'이다. 그러나 심리학을 한마디로 정의하기란 매우 어렵다. 왜냐하면 학자마다 견해가 다르고 시대에 따라 관점이 변하기 때문이다. 일반적으로 "심리학은 행동과 정신과정을 체계적이고 과학적으로 탐구하는 학문"이다. 이 정의에서 중요한 것은 각각의 용어들이 광범위한 의미를 지니고 있다는 것이다. 인간과 동물 모두에게서 관찰될 수 있는 행위나 반응의 행동(behavior)과 직접 관찰될 수 없는 정신과정(mental process) 등 광범위하고 복잡한 것들이 포함된다. 심리학자들의 관심 주제는 신경체계, 감각과 지각, 학습, 발달, 건강, 성적 행동, 집단이나 조직 같은 사회적 상황에 처한 사람들의 행동이다. 심리학의 연구범위는 단지 사람들이 행하는 것뿐 아니라 그들의 사고, 감정, 지각, 추리과정, 기억 및 신체 기능을 유지시키는 생물학적 활동까지도 포함된다.

또한 심리학은 다른 과학분야에서와 마찬가지로, 연구하고자 하는 현상을 과학적인 방법을 사용하여 기술하고, 설명하며, 예측하고, 궁극적으로 통제하기 위한 노력을 목적으로 한다. 즉, 심리학자들은 유기체가 행동을 하는 방식을 기술(describe)하고, 그와 같은 행동의 원인을 설명(explain)하며, 이를 통해 유기체가 어떤 상황에서 어떻게 행동을 할 것인지를 예측(predict)하고자 한다. 그리고 행동을 예측할 수 있다면, 유기체의 행동을 통제(control)하기 위한 노력을 한다. 따라서 심리학은 행동과 정신과정을 기술, 설명, 예측, 통제하고자 하는 학문이다.

● 그림 1-3 ● 심리학의 상징(그리스 문자 'psi')

2) 심리학의 역사

심리학에 기여한 아리스토텔레스(BCE 384~322)는 별과 바다의 움직임과 같이 인간의 행동 또한 규칙과 법칙에 따른다고 주장하였다. 데모크리토스(Democritus, BCE 400)는 행동을 신체와 마음의 측면에서 생각해 볼 수 있다고 하였다. 페흐너(Gustav Theodor Fechner, 1801~1887)는 빛과 소리와 같은 물리적 현상이 심리적 감각과 지각을 어떻게 자극시키는지를 보여 주고 있다. 그는 이러한 현상들의 효과를 과학적으로 측정할 수 있는 방법을 소개하고 있다.

대부분의 심리학자들은 1879년 빌헬름 분트(Wilhelm Wundt, 1832~1920)가 처음으로 심리학 실험실을 설립한 시점을 현대 심리학이 탄생한 시기로 보고 있다. 그러나 일부는 1881년에 스탠리 홀(Stanley Hall, 1844~1924)이 설립한 심리학 실험실이 최초의 심리학 실험실이라고 주장하기도 한다. 그럼에도 불구하고 분트가 '심리학의 아버지'라 불리는 데에는 별다른 이견은 없다. 분트는 마음이 과학적이며 객관적으로 연구될 수 있다고 주장했으며, 심리학의 영역에서 객관성과 측정을 처음으로 통합한 인물이다.

(1) 구성주의(Structuralism)

구성주의는 마음의 구성, 즉 기본요소에 대한 연구를 중심으로 하는 학파다. 아리스토텔레스처럼 분트는 마음을 빛, 열, 혈액의 흐름과 같이 과학적으로 연구할 수 있는 자연적인 발생으로 보았다. 인간 의식의 구성 요소를 체계적으로 분석할 수 있는 방법으로 내성법(introspection)을 제시하였다. 내성법은 훈련된 사람들에게 있어 자신의 내부를 성찰하고 감각 및 지각과 같은 경험의 다양한 요소를 보고하도록 하는 방법이다. 즉, 의식의 내용을 스스로 관찰하여 언어로 보고하는 방법이다.

분트의 심리학을 계승한 티체너(Edward Titchener, 1867~1927)는 심리학은 경험의 학문이며 겸험은 물리적 감각, 감정, 심상으로 구성되어 있다고 보았다. 그는 인간의 경험이 개별적인 정서와 감각들로 쪼개질 수 있다고 보았다. 따라서 인간의 의식에 있어 개별적인 요소들을 확인하고 이러한 요소들이 어떻게 결합되고 통합되는지를 보고자 하였다.

구성주의는 의식적 경험을 시각, 미각과 같은 객관적인 감각과 기억이나 꿈과 같은 정신적 이미지, 정서적 반응 등의 주관적 느낌들로 구분하였다. 구성주의 학자들은 객관적이고 주관적인 경험의 요소들을 조합함으로써 마음이 기능하는 것이라고 믿었다.

(2) 기능주의(Functionalism)

기능주의는 의식경험의 기본요소보다 마음의 사용 또는 기능을 강조하는 학파다. 윌리엄 제임스(William James, 1842~1910)는 의식을 개별적인 요소들의 집합이라기보다는 끊임없이 변화하는 연속적인 흐름으로 보았다. 또한 제임스는 이러한 의식이 존재함으로 인해 유기체가 환경에 적응할 수 있다는 의식의 기능적인 측면을 강조하였다. 즉, 제임스는 의식이 유기체가 환경에 적응하도록 돕는 데 그 목적이 있다고 본 것이다.

제임스의 제자였던 존 듀이(John Dewey, 1859~1952)는 심리학의 목적이 인간생활에서 어떤 기능이나 역할을 하는지를 규명하는 데 있다고 하였다. 그는 이러한 기능주의 접근을 받아들이면서 이를 기반으로 학교심리학(현재는 교육심리학 분야)이라는 이론체계를 확립하였다. 이 분야는 교육체계를 통해 학생들의 요구를 어떻게 충족시켜 줄지에 대한 관심의 반영으로 고려된다.

기능주의는 경험이라는 것이 환경에 좀 더 잘 적응해서 기능하도록 어떻게 도움을 주는지를 연구하였다. 즉, 의식의 구조보다는 기능을 연구한 기능주의는 우리의 마음이 변화하는 환경에 어떻게 적응하는가에 관심을 두었다.

(3) 행동주의(Behaviorism)

행동주의는 속마음보다는 겉으로 드러난 행동만을 연구 대상으로 하는 학파다. 왓슨(John Broadus Watson, 1979~1958)은 구성주의와 정신적 요소 및 의식과정 및 내성법이라는 심리학적 기법을 부정하였다. 대신에 그는 과감하게 객관적 실험과학으로서 심리학은 그 목표를 관찰 가능한 행동의 분석, 예측 그리고 그런 행동의 통제에 두어야 한다고 주장하였다.

행동주의적 접근은 관찰 가능한 행동의 객관적 및 과학적 분석을 강조하였다. 행동주의에 크게 기여한 스키너(B. F. Skinner, 1904~1990)는 유기체가 특정한 방식으로 행동하는 것이 강화(reinforcement)를 통해 어떠한 행동이 긍정적인 결과를 가져왔을 때 학습되었기 때문이라고 하였다.

행동주의 심리학자들은 행동과 정신과정 모두를 포함하는 것이 아닌, 행동에 중점을 둔 과학적 연구로 정의된다. 1960년대부터 인간은 자극을 받아 행동한다는 수동적인 인간관계에서 벗어나 인간은 환경을 파악하고 이해하고 생각하는 적극적인 존재임을 강조하는 경향에 따라 행동주의는 쇠퇴하였다. 그러나 현재까지 행동주의는 임상적인 치료, 행동수정, 과학적인 연구방법 등으로 널리 이용되고 있다.

(4) 형태주의(Gestalt)

형태주의는 지각된 내용을 하나의 전체로 통합하고 분리된 자극들을 의미 있는 유형으로 통합하고자 하는 경향을 강조하는 학파다. 형태는 독일어로 'Gestalt'이며 전체로서의 모양(또는 윤곽)을 의미한다(Munn, 1961). 만약 당신이 공사 중 차선 변경을 알리는 도로 표지판을 볼 때, 당신은 화살표를 구성하고 있는 전등들이 실제로 한 방향으로 움직이고 있다고 생각한다. 그러나 이러한 움직임은 실제로 착각(착시)이다. 이러한 착각은 1912년 3명의 심리학자 막스 베르타이머(Max

Wertheimer, 1880~1943), 볼프강 쾰러(Wolfgang Köhler, 1887~1961), 그리고 컬트 코프카(Kurt Koffka, 1886~1941)에 의해 처음으로 연구되었다. 그들은 일정한 거리에 위치된 두 개의 전구를 일정한 시간차를 두고 켰다 끄는 것을 반복할 때, 빛이 움직인다는 지각을 생성시킬 수 있었다. 비록 두 개의 전구가 고정되어 있을지라도, 빛은 하나의 전구에서 다른 전구로 마치 움직이는 것처럼 보였다. 그들은 이러한 현상을 파이현상(phi phenomenon)이라 부르며, 오늘날에는 가현운동(apparent motion)으로 불린다.

형태주의 심리학자들은 지각방식과 지각이 생각과 문제해결에 미치는 영향에 중점을 두었다. 즉, 의식의 문제 또는 현상을 전체의 형태로 그리고 장(場, field)과의 상호관계에서 그 역동적 구성과정을 밝히려고 하였다.

(5) 정신분석(psychoanalysis)

정신분석은 인간행동을 결정하는 요소로서 무의식에서의 동기와 갈등의 중요성을 강조하는 학파다. 프로이트(1856~1939)는, 성격으로서의 정신분석은 우리 삶의 많은 부분이 어린 시절에 겪었던 갈등으로부터 발생된 무의식적인 생각들과 충동에 의해 지배받게 되는 것이라고 설명하였다.

정신분석은 인간의 의식세계를 의식, 전의식, 무의식으로 구분하였으며, 정신의 대부분은 무의식으로 이루어져 있다고 주장하였다. 프로이트는 인간행동을 결정하는 것은 의식적 사고보다는 무의식적 과정 특히 원초적인 성 충동과 공격성이 더 큰 역할을 한다고 보았다. 그러나 이들 행동의 문제가 무의식적 욕망과 관련된 갈등이라는 견해는 인정되나 항상 성적인 속성과 연관시켜 설명하려는 데에는 많은 비판이 있었다(Glietman, 1996).

이에 호나이(K. Horney, 1885~1952), 설리반(H. S. Sullivan, 1892~1949), 프롬(E. Fromm, 1900~1980) 등 신정신분석 학파들은 무의식적 동기와 유아기의 중요성을 인정하나 프로이트가 강조한 성적인 요소보다는 사회문화적 요소를 강조하였다. 또한 아들러(A. Adler, 1870~1937)는 성격을 개개인의 사회적 영향의 산물로 보았으며, 융(C. Jung, 1879~1961)은 무의식은 창조적 에너지, 자기실현을 위한 힘, 선조들에 의해 누적된 집단무의식 등이 저장된 보물창고라고 주장하였다.

정신분석 심리학은 성격형성이나 이상행동 그리고 신경증적 문제에 큰 시사점을 주었으며 심리치료의 기초를 이룩하였다.

(6) 인본주의(Humanistic)

인본주의 심리학은 실존주의에서 영향을 받았으며 현상학적 심리학이라고도 한다. 인본주의는 인간에게는 성장과 자기실현을 이룰 수 있는 적극적인 역량이 있으므로 양질의 환경 속에서 창의적 잠재력이 발휘될 때 궁극적인 인간 천성이 나타난다는 것을 강조한다. 매슬로(A. Maslow, 1908~1970)는 기존의 학파들이 인간을 지나치게 기계론적 · 결정론적 · 분석론적으로 보는 것에 반발해 인간은 선천적으로 긍정적이며, 주체적인 의지를 가졌다고 보아야 한다고 주장하였다. 그는 인간의 존엄성을 인정하고 변화가능성을 존중해야 한다고 하였다.

인본주의는 주관적인 개인의 경험을 특히 강조하므로, 자기(self)를 강조하는 자기실현화 이론(self-actualization theory)이라고 하였다(Dworetzky, 1988). 인본주의 심리학은 행동주의의 기계론적 인간관과 정신분석의 우울하고 부정적인 인간관과 결정론적인 인간관을 극복하고 동시에 인간에 대한 심리학적인 관점을 바꾸어 놓은 역할을 하였다.

인본주의 심리학은 모든 인간은 한 개인으로 다루어져야 하고 유전이나 환경에 의해 결정되는 존재가 아니므로 인간은 스스로 자신의 행위에 책임을 지는 존재이며 성장과 자아실현을 추구하려는 강한 동기를 가지고 있다고 하였다.

3) 심리학의 모형

심리학의 초기 접근들이 복잡하고 다양했다는 사실은 오늘날 이 분야가 매우 다양하고 세분화하게 된 기초가 되었다. 그러나 이러한 다양한 심리학의 범위는 몇 개의 기본적인 모형으로 포괄될 수 있다. 계속해서 발전되고 있는 각 모형들은 행동과 정신과정의 다른 측면들을 강조하고 있으며, 심리학자들로 하여금 각기 다른 방향에서 문제에 접근할 수 있도록 해 준다. 이 분야를 구성하고 있는 5개의 주요 모형으로 생물학 모형, 정신역동 모형, 인지 모형, 행동 모형, 인본주의 모형을 들 수 있다.

(1) 생물학 모형(Biological Models)

기본적으로 행동은 피부와 내장으로 구성되어 있는 살아 있는 피조물에 의해 수행된다. 생물학 모형에 따르면, 사람과 동물의 행동은 개개의 신경세포가 어떻게 조합되는가? 부모와 다른 선조들로부터 물려받은 어떤 유전적 특성들이 어떤 식으로 행동에 영향을 미치는가? 신체의 기능은 희망과 공포라는 정서에 어떻게 영향을 미치는가? 어떤 행동이 본능에 기인하는가? 등의 생물학적 기능으로부터 고려되어야 한다. 모든 행동은 생물학적 요소로 분리될 수 있기 때문에, 생물학 모형은 광범위한 호소력을 지닌다. 이러한 모형을 따르는 심리학자들은 어떤 유형의 청각장애 치료 개발에서부터 심각한 정신장애를 가진 사람을 치료하기 위한 약물의 효과성을 확인하는 것에 이르기까지 인간의 삶에 대한 이해와 향상에 기여해 왔다.

(2) 정신역동 모형(Psychodynamic Models)

심리학을 공부해 보지 않은 많은 사람에게 있어 심리학의 시작과 끝은 정신역동 모형으로 비쳐진다. 정신역동적 조망에 따르면, 행동은 개인이 거의 통제할 수 없는 내부의 압력에 의해 동기화된다. 꿈과 설단현상(slips of the tongue)은 잠재의식의 활동 속에서 개인이 진실로 느끼는 것의 발현으로 고려된다. 정신역동적 관점은 1900년대 초에 비엔나 정신과 의사인 프로이트에 의해 처음으로 전개되었다. 행동의 무의식적 결정인에 대한 그의 아이디어는 심리학뿐 아니라 관련 분야의 20세기 사고에 혁신적인 영향을 미쳤다. 비록 정신역동적 사고의 많은 기본 원리들에 대해 비판이 제기되기는 하였지만, 프로이트로부터 시작된 이 모형은 정신장애 치료뿐 아니라 편견 및 공격성과 같은 일상적인 현상을 이해하는 수단을 제공하였다.

(3) 인지 모형(Cognitive Models)

행동을 이해하기 위한 또 다른 통로는 마음의 다양한 구조를 확인하는 데 관심을 가졌던 구성주의의 전통으로부터 파생된 인지 모형이다. 인지 모형은 사람들이 세계를 어떻게 알고, 이해하며, 사고하는지에 초점을 맞춘다. 이 모형의 강조점은 마음 자체의 구조를 확인하는 것에서부터 사람들이 외부 세계를 어떻게 이해하고 표현하는지 그리고 이러한 이해가 행동에 어떻게 영향을 미치는지에 대한 관심으로 확대되었다(Rouse & Morris, 1986).

이 모델에 의존하는 심리학자들은 사람들이 TV를 시청하면서 동시에 독서를 할 수 있는지의 여부에서부터 사람들이 스스로 타인의 행동 원인을 어떻게 이해하는지에 이르기까지 다양한 문제를 다룬다. 인지적 접근과 연계되는 공통적인 요소들은 사람들이 세계를 어떻게 이해하고 그에 대해 어떻게 생각하는지를 포함하여 마음의 작용 패턴과 규칙성을 설명하는 데 대한 관심의 표명이다.

(4) 행동 모형(Behavioral Models)

생물학, 정신역동 그리고 인지 모형이 행동의 원인을 결정하기 위해 유기체 내부를 살핀다면, 행동 모형은 이와는 매우 다른 접근을 택한다. 행동 모형은 마음의 내부 작용에 대한 초기 심리학의 강조를 비판하면서 나타난 모형으로 관찰 가능한 행동이 심리학의 초점이 되어야 한다고 주장하였다. 1920년대 왓슨(Watson)은 개인이 처한 환경을 연구하고 수정함으로써 행동을 완전한 이해할 수 있다는 강한 신념을 가지고 있었다. 사실, 그는 환경을 적절히 통제함으로써 어떤 원하는 종류의 행동을 얻을 수 있다는 낙관적인 신념을 가지고 있었다. 그 이후, 행동 모형은 스키너에 의해 전수되었고, 그가 1990년 사망할 때까지 당대에 가장 유명한 심리학자로 기억되었다. 사람들이 새로운 행동을 어떻게 학습하는지에 대한 많은 이해가 행동 모형의 기초가 된다. 이 모형은 학습 분야에 큰 영향을 주었음은 물론, 정신장애, 공격성, 성 및 약물중독 문제 등의 치료 분야에도 크게 기여를 하였다.

(5) 인본주의 모형(Humanistic Models)

인본주의 모형은 행동이 생물학적 압력, 무의식적 과정, 혹은 오로지 환경에 의해 결정된다는 관점을 반대하였고, 대신에 사람들은 자신들의 삶을 통제할 수 있는 능력을 가지고 있는 존재로 가정하였다. 인본주의 심리학자들은 사람들이 더 높은 성장과 충족을 위해 발달해 가려는 자연적인 성향을 가지고 있으며, 만약 기회가 주어진다면 그들이 지닌 잠재력을 발휘하기 위해 노력할 것이라고 주장하였다. 따라서 이 접근은 인간이 자신의 삶을 결정할 수 있는 능력, 즉 자유의지(free will)를 강조한다. 어떤 다른 접근보다도 인본주의 모형은 심리학이 사람들의 삶을 충족시키고, 자아실현에 도달할 수 있도록 도와줄 수 있는 역할을 하여야 한다고 주장하였다.

4) 심리학의 연구방법

과학적인 연구를 하기 위해서 가장 먼저 해야 될 것은 자신이 탐구하고자 하는 내용이 무엇인지를 확인하는 것이다(**문제 제기**). 다음으로 이러한 문제가 이미 연구되었는지를 확인해야 한다(**선행연구 검색**). 그리고 선행연구는 단지 연구과정의 초기단계이며, 그 다음 단계로는 위의 연구자들이 추론한 내용이 과연 옳은지를 검증하는 방법을 고안해야 한다. 이를 위해 검증될 수 있는 방식으로 진술되는 예측혹은 예언을 의미하는 가설(hypothesis)을 도출해야 한다(**가설 설정**). 가설이 설정되면, 그 다음으로 가설을 검증해야 한다(**가설 검증**). 가설을 검증하는 방식은 관찰, 조사, 실험 등이 있으며, 이러한 방식을 거쳐 자료를 수집하게 된다. 자료 수집이 완료되면, 자료를 분석하는 절차가 요구된다(**자료 분석**). 이를 통해 연구자가 설정한가설이 지지되는지, 아니면 기각되는지를 결정할 수 있게 된다. 만일 가설이 기각된다면, 가설을 설정하는 과정에서부터 혹 문제가 있었는지, 설정된 가설에 영향을 줄 수 있는 다른 요인들이 존재하는지 등을 비판적인 시각에서 살펴보고 가설을재설정하거나, 다른 요인을 통제 또는 제거하는 방식의 순환적인 절차를 반복해야한다.

과학적 방법을 사용하여 문제들을 해결해 가는 과정에는 연구 전략들이 존재한다. 심리학적 문제들을 해결하기 위한 연구 전략, 즉 가설을 검증하는 여러 방식을살펴보기로 하자.

(1) 기술 연구(Descriptive Study)

가. 자연 관찰

자연적 상황에서 관찰자가 어떠한 개입의 시도 '없이' 행동을 직접 관찰하는 것을 자연 관찰(naturalistic observation)이라고 부른다. 자연 관찰에서 연구자는 단지자연적으로 발생되는 행동을 관찰하며, 그 상황에 개입하지는 않는다. 이러한 관찰방법을 사용하는 관찰자는 사건이 자연적으로 일어날 때 사건의 수동적인 기록자로서 행동한다. 우리는 자연적 상황을 행동이 일반적으로 일어나는 상황으로서 심리학 실험실과는 달리 행동을 관찰할 목적으로 특정한 조정을 가하지 않는 상황으로 생각할 수 있다. 자연적 환경에서의 관찰은 다른 기능들 중에서도 특히 실험실발견의 외적 타당도를 확보하는 방법으로 작용한다. 즉, 실험실을 '실제 세계'로 가져오는 것이다. 자연적 환경에서 관찰의 주요한 목적은 행동을 그것이 통상적으로일어나는 대로 기술하고 존재하는 변인들 사이의 관계를 조사하는 것이다.

나. 참여 관찰

참여 관찰(participant observation)에서는 관찰자가 이중의 역할을 한다. 그들은 사람들의 행동을 관찰하고 그들이 관찰하고 있는 상황에 적극적으로 참여한다. '위장하지 않은(undisguised)' 참여 관찰에서는 관찰되고 있는 개인들이 그들의 행동에 대한 정보를 수집할 목적으로 관찰자가 참석해 있다는 것을 알고 있다. 이 방법은 집단의 일원들과 같이 살고 일하면서 집단의 문화와 행동을 이해하려는 인류학자들에 의해서 자주 사용된다.

'위장한(disguised)' 참여 관찰에서는 관찰되고 있는 사람들이 자신들이 관찰되고 있다는 것을 모른다. 여러분이 상상할 수 있듯이, 사람들은 자신의 행동이 기록되고 있다는 것을 알고 있을 때에는 평상시에 하는 방식으로 항상 행동하지는 않는다. 행동을 관찰할 때의 주요한 문제는 반응성(reactivity)이다. 반응성은 사람들이 자신이 관찰되고 있다는 사실 때문에 그들의 일반적인 행동 방식을 바꾸는 것으로 반응할 때 발생한다. 그러므로 관찰자들은 관찰되고 있는 사람들이 자신의 행동이 기록되고 있다는 것을 알게 될 때 그들의 행동을 바꿀 것이라고 믿으면, 관찰자로서의 자신의 역할을 위장하기로 결정할 수 있다.

다. 사례 연구

조사 연구와는 달리, 사례 연구(case study)는 자연적인 배경 안에서 하나 혹은 그 이상의 측면에 대해 오랜 시간을 거쳐 집중적으로 연구하는 방법이다. 즉, 개인이나 소집단의 사람들에 대해 심층적이며 집중적인 조사를 행한다. 사례 연구는 흔히 개인의 성격에 대한 통찰을 얻기 위해 신중하게 설계된 문항들로 구성된 심리 검사의 수행을 포함한다. 사례 연구가 하나의 연구 기법으로 사용될 때, 그 목표는 흔히 소수의 개인들에 대해 이해하고자 하는 것이며, 또한 사람들을 더 잘 이해하기 위해 얻어진 통찰을 사용하는 것이다. 그러나 그 결과에 대한 적용에 있어서는 신중을 기해야 한다. 사례 연구는 이론 구축 및 검증에 모두 활용되며 연구맥락과 관련된 자료를 풍부한 집합체들로부터 탐색할 수 있는 장점을 가지고 있는 반면, 실험 처리나 통제 혹은 추론의 내적 타당성을 포함하지 않으며 다른 맥락이나 다른 조직에 적용한 추론을 일반화하기 어려운 단점이 있다.

라. 조사 연구

조사 연구(survey research)는 어떤 큰 모집단을 대표하는 사람들을 선택하고 그들에게 일련의 질문들을 제시함으로써 그들의 행동, 사고, 혹은 태도를 연구하게 된다. 조사법이 매우 정교하게 구성될 때, 매우 작은 표본을 사용하여도 정확하게 모집단의 반응을 추론할 수 있다. 조사연구는 눈으로 볼 수 없는 사회현상들을 조작적으로 정의함으로써 구체적으로 파악 가능하고, 복잡한 사회 현상에 대한 일반적 법칙의 발견으로 절약성의 원칙(parsimony principle), 즉 가장 적은 변수로 많은 현상을 설명할 수 있는 장점이 있다. 반면, 사람들은 기억이 나지 않거나 그들의 생각을 드러내지 않기를 원하기 때문에 부정확한 정보를 제공할 수 있다. 더구나 사람들은 때때로 연구자의 의도에 맞추어 반응하기도 한다는 단점이 있다.

마. 상관 연구

상관 연구(correlational study)는 상관분석을 이용하여 변인들 간의 관계를 밝히는 모든 종류의 연구를 의미한다. 상관 연구는 상관분석을 이용하여 어떤 사건이나 현상에 내재된 다양한 변인 간의 관계 패턴을 알아내기 위한 것으로, 상관은 두 개 이상의 변수 간의 관계를 뜻하는 것으로 상관 연구는 변수의 통제나 조작이 어려운 경우에 자연적인 상황에서 변수 간의 관계를 조사하는 것이다. 상관 연구에 의한 관계는 상관계수로, 상관계수는 변인 간의 관계를 측정하는 것을 의미한다. 상관 연구는 연구자가 상황을 조작하거나 통제하지 않은 채 자연조건 그대로 변인 간의 관계를 규명하는 것을 특징으로 하기 때문에, 변인 간의 인과관계를 직접적으로 규명하지 않는다. 실험 연구보다 더 많은 변인 간의 관계를 분석할 수 있지만, 인과관계를 추론할 수 없다는 것이 상관 연구의 단점이다.

(2) 실험 연구(Experiments)

실험 연구는 변인들 간의 관계를 발견하기 위해서 통제된 상황을 만들고 독립변인을 인위적으로 조작하여 그것이 종속변인에 미치는 영향을 객관적인 방법으로 측정하여 분석하는 연구방법을 말한다. 실험 연구는 변인들 간의 인과관계를 밝힐 수 있는 연구방법으로 변인들 간의 함수관계 발견이 목적이다. 실험 연구는 반복적으로 시행할 수 있는 연구로 연구자는 실험결과가 실험을 위한 처치로 발생된 변화에 의해 생기도록 하는 내적 타당도와 실험결과의 일반화 정도에 관한 외적 타당도를 고려한 연구 설계가 연구결과의 왜곡을 예방하도록 하는 데에 중점을 둔다. 실험 연구는 연구결과에 변화를 유도하는 변수인 처치변수와 처치변수에 따라 어떤 변화가 발생했는지를 보는 변수인 종속변수, 그리고 처치변수 이외에 종속변수에 영향을 주는 매개변수로 구성된다. 실험상황을 통제하는 것은 실험에 처치변수만이 종속변수에 영향을 미치고 매개변수는 종속변수에 영향을 미치지 못하게 규제한다는 것을 의미한다.

(3) 비표준화 연구(Non-standardized Study)

가. 체크리스트

체크리스트(check list)는 검목표라고도 불리며, 관찰하려는 행동단위를 미리 자세히 분류해서 표로 작성하고, 그러한 행동이 나타났을 때 체크하거나 빈도로 표시하게 하는 방법이다. 체크리스트 방법은 기록이 능률적이고 양적인 처리가 쉽다는 이점이 있으나 행동단위를 의미 있게 조직적으로 분류해야 한다는 단점이 있다.

나. 평정법

평정법(rating scale)은 평정자 혹은 관찰자가 평정받은 객체를 유목이나 숫자의 연속체 위에서 분류하도록 하는 측정도구이다(Kerlinger, 1964). 이 방법은 구체적인 행동특성에 초점을 맞추고 평정자의 객관성을 맞추고 높일 수 있으며, 평정자 간에 평정의 결과를 비교할 수 있고, 또 사용하기가 간편하고(Gibson & Mitchell, 1981), 수량화할 수 있어 평정의 신뢰도를 높일 수 있는 장점이 있기 때문에 널리 사용되고 있다.

다. 면접법

면접법(interview method)은 개인에 관한 정보를 얻거나 이해하기 위하여 오래 전부터 활용되던 방법이다. 서처와 스톤(Shertzer & Stone, 1981)은 면접은 다음과 같은 세 단계를 거쳐서 정보가 수집된다고 보았다. 첫째, 면접 시작단계로서 면접자와 피면접자 간에 좋은 관계를 형성하는 데 주안점을 두게 된다. 둘째, 면접의 주체가 되는 단계로서 면접자가 필요한 정보를 수집하는 단계다. 셋째, 면접의 종결단계로서 수집한 정보를 명료화하고 검증하며, 필요하면 다음 면접을 준비하고, 자기가 노출한 것에 대한 피면접자의 반응을 조사한다.

라. 사회성 측정법

사회성 측정법(sociometry method)은 제한된 집단 구성원 상호 간의 반응을 끌어내어 집단의 성질, 구조, 역동성, 상호 간의 관계를 분석하는 방법이다. 사회성 측정법은, 첫째, 질문되는 선택이 실제적 상황이나 활동이어서 집단 구성원이 실제로 참가하는 기회를 가지는 것이어야 한다. 둘째, 그런 활동이나 상황이 의미 있고 중요한 것이어야 한다. 사회성 측정법은 다음 사항을 주의하여 사용해야 한다. ① 집단이 형성된 시간을 고려해야 한다. ② 집단의 연령수준을 고려해야 한다. ③ 집단의 크기를 고려해야 한다. ④ 자연적인 활동을 통해서 반응을 측정해야 한다. ⑤ 사회성 측정법을 실시하는 집단은 필요한 정보를 얻는 데 적합한 집단이어야 한다.

5) 심리학자의 일과 영역

심리학 분야는 일반 사람들이 생각하는 것보다 훨씬 더 광범위하다. 심리학의 주요 하위 영역들과 심리학자가 하는 일과 영역에 대해서 살펴보기로 하자.

(1) 생물심리학자(Biopsychologists)

신경생물학적 구조가 행동에 어떻게 영향을 미치는지, 또 소위 인간의 '마음'이라고 하는 것이 어떻게 신경생물학적 구조로 표상되는지를 알아보는 분야다. 근본적으로 인간은 생물학적 유기체이며, 어떤 심리학자들은 몸의 생리적 기능과 구조가 우리의 행동에 영향을 미친다는 점을 강조한다. 생물심리학은 행동의 생물학적 기초를 다루는 심리학의 하위 영역이다. 생물심리학자들은 뇌와 신경계의 작용을 연구한다. 예컨대, 생물심리학자들은 뇌의 어느 특정 영역이 기억장애와 관련이 있는지를 연구하며, 신체 감각이 정서와 어떻게 관련이 있는지를 결정하려는 시도를 한다. 기술이 발전할수록 미시적인 신경 반응들을 더 많이 연구할 수 있다. 일부 급진적인 학자들은 미래에는 대부분의 심리 현상을 신경 수준에서 연구할 수 있을 것이라 예측하기도 한다. 생리심리학은 신체의 상태나 과정이 행동에 영향을 주고 또, 행동이 신체 계통에 미치는 영향을 알아보고자 하는 학문이다. 이러한 주제는 매우 광범위한 많은 과학분야와 서로 관련되어 있다. 생리심리학자들은 행동의 생리학적 측면에 흥미가 있다. 즉, 섭식, 성 행동, 감정과 정서행동, 학습과 기억, 언어와 의사소통, 의식과 수면 등의 생리적 기전을 연구하고 있다. 또한, 약물 남용이나 정신장애와 같은 인간의 병리 상태에 관한 생리과정의 연구를 하고 있다.

(2) 실험심리학자(Experimental Psychologists)

실험심리학은 심리학의 세부 분과라기보다는, 인간의 마음을 탐구하는 하나의 종류를 일컫는 표현에 가깝다. 외부로부터 주어지는 자극을 조작하고 이로부터 산출되는 결과의 차이를 분석하는 실험을 주요 방법론으로 삼아, 마음의 구성방식과 기능방식에 대한 인과적인 설명을 제공하려고 한다. 시력이 얼마나 좋은지, 통증은 어떻게 경험되는지, 혹은 어떻게 공부를 가장 효과적으로 할 수 있는지, 감각과 지각의 강도는 어떻게 측정될 수 있는지 등과 같은 문제들은 실험심리학자들에 의해 가장 잘 설명될 수 있을 것이다. 실험심리학은 세계에 대한 감각, 지각, 학습 그리고 사고 과정을 연구하는 심리학의 하위 분야다. 실험심리학자의 연구 범위는 생물심리학자뿐 아니라 다른 유형의 심리학자들에 의해 수행되는 연구 범위와 중복된다. 몇몇 하위 분야들은 실험심리학으로부터 파생되기도 하였다. 그 가운데 한 분야가 인지심리학(cognitive psychology)이며, 이 분야는 사고, 언어, 기억, 문제해결, 추리, 판단 및 의사결정을 포함하는 고차적 정신과정을 연구한다.

(3) 발달 및 성격심리학자(Developmental and Personality Psychologists)

발달심리학은 사람이 태어나서 생을 마감할 때까지 일생 동안 연령 및 환경에 따른 정신과정과 행동상의 변화를 다루는 분야다. 발달심리학과 발달학자의 핵심적인 목표는 발달의 기술, 발달의 설명, 발달의 최적화이다. 이는 각각 인간 발달과 그로 인한 행동의 주의 깊은 관찰을 의미(기술)하는 것과 그렇게 수집된 정보를 통해 발달과정의 행동 변화를 총집하고 설명하는 것(설명) 그리고 설명된 이론, 가설, 발달 법칙 등을 통해 '인간이 긍정적인 방향으로 발달하는 것을 돕는' 것이다. 발달심리학자들은 사람들의 이러한 행동 변화와 전 생애(life span)에 걸쳐 획득되는 능력들을 추적한다. 이와 같이, 발달심리학은 전 생애에 걸쳐 사람들이 어떻게 성장하고 변하는지를 연구하는 심리학의 하위 분야다. 또 다른 하위 분야인 성격심리학은 시간의 경과에 따른 사람들의 행동에 있어서의 일관성과 변화뿐 아니라 동일한 상황에 직면할 때 다른 사람과는 다른 행동을 보이는 개인적 특질 모두를 설명하고자 시도한다.

(4) 건강, 임상, 그리고 상담심리학자(Health, Clinical, and Counseling Psychologists)

건강심리학은 심리적 요인과 신체 질병 간의 관계성을 연구한다. 건강심리학은 신체적 병리(흡연, 당뇨병, 심장질환 등)를 유발하는 심리적 문제(스트레스, 정서 조절 전략 등)를 규명하고, 여기에 개입해서 신체적인 병리를 어떻게 호전시키고 건강을 유지할 수 있는지를 연구하는 분야다. 정신 병리의 원인 및 치료방법 규명에 중점을 두는 임상심리학과 비슷한 듯 하지만 분명히 다른 분야다.

임상심리학자들은 '인간의 심리적 장애의 분석, 치료 및 예방 그리고 개인적 적응 및 효능성의 증진에 대한 심리과학과 실무'라고 할 수 있다. 따라서 임상심리학은 생활과정에서 겪게 되는 관계, 감정 및 신체적 자기의 측면에서 수많은 문제와 걱정을 지닌 사람들을 도와주기 위해 인간행동의 원리에 관해 알려진 지식을 활용한다. 어떤 임상심리학자들은 심리적 혼란의 초기 신호를 확인하는 것에서부터 가족 구성원들이 어떻게 상호작용하며, 그것이 심리장애와 어떤 관계가 있는지에 이르기까지 다양한 문제들을 연구하기도 한다. 또한 임상심리학자는 심리검사를 실시하고 평가하며, 정신건강 센터에서 심리 서비스를 제공하기도 하며, 성 문제도 다룬다. 적응상의 문제를 가진 정상인과 신경증 환자의 생활상의 문제해결 및 자기성장을 위한 제반 상담의 이론적 배경 및 상담의 과정을 탐색한다.

인간은 누구나 생활을 하면서 인지적·정서적·행동적 측면에서 어려움을 겪을 수 있으며, 이럴 경우 전문적인 도움이 필요하다. 상담심리학은 이러한 전문적 도움을 주는 다양한 방법을 이론적 탐색과 실제의 측면에서 다루는 분야이다. 상담심리학자들은 사람들의 심리 문제를 다루지만, 그들은 특별한 종류의 문제에 초점을 맞춘다. 상담심리학은 주로 교육적·사회적·직업적 적응 문제에 초점을 맞추는 심리학의 하위 분야이다.

(5) 사회, 산업-조직, 소비자 광고 그리고 비교문화 심리학자(Social, Industrial-Organizational, Consumer, and Cross-Cultural Psychologists)

사회심리학은 '사회적 상황들 속에서의 개인의 행동의 본질과 원인들을 이해하고자 하는 과학'이다. 즉, '개인들의 행위가 실제적이건 가상적이건, 타인의 존재로 인해서 영향을 받는 과정과 관계된 사고, 행위, 상호작용에 대한 과학적 연구'라고 규정할 수 있다. 사회심리학은 사람들의 사고, 감정 그리고 행위가 타인에 의해 어떻게 영향을 받는지를 연구한다. 사회심리학자들은 인간의 공격성, 타인과의 관계성 형성의 이유, 타인에 의한 영향을 이해하는 등의 다양한 주제에 초점을 맞춘다.

산업 및 조직 심리학은 산업과 관련된 생활환경에서의 인간행동을 연구하고 거기서 얻어진 인간행동에 관한 지식을 그 환경에서 야기되는 인간문제의 해소를 위해 응용하고자 하는 하나의 응용과학이다. 산업 및 조직 심리학은 '인간과 일의 세계 간의 관계를 과학적으로 연구하는 학문'으로 '기업이나 산업체에서 일어나는 인간문제들을 해결하는 데 심리학적 사실과 원리들을 적용하거나 확장하는 학문'이라고 볼 수 있다. 또한 산업 및 조직 심리학은 심리학의 제반원리나 이론을 산업장면, 즉 기업, 작업장, 공공기관 등 다양한 형태의 조직과 소비자 영역에 응용하는데 관심을 가지고 있는 학문 분야다.

소비자광고 심리학은 인간의 소비활동 밑에 깔린 심리적 원리를 이해하고 이를 바탕으로 소비자들의 행동을 예측하는 분야다. 소비자심리학(consumer psychology)은 소비자의 동기, 지각, 학습태도, 가치와 같은 개인의 심리적 요인과 소비자 주변의 타인, 집단, 환경과의 상호작용에 주목한다. 광고심리학(advertising psychology)은 광고 그 자체의 특성보다 그 광고자극을 수용하고 반응하는 소비자에 초점을 두며, 이에 대한 이해를 바탕으로 보다 효과적인 광고기획, 전략수립, 수행에 기여하고 폭넓은 시사점을 제시한다.

(6) 기타 심리학자

심리학 분야가 발달해 감에 따라, 많은 하위 분야가 등장하기 시작하였다. 예컨대, 환경심리학(environmental psychology)은 사람들과 물리적 환경 간의 관계성을 고려한다. 환경심리학자들은 물리적 환경이 우리가 타인에 대해 행동하는 방식, 우리의 정서 그리고 특별한 장면에서의 스트레스 경험에 어떻게 영향을 미치는지를 다룬다. 한편, 법정심리학(forensic psychology)은 재판 과정에서 공평한 판결을 하는 데 도움을 주는 기준 결정과 같은 법과 관련된 문제에 초점을 둔다. 프로그램 평가에 관심을 가지고 있는 심리학자들은 보통 정부에 의해 시행되는 규모가 큰 프로그램(예, 정부 주도의 사회복지 서비스 프로그램)을 평가하고 프로그램의 본래 목표를 달성하는 데 있어 그것이 효과적이었는지의 여부를 결정하는 데 초점을 맞춘다.

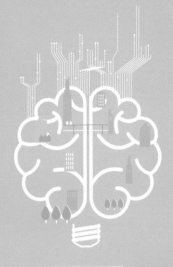

제2장

신경과학과 행동심리

1. 뇌와 뇌과학

뇌(brain) 또는 골은 신경 세포가 하나의 큰 덩어리를 이루고 있으면서 동물의 중추 신경계를 관장하는 기관을 말한다. 뇌는 본능적인 생명활동에 중요한 역할을 담당하는데, 여러 기관의 거의 모든 정보가 일단 뇌에 모이고, 뇌에서 여러 기관으로 활동이나 조정 명령을 내린다. 또한 고등 척추동물의 뇌는 학습의 중추이다. 대부분의 척추동물, 특히 유두동물의 뇌는 머리에 위치하며 머리뼈로 보호된다. 인간의 경우 성인의 뇌 무게는 약 1,400g~1,600g 정도이며 이는 1000억 개 정도의 뉴런을 포함한다. 가로 15cm, 너비 15cm, 깊이 20cm로 평균 1350cc 정도의 부피를 가진다. 뇌는 대부분의 움직임, 행동을 관장하고, 신체의 항상성을 유지시킨다. 즉, 심장의 박동, 혈압, 혈액 내의 농도, 체온 등을 일정하게 유지시킨다. 뇌는 인지, 감정, 기억, 학습 등을 담당한다. 인간의 뇌는 인간의 중추신경계의 주요 기관이다. 머리 부분에 위치하고 있으며, 두개골로 보호되어 있다. 다른 포유류의 일반적인 뇌 구조와 같은 구조를 가지고 있으나, 대뇌피질이 상대적으로 더 발달된 것이 특징이다.

뇌과학(brain science)은 건강한 뇌는 어떻게 정상적으로 작동하는지, 지적 능력이 어떻게 기대 이상의 통찰력을 만들어 내는지 등의 물음에 답을 구하려는 학문이다. 뇌의 복합적인 기능과 구조에 대한 해석을 통해 인간이 가진 가능성의 한계에 대해 답을 구하는 분야다. 뇌과학이란 인간의 뇌를 연구하여 유전자의 법칙을 알아내는 것뿐만 아니라, 인간의 모든 행동 발생 원인과 이유 등을 과학적으로 심층 설명함으로써 인간의 마음까지도 연구할 수 있는 학문이다. 뇌과학은 뇌의 모든 국면을 연구 대상으로 삼고 있다. 뇌의 구조, 뇌의 발달, 뇌의 뉴런, 즉 신경 세포의 화학적·전기적 현상, 여러 뉴런 간의 상호작용, 뇌의 독특한 소산인 행동과 경험을 유추하기도 한다. 뇌과학에 대한 연구는 정보기술(Information Technology: IT)과 접목되면서 인간의 뇌나 인간과 기기의 의사소통까지 확대되었다.

2. 신경계의 정보전달

신경계는 몸의 안팎의 각종 변화에 대처하여 몸의 각 부분의 기능을 종합 통제하는 기관으로, 내부 환경이나 외부 환경에 대한 정보를 수용기로부터 받아서 중추로 보내고 중추는 정보를 통합하여 근육, 분비선 등의 효과기에 정보를 전달하여 작용을 조절하는 신호를 보낸다.

신경계의 기능은, 첫째, 감각기능이다. 이는 개체가 처해 있는 외부환경의 현상 변화로 시각, 청각, 후각, 미각 등의 특수감각과 촉각, 통각, 온도감각, 압력감각 등의 일반감각이 포함된다. 또한 체내의 미세환경의 변화로 체온, 혈압, 산소요구량, 탈수 정도, 전해질의 균형 등에서 일어나는 변화가 해당한다. 둘째, 운동기능이다. 이는 조직이나 세포가 맡은 바 기능을 수행할 수 있도록 조정하거나 촉발시키는 것으로 근육을 수축하게 하는 등이 있다. 셋째, 조정기능이다. 이는 한 기관이나 어느 부분의 활동을 다른 부분이나 기관과 조화되도록 조절하는 기능을 말한다.

1) 뉴런: 신경계의 기본단위

뉴런(neuron)은 신경 세포나 신경원이라고도 불린다. 신경아교세포와 함께 신경계와 신경조직을 이루는 기본 단위이다. 길이는 길고, 굵기도 굵어서 맨눈으로도 볼 수 있다. 신경계의 모든 작용이 신경세포와 신경세포 간의 상호작용으로 인해 이루어진다. 예를 들어, 우리 몸의 내부와 외부에 자극을 가하게 되면 일련의 과정을 통해 뉴런은 자극을 전달하게 되며, 최종적으로 척수와 뇌 등의 중추신경계로 도달하게 되고 중추신경계에서 처리한 정보를 다시 우리 몸으로 전달해 명령을 수행한다.

세포체(cell body)는 핵과 세포질로 이루어지고 뉴런에 영양을 공급하며 생장과 물질대사를 조절한다.

세포핵(nucleus)은 핵막이 염색체를 2중으로 보호하고 있으며 아주 작은 구멍으로 mRNA와 단백질이 드나든다. 사실 이것은 다른 세포들도 동일하다.

수상돌기(가지돌기: dendrite)는 신경 세포체로부터 뻗어 나온 짧은 돌기로, 다른 뉴런이나 감각 기관으로부터 자극을 받아들인다.

축삭(axon)은 신경 세포체에서 뻗어 나온 하나의 긴 돌기로, 끝이 여러 개의 말단

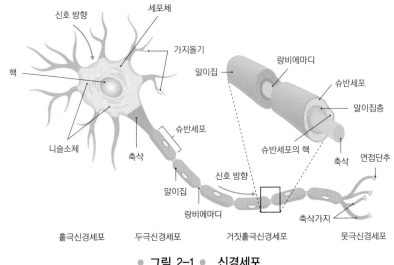

신호 방향　세포체
핵　가지돌기
말이집　랑비에마디
슈반세포
말이집층
니슬소체　슈반세포의 핵
축삭　축삭　연접단추
슈반세포　신호 방향
말이집　축삭가지
랑비에마디

홀극신경세포　　두극신경세포　　거짓홀극신경세포　　뭇극신경세포

● 그림 2-1 ●　신경세포

가지로 나뉘어 다른 뉴런이나 근육에 흥분을 전달한다.

종말단추(terminal button)는 슈반 세포의 세포막이 길게 늘어져 축삭돌기를 여러 겹 둘러싸서 형성된 것으로, 절연체 역할을 한다.

랑비에 결절(nodes of ranvier)은 말이집과 말이집 사이에 절연되지 않는 노출된 축삭이다.

말이집(myelin sheath)은 일종의 절연체로 다른 곳으로 전기신호가 새어 나가는 것을 막는다. 말이집이 있는 신경에서 말이집과 말이집 사이의 축삭이 노출된 부분이다.

뉴런의 접합부 시냅스(synapse)는 종에 따라 그리고 같은 종이라도 뉴런마다 다르지만 대략 3,000~8,000개, 많으면 10,000개까지 있으며 일반적으로 5,000개 가량이 있다.

(1) 뉴런의 특징

뉴런의 신경 세포체에는 뉴런의 생장과 영양 공급을 위해 물질대사가 활발하여, 리보솜과 소포체 등의 세포 소기관은 많으나 세포 분열을 하지 않기 때문에 중심체가 없다. 가지돌기는 자극을 받아들이기 알맞게 넓은 표면적을 제공하고, 축삭돌기의 끝은 여러 개의 말단 가지로 나뉘어지고 부풀어 오른 구조를 하고 있다.

말이집은 축삭돌기 바깥쪽의 슈반 세포가 랩처럼 여러 겹으로 둘러싸서 형성되는 막이다. 말이집은 지질 80%와 단백질 20% 정도의 미엘린 성분으로 되어 있어 절연체 역할을 하여 뉴런의 전기 신호가 축삭돌기의 말단까지 **빠르게** 전달되도록 한다. 말이집이 없는 민말이집 신경은 신경 전달 속도가 말이집 신경에 비해 느리다.

(2) 뉴런의 종류

가. 말이집의 유무에 따른 구분

- **말이집 신경**: 뉴런의 축삭돌기가 말이집으로 싸인 신경

- **민말이집 신경**: 축삭돌기가 말이집으로 싸여 있지 않은 신경

나. 기능에 따른 구분

첫째, 구심성 뉴런(감각 뉴런: Sensory Neuron)은 감각기관의 감각기(receptor)에서 자극을 가장 먼저 수용해 뇌와 척수에 전달해 주는 세포이다. 우리가 보통 상상하는 뉴런의 구조와는 조금 다른데, 일단 작고, 기관은 모두 같지만 수상돌기가 길고 축삭돌기가 짧다. 구심성 뉴런은 감각 기관과 내장 기관으로부터 중추 신경계로 신호를 전달하는 뉴런으로 감각 뉴런이 이에 속한다.

둘째, 원심성 뉴런(운동 뉴런: Motor Neuron)은 중추 신경계로부터 신호를 받아서 근육과 분비샘 등의 반응기(effector)에 전달해 주는, 다시 말해 운동 명령을 전달하는 뉴런으로 축삭 줄기가 엄청 길고 신경세포체가 거대한 전형적인 뉴런의 형태를 가지고 있다. 원심성 뉴런은 중추 신경계로부터 근육이나 분비샘과 같은 반응기로 신호를 전달하는 뉴런으로 운동 뉴런과 자율 신경이 이에 속한다.

셋째, 연합 뉴런(Interneuron)은 중추 신경계, 다시 말해 뇌와 척수의 대부분을 이루는 뉴런으로 감각 뉴런과 운동 뉴런을 연결할 뿐만 아니라 연합 뉴런끼리도 연결되어 있어 그 자체가 거대한 네트워크다. 축삭 돌기가 길지 않아 미엘린 수초가 없다. 연합 뉴런은 뇌와 척수의 대부분을 이루고, 감각 뉴런과 운동 뉴런을 연결한다.

뉴런의 자극 전달경로는 다음과 같다.

- **자극의 전달경로**: 자극 → 수용기(피부) → 감각 뉴런 → 연합 뉴런 → 운동 뉴런 → 반응기(근육) → 근육의 수축

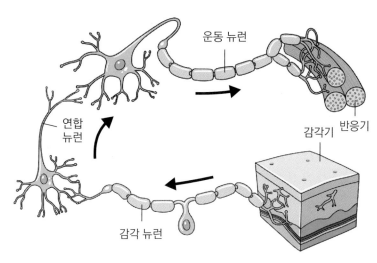

● 그림 2-2 ●　뉴런의 자극전달 경로

2) 신경신호의 본질

신경신호의 본질은 전기적 신호다. 여기에는, 첫째, 안정막 전위(안정전위)로 아무런 자극도 가하지 않은 상태에서 축색의 내부와 바깥쪽 간에 존재하는 전위차(-70mV)를 보이게 된다. 둘째, 감분극으로 축색 내부에 가해진 +전하에 의해 음수값인 안정전위의 크기가 감소하는 것이다. 셋째, 과분극으로 축색 내부에 가해진 -전하에 의해 음수값인 안정전위의 크기가 더 큰 음수값으로 변한다. 넷째, 흥분역치로 막전위가 역전되기 전 단계이며 역전되지 않게 허용되는 범위이다. 다섯째, 활동전위로 흥분역치 이상 감분극 자극을 증가시키면 막전위는 갑자기 역전되어 축색의 내부가 바깥에 비해 양전기를 띠게 된다. 그리고 약 1,000분의 1초가 지나면 막전위는 다시 본래의 상태로 돌아간다. 흥분역치 이상의 감분극 자극에 의해 막전위가 급속히 역전되는 현상을 활동전위라고 한다. 이 활동전위가 바로 신경충동으로서 신경계에서 처리되는 신경신호의 본질이다.

3) 활동전위의 전도

활동전위(action potential)는 모든 흥분성 세포에서 일어날 수 있는 국소 현상이다. 여기에는 전기적 탈분극이 전압으로 작동하여 이온통로(먼저 Na+ 통로, 그 다음 K+ 통로)를 여는 국소반응을 먼저 일으키고, 활동전위의 역치(threshold)를 넘게 되면 주변 영역의 양이온을 세포 안으로 끌어당기므로 다음 영역의 탈분극을 유도한다. 다음은 불응기(refractory pediod)로 일단 활동전위가 발생한 지역은 불응기에 들어가기 때문에 충분한 자극이 다시 와도 일정 시간 동안은 탈분극이 일어나지 않으며, 연속적인 탈분극은 크기가 줄어들지 않으며, 민말이집 신경(비수초화 신경, unmyelinated nerve)을 따라 끝까지 이동한다.

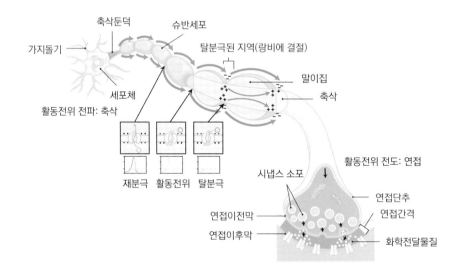

● 그림 2-3 ● 활동전위

4) 시냅스 전달

시냅스는 시냅스 전 요소인 축색종말과 시냅스 후 요소인 다른 뉴런의 수상돌기 또는 세포체의 일부 막을 합친 것을 말한다. 시냅스 틈이란 축색종말과 다른 뉴런 간에는 약 100만 분의 1mm 이하의 틈이다. 시냅스의 전달에서 신경전달물질(neurotransmitter)이 발생하여 시냅스 후 뉴런에 있는 수용기와 결합(열쇠와 자물쇠의 관계)되고 시냅스 후 세포의 막에 있는 이온통로에 변화가 일어난다. 그리고 특정 이온이 세포막 안팎으로 이동하여 감분극(흥분성 시냅스 후 전위) 또는 과분극(억제성 시냅스 후 전위)이 발생한다.

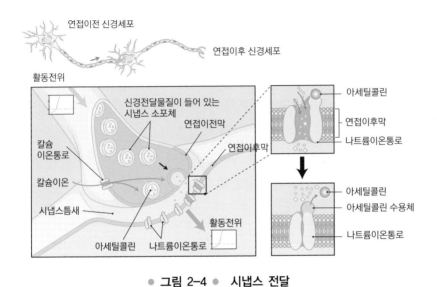

● 그림 2-4 ● 시냅스 전달

3. 신경계의 구성

1) 체성신경계

체성신경계(somatic nerve)는 중추와 골격근을 연결하는 신경으로 감각 신경과 운동 신경으로 나뉜다. 체성신경은 자율신경과 달리 중추에서 반응기까지 한 개의 뉴런으로만 되어 있어 시냅스가 없다. 또한, 축삭돌기가 말이집으로 둘러싸여 있기 때문에 도약 전도가 일어난다. 따라서 자율신경보다 흥분의 전달 속도가 빠르다. 뇌에서부터 신호를 받아 골격근으로 전달하는데, 이때 신경 말단에서 아세틸콜린이 분비되며 근육이 수축하게 된다. 또한 외부에서 들어오는 감각을 중추 신경계통으로 올려 보내거나, 아니면 중추 신경계통으로부터 전달받은 것을 몸의 말단 운동기관으로 전달해 근육운동을 일으킨다. 말단에서 뇌로 감각 신호를 전달하는 쪽을 감각신경(혹은 구심성 신경), 뇌에서 말단으로 운동 신호를 전달하는 쪽을 운동신경(혹은 원심성 신경), 둘을 다 갖고 있는 것을 혼합신경이라고 한다.

2) 자율신경계

자율신경계(autonomic nervous system)는 말초신경계통에 속하는 신경계로 우리 몸 속의 장기와 심장, 외분비샘, 내분비샘을 통제하여 우리 몸의 환경을 일정하게 유지하는 역할을 한다. 자율신경계는 교감신경과 부교감신경으로 나눌 수 있다. 교감신경은 위급한 상황에 빠졌을 경우 빠르게 대처할 수 있도록 도와주는 역할을 하며, 부교감신경은 위급한 상황에 대비하여 에너지를 저장해 두는 역할을 한다. 자율신경계의 위치는 우리 몸의 전신에 분포하고 있다.

자율신경계의 기능은 교감신경과 부교감신경이 서로 반대 작용을 하면서 우리 몸의 환경을 일정하게 유지하는 역할을 한다.

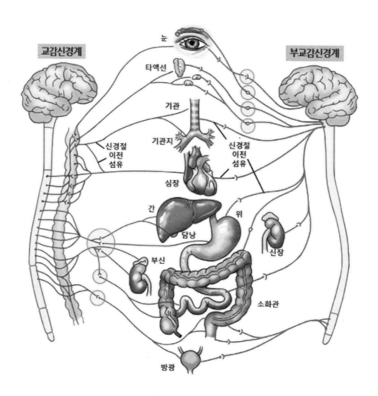

● 그림 2-5 ●   자율신경계

자율신경계 중 교감신경은 척수의 중간 부분에서 나와 여러 내장기관에 분포하며 위급한 상황에 빠졌을 경우 빠르게 대처할 수 있도록 도와주는 역할을 한다. 교감

신경 흥분 시 동공은 확장되고 땀의 분비가 촉진되며 심장박동수가 증가하고 혈관
은 수축한다. 또한 기관지가 확장되며 위장관 운동은 저하된다.

　부교감신경은 중뇌와 연수 및 척수의 꼬리부분에서 나와 각 내장기관에 분포하
며 위급한 상황에 대비하여 에너지를 저장해 두는 역할을 한다. 부교감신경 흥분
시 동공은 수축하고 땀 분비는 감소하며 심박동수는 감소하고 일부 혈관이 확장될
수 있다. 또한 기관지는 수축하며 위장관 운동이 촉진된다.

3) 말초신경계

　말초신경계(peripheral nerves)는 중추신경계에서 뻗어 나온 후, 가지처럼 갈라져
서 온몸으로 퍼져 나가는 신경으로, 우리 몸 전체 신경계 중에서 중추신경계(뇌/척
수)를 제외한 나머지(몸, 팔, 다리)로 여러 갈래 쭉 뻗어 있는 신경계를 말한다.

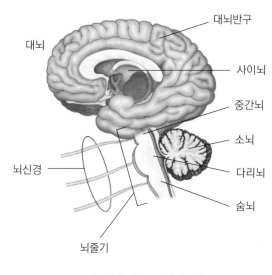

● 그림 2-6 ●　신경계통

　말초신경계는 중추신경계인 뇌와 척수에서 뻗어 나온 신경이다. 그래서 중추신
경계와 연결되어 있기 때문에 뇌신경(cranial nerve)과, 척수신경(spinal nerve)으로
구분하게 된다. 12쌍의 운동/감각신경으로 이루어진 뇌신경, 31쌍의 운동/감각신
경으로 이루어진 척수신경 이렇게 총 43쌍의 신경으로 이루어져 있다(여기서 쌍이

란 좌/우 1쌍을 뜻함).

이처럼 뇌에서 뻗어 나온 말초신경을 뇌신경(cranial nerve)이라 하는데, 뇌신경은 뇌에서 나와 얼굴과 목에 퍼져 있는 12쌍의 신경이다. 뇌신경은 냄새를 담당하는 후각신경, 시각을 담당하는 시각신경, 얼굴의 근육운동을 담당하는 얼굴신경, 목근육을 담당하는 더부신경, 혀의 운동을 담당하는 혀밑신경, 얼굴/입/코 점막의 감각을 담당하는 삼차신경, 몸의 균형감각과 청각을 담당하는 속귀신경 등, 총 12쌍이 있다.

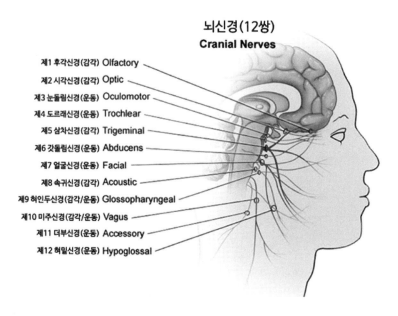

● 그림 2-7 ● 뇌신경(12쌍)

4) 중추신경계

우리 몸의 신경계는 중추신경계와 말초신경계로 분류할 수 있다. 중추신경계 (central nervous system)는 뇌와 척수로 구성되어 있으며 우리 몸에서 느끼는 감각을 수용하고 조절하며, 운동, 생체 기능을 조절하는 중요한 기능을 수행한다. 중추신경계는 뇌와 척수로 구성되는데 뇌는 머리뼈의 안쪽에 위치하고 척수는 척주관 안에 위치한다.

중추신경계의 구조는 대뇌, 간뇌, 중뇌, 소뇌, 연수로 이루어져 있으며 연수의 끝은 척수와 연결되어 있다. 대뇌는 두개골로 둘러쌓여 있고 뇌척수액이 흐르고 있어 외부의 충격으로부터 보호받고 있다. 대뇌 단면의 바깥 부분은 회백질로 이루어져 있고 신경세포체가 많이 모여 있다. 속부분은 백질로 이루어져 있으며 신경섬유가 존재하고 있다.

척수는 척주관 속에 위치하고 있으며 대뇌와는 반대로 바깥 부분이 백질로 이루어져 있고 신경섬유가 존재하며, 안쪽 부분은 회백질로 신경세포체와 시냅스가 모여 있다. 척수는 길이는 약 45cm, 무게는 25g 정도이며 나오는 부위에 따라 목분절, 가슴분절, 허리분절, 엉치분절, 꼬리분절로 나눌 수 있다. 척수도 척추뼈와 뇌척수액을 통해 외부의 충격으로부터 보호받고 있다.

뇌는 대뇌, 소뇌, 뇌간으로 나눌 수 있으며 각각의 기능에는 차이가 있다.

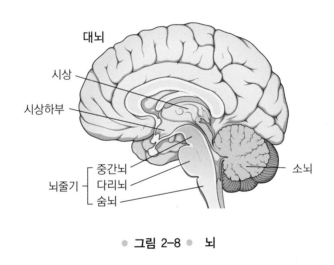

● 그림 2-8 ● 뇌

대뇌는 뇌의 대부분을 차지하며 좌우 2개의 반구로 구성되어 있다. 감각, 지각, 운동, 기술, 상상력, 추리력, 언어능력, 통찰력뿐만 아니라 자율신경계 조절, 호르몬 조절, 항상성 유지 등의 기능을 수행한다. 소뇌는 대뇌의 아래쪽에 위치하며 뇌 전체의 10% 정도를 차지한다. 몸의 자세와 근육 긴장도를 교정하여 보다 정밀한 운동이 가능하도록 하며 평형감각을 담당하여 자세를 유지시켜 준다. 뇌간(뇌줄기)은 대뇌반구와 소뇌를 제외한 나머지 부분을 말하며 수많은 신경섬유로 구성되어 있다. 중뇌(중간뇌)는 몸의 균형을 유지하고 안구운동, 홍채조절과 같은 시각반사와 청각반사에 관여한다. 교뇌(다리뇌)는 중간뇌와 숨뇌 사이에 존재하며 소뇌와 대뇌 사이의 정보전달을 도와주고 얼굴과 눈의 움직임에 관여한다. 연수(숨뇌)는 척수와 다리뇌 사이에 존재하며 호흡, 순환운동의 조절을 담당한다. 척수는 우리 몸에서 느낀 감각을 대뇌로 전달하고, 대뇌로부터 받은 운동명령을 우리 몸으로 전달하여 우리 몸의 신경계와 뇌를 연결시키는 역할을 한다.

4. 뇌와 행동

1) 뇌의 주요 부분

뇌는 크게 대뇌, 소뇌, 뇌간의 3부분으로 구분되며 다시 뇌간은 간뇌, 중뇌, 교뇌, 연수의 4부분으로 구분된다.

(1) 대뇌

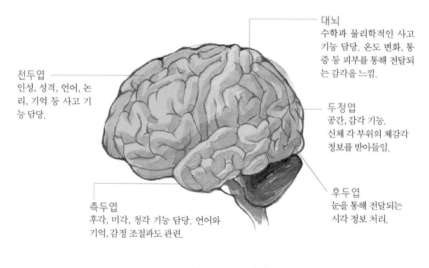

● 그림 2-9 ● 대뇌

대뇌는 감각과 수의 운동의 중추일 뿐만 아니라 기억이나 판단 등 정신활동의 중추다. 대뇌는 뇌량으로 연결된 2개의 대뇌반구로 이루어져 있으며 뇌량에 의한 연결은 두 대뇌 반구의 신호전달과 상호작용에 중요한 역할을 한다. 대뇌의 바깥층은 뉴런의 신경세포체가 모여 회색을 띠고 있어 회백질이라 불리고 안쪽층은 신경섬유가 모여 있고 흰색을 띠고 있어 백질이라 불린다.

회백질은 대뇌피질, 기저핵, 변연계를 포함하고 있다. 기저핵은 운동기능의 조절과 관련이 있고 변연계는 대뇌에서 가장 원시적인 부분으로 공포와 같은 감정반응을 담당하며 편도체, 띠이랑, 해마 등을 포함한다. 대뇌피질은 위치에 따라 전두엽, 두정엽, 측두엽, 후두엽의 네 개의 엽으로 구성되어 있다.

전두엽은 대뇌반구의 전방에 있는 부분으로 전전두엽 관련 영역에서 기억력·사고력 등의 고등행동을 관장하며 다른 연합영역으로부터의 정보를 조정하고 행동을 조절한다.

두정엽은 마루엽이라고도 하며 중심고랑과 두정후두고랑 사이, 바깥쪽 틈새 상부에 있어 기관에 운동명령을 내리는 운동중추가 있다. 체감각 피질과 감각연합영역이 있어 촉각, 압각, 통증 등의 체감각의 처리에 관여하며 피부, 근골격계, 내장, 미뢰로부터의 감각신호를 담당한다.

측두엽은 대뇌반구의 양쪽 가에 있는 부분으로 청각연합영역과 청각피질이 있어 청각정보의 처리를 담당한다. 이 외에도 일차시각피질에서 유래한 정보가 도달해 색, 모양 등이 인지되며, 얼굴에 특이적으로 인식하는 세포가 존재한다. 내측두엽 부분은 해마와 함께 기억형성에 주요한 역할을 수행한다.

후두엽은 뒤통수엽이라고도 하며 바깥쪽 표면에서 두정후두고랑 위쪽 끝부분과 후두전 패임을 잇는 가상적인 선의 뒤쪽 부분이고, 안쪽 표면에서는 두정후두고랑의 뒤쪽 부분이다. 시각연합영역과 시각피질이라고 하는 시각중추가 있어 시각정보의 처리를 담당한다. 눈으로 들어온 시각정보가 시각피질에 도착하면 사물의 위치, 모양, 운동 상태를 분석한다. 여기에 장애가 생기면 눈의 다른 부위에 이상이 없더라도 볼 수 없게 된다.

(2) 소뇌

소뇌는 감각 인지의 통합과 운동근육의 조정과 제어에서 중요한 역할을 담당하는 뇌의 부분으로 교뇌 등쪽의 제4뇌실에 들씌워지듯이 존재하는 큰 구조이며, 가로 10cm, 세로 5cm, 높이 3cm, 무게는 약 150g 정도이다.

소뇌의 주된 작용은 골격근의 활동 조절을 하는 것이다. 어떤 운동을 할지, 그러기 위해서는 몇 가지 근육을 어떻게 사용해야 하는지에 대한 계획은 대뇌 피질의

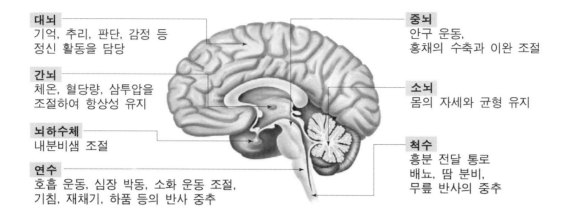

대뇌
기억, 추리, 판단, 감정 등
정신 활동을 담당

간뇌
체온, 혈당량, 삼투압을
조절하여 항상성 유지

뇌하수체
내분비샘 조절

연수
호흡 운동, 심장 박동, 소화 운동 조절,
기침, 재채기, 하품 등의 반사 중추

중뇌
안구 운동,
홍채의 수축과 이완 조절

소뇌
몸의 자세와 균형 유지

척수
흥분 전달 통로
배뇨, 땀 분비,
무릎 반사의 중추

● 그림 2-10 ● 소뇌

전두엽에서 세워지는데, 실제로 운동이 시작되고 나서 그 계획대로 여러 활동이 실현되도록 피드백 기구로 관여하는 것은 소뇌이다.

소뇌로 들어갈 감각정보는 몸의 주변부에 있는 체성 수용체와 내이 안에 위치한 반고리관과 전정기관으로부터 보내진다. 또한 소뇌는 대뇌 피질의 뉴런으로부터 오는 운동정보를 받아 움직임을 조절하게 된다.

소뇌는 근육운동, 평형감각 조절을 한다. 만약에 소뇌가 없다면 땅에 있는 물건을 잡으려고 할 때 손이 엉뚱한 방향으로 가더라도 조절할 수 없고, 다리에 힘이 없어져서 서 있지도 못한다.

뇌간은 뇌와 척수를 이어 주는 역할을 한다. 다양한 운동과 감각정보를 매개하는 신경핵들이 집중되어 있다. 특히 뇌간의 연수는 안구 운동, 심장박동, 호흡 등 매우 기본적인 생명활동의 중추라고 볼 수 있는 부분이다. 또한 뇌간의 중뇌에는 신경전달물질을 분비 및 조절하는 신경세포들이 모여 있다.

(3) 간뇌

간뇌는 항상성의 중추로 뇌줄기와 대뇌 사이에 존재한다. 간뇌는 시상, 시상하부와 뇌하수체와 송과샘을 포함하는 내분비조직으로 나뉜다. 신경세포들이 모여 있는 장소다.

시상은 간뇌의 대부분을 차지하고 있으며 감각정보와 운동정보를 처리하여 대뇌로 보내는 기능을 한다.

　　시상하부는 시상 밑에 위치하여 항상성 유지를 위한 중추로 작용한다. 시상하부
는 내분비계와 자율신경계의 기능을 조절하며 망상계를 통해 다양한 감각수용기를
포함한 여러 부위로부터 정보를 받아 시상으로 보낸다. 대표적인 기능으로는 체온
유지, 삼투압 유지, 음식 섭취 조절, 생식기능 조절 등이 있다.

　　뇌하수체는 뇌하수체 전엽과 뇌하수체 후엽으로 이루어져 있다. 뇌하수체 후엽은
시상하부핵에서 합성된 신경호르몬을 분비하는 역할을 하며 뇌하수체 전엽은 뇌하
수체 전엽 호르몬을 분비하여 다른 기관에서의 호르몬 분비를 조절한다. 뇌하수체
전엽 호르몬의 조절은 시상하부의 신경호르몬에 의해 조절된다.

　　송과샘은 간뇌 뒤쪽에 위치해 있으며 멜라토닌을 분비하는 작은 기관이다. 멜라
토닌은 일주기 리듬 조절에 관여하는 물질이다.

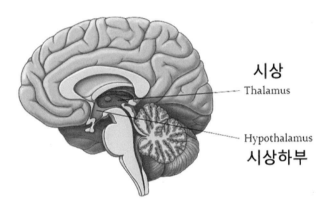

　● 그림 2-11 ●　간뇌

(4) 중뇌

　　중뇌는 뇌줄기 아래쪽 부위와 간뇌 사이의 비교적 작은 지역으로 주로 안구 운동,
홍채 조절의 역할을 한다. 중뇌는 상구와 하구로 나눌 수 있는데 각각의 기능은 차
이를 보인다. 상구는 주로 시각에 관여하는 부분이다. 조류에서는 이 상구 부분이
시각의 주된 처리를 담당하지만 인간 같은 포유류에서는 단지 시각의 반사 작용에
만 관여할 뿐이다. 눈에 빛이 들어왔을 때 동공을 수축하거나, 수정체의 두께를 조
절하여 초점을 맞추는 작용 등이 여기에 관여한다. 하구는 주로 청각에 관여하여,
귀에서 들어온 신호는 여기를 한 번 거쳐 대뇌로 향하게 된다. 대뇌각, 흑질, 적핵

등의 구조는 소뇌와 함께 운동에 관련된 신호를 대뇌에서 척수로 전달하는 역할을 맡고 있다.

(5) 교뇌

교뇌는 중뇌와 연수 사이 뇌줄기에 존재하며 앞쪽으로 돌출되어 있다. 교뇌의 주요 작용은 소뇌와 대뇌 사이의 정보전달을 중계하는 것이며 연수와 함께 호흡 조절의 역할을 하기도 한다.

연수는 뇌간에서 가장 아래에 위치해 있으며, 전체 뇌 구조에 있어서도 가장 아래에 있다. 척수와 곧바로 연결되어 있으며 호흡이나 혈액 순환을 조절한다. 연수에서 나가는 신경은 뇌 전체에서 나가는 뇌신경 12쌍 중 8쌍에 달하며 이들은 동물의 생존을 유지하는 데 중요한 역할을 한다.

해마는 장기기억 전환에 중요한 역할을 수행하는 기관이다. 또한 대뇌 피질에 저장되어 있는 기억들의 인출을 담당하며 해마 앞에 있는 편도체는 감정적 기억형성에 주된 역할을 수행한다. 해마와 함께 주변에 있는 비피질 영역들은 해마와 함께 기억형성을 담당한다. 또한 해마는 파페츠 회로(papez circuit)라고 알려진 기억회로의 일부를 담당하고 있다.

5. 분리된 뇌

1) 분리 뇌 연구

인간의 좌뇌와 우뇌의 기능에는 차이가 있으며, 각 두뇌반구는 그 사이에 있는 뇌량(corpus callosum)이라는 다리를 통해 정보를 주고받는다. 분리 뇌는 이 뇌량에 문제가 생겨 두 반구 간의 정보소통이 차단되어 일어나는 현상이다.

과거에 간질환자를 치료하기 위해 우뇌와 좌뇌를 연결하는 뇌량을 잘라 내는 시술을 많이 하였으며, 그 사람들은 간질 증세는 호전되었으나, 그 후로 이상증세를 보여서 심리학자와 정신의학자들의 연구 주제가 되었다.

2) 실험

분리 뇌 실험은 좌뇌와 오른쪽 시야, 우뇌와 왼쪽 시야가 연결되어 있다는 점에 착안하여 피험자의 시야를 분리하고 각각 다른 정보를 입력하는 방법으로 이루어진다. 양 뇌의 의사소통이 불가능하게 분리하면 좌뇌와 우뇌가 각각 별개의 의식처럼 작동한다. 오직 좌뇌에만 언어기능을 담당하는 언어중추가 있기 때문에, 우리가 언어로 의사소통할 수 있는 뇌는 좌뇌뿐이다. 그러나 언어중추가 없는 우뇌일지라도 언어를 이해하는 정도의 능력은 가지고 있다.

분리 뇌의 빛 실험을 살펴보자. 분리 뇌 환자의 왼쪽 시야(우뇌)와 오른쪽 시야(좌뇌)에 각각 빛을 번쩍였다. 오른쪽 시야에 빛을 번쩍였을 때 물어보면 번쩍였다고 대답하지만(언어 중추가 있는 좌뇌), 왼쪽 시야에 빛을 번쩍였을 때 물어보면 대답을 못한다(언어 중추가 없는 우뇌). 하지만 빛이 번쩍인 지점을 가리켜 보라고 했을 때는 양쪽 손 다 잘 가리킨다.

● 그림 2-12 ● 분리된 뇌

3) 대뇌반구의 기능적 전문화

인간의 뇌는 좌뇌와 우뇌, 즉 좌반구와 우반구로 구분된다. 이러한 뇌의 기능을 대뇌반구의 기능적 전문화 혹은 국재화(localization)라고 부른다. 좌반구는 몸의 오른쪽 부위를 담당하고 논리적인 사고, 언어능력, 쓰기, 과학과 산수 작업 등을 담당한다. 우반구는 몸의 왼쪽 부위를 담당하고, 음악과 예술 능력, 상상력과 공상하기, 공간지각, 신체 통제와 각성 등을 담당한다.

　대뇌반구의 기능적 전문화 혹은 국재화를 실험으로 증명한 일이 있었다. 10명의 간질환자 치료를 위해 좌반구와 우반구를 해부학적 구조와 기능을 연결해 주는 뇌량을 절단한 일이 있었는데, 이때에 이러한 실험을 하게 되었다. 스페리(Sperry)는 뇌량이 절단된 이들의 좌측 눈에 연필을 보여 주고, 우측 눈에 사과를 보여 주면 시각적인 정보와 언어적인 정보를 처리하는 데 어려움이 생기고, 행동하는 것에 대해 언어적 표현이 부적절하게 되었다. 최근 연구에 의하면 스페리의 연구가 조금 과장되었고, 좌우 반구는 상호보완적, 협동적인 면도 많다는 연구가 등장하고 있다. 인간의 뇌는 상호 연결되어 있고 위계적이다. 즉, 단순한 정보처리나 특수한 정보처리만 수행하는 것이 아니라 일반적, 통합적인 정보처리를 수행한다. 예를 들면, 시지각의 경우에 다양한 정보를 통합해서 처리한다.

　다음 그림은 대뇌반구의 국재화 실험을 보여 주고 있다.

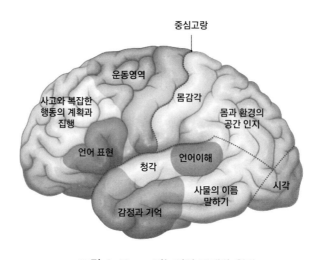

● 그림 2-13 ●　기능적인 국재화 원리

6. 뇌영상기법

　20세기 초에 환자들에게 뇌 수술(대부분은 종양을 절제하기 위한 것이거나 간질 발작의 확산을 정지하기 위한 시행)을 하면서 더 많은 정보를 얻을 수 있었다. 인간에게는 다행이지만 과학에서는 불행한 점은 건강한 사람에게 뇌 수술을 시행하는 것은 제외된다는 윤리적 고려가 '정상적'인 뇌가 어떻게 기능하는가에 대한 이해에는 제약을 가했다는 것이다.

하지만 지난 50년 동안 기술이 진보하여 신경과학자들과 신경심리학자들은 비침습적인 방식으로, 기능하고 있는 정상적인 뇌를 검토할 수 있게 되었다. 우리는 모두 합쳐서 뇌영상기법이라 알려진 이러한 방법들을 간단히 개관해 볼 것이다.

1) X선 영상(X-Ray Imaging)

X선 영상은 1895년 우연히 발견되어 현재까지 사용되고 있는 짧은 전자기파를 말한다. X선을 대상자에게 투사하면 일부는 흡수된다. 흡수량은 기관의 밀도에 따라 달라진다. 신체를 관통한 X선은 대상자 뒤에 위치하는 필름에 노출되게 된다. X선 사진에서 X선이 쉽게 침투하는 부드러운 기관은 필름에 노출된 부위가 어둡게 보이고, X선을 흡수하는 뼈와 같은 치밀 조직은 필름에 노출되지 않으므로 밝게 나타난다. X선 사진은 뼈나 종양이나 폐결핵 결절과 같은 비정상적인 구조를 시각화하기에 적합하다.

2) 컴퓨터단층촬영(CT)

뇌영상기법 중에 가장 초기에 나온 것으로 1970년에 개발된 것은 컴퓨터단층촬영(Computerized Axial Tomography: CAT 촬영), X-선 또는 CT라고 하는 고도로 초점이 맞추어진 X-선 빛 줄기가 여러 각도에서 신체를 통과하는 기법이다. 신체 기관의 밀도가 X-선이 휘어지는 각도를 각기 다르게 하므로 각 기관을 시각화할 수 있게 한다. 대개는 한 사람의 뇌를 CAT 촬영하면 9개에서 12개의 서로 다른 '편(slices)'이 나오는데, 이들 각 편은 서로 다른 깊이에서 촬영된 것이다. CAT 촬영은 밀도가 다른 구조는 서로 다르게 보인다는 사실에 의거한다. 이를테면 뼈는 피보다 밀도가 더 높으며, 피는 뇌 조직보다 밀도가 높고, 뇌 조직은 뇌척수액보다 밀도가 높다(Banich, 2004). 최근 생긴 뇌출혈은 혈액의 존재로, 오래된 뇌손상은 뇌척수액 영역으로 대부분 찾을 수 있다. 따라서 임상가나 연구자는 CAT영상으로 뇌손상 영역을 잡아내고 상해가 얼마나 오래된 것인지 추측할 수 있다.

3) 자기공명영상(MRI)

신경심리학에서 아주 중요한 진단 도구이기는 하지만, CAT 영상은 더 새로운 뇌영상기법인 자기공명영상(Magnetic Resonance Imaging: MRI)에 비해 사용빈도가 낮다. CAT 영상과 마찬가지로 MRI는 신경해부학에 관해 정보를 제공해 준다. 그러나 CAT 영상과는 달리 MRI에서는 방사선에 대한 노출을 요구하지 않으면서도 더 깨끗한 영상을 제공해 준다.

MRI 촬영을 받는 사람들은 아주 강력한 자기장으로 둘러싸는 터널 같은 구조 안에 들어가 눕는다. 자기파는 머리를 향하고(또는 어떤 신체 구조가 촬영되든지 간에), 그 신체구조에 있는 수소원자를 예측 가능한 방식으로 스스로 정렬시킨다. 컴퓨터가 이 수소원자들이 정렬된 방식에 관한 정보를 수집하여 3차원 영상을 만들어 내고 여기서 원하는 단면을 더 깊이 검토할 수 있게 해 준다.

MRI 영상은 선택적 기법인데, 왜냐하면 이 영상들은 이제 뇌의 가장 깨끗한 이미지를 만들어 낼 수 있기 때문이다. 하지만 모든 사람이 다 MRI 촬영을 할 수 있는 것은 아니다. MRI 촬영에서 생성되는 자기장은 전기장에 간섭을 일으키므로 심박기를 착용한 사람들은 MRI 촬영을 할 수 없다(심박기는 전기 신호를 생성함). 또 혈관에 외과용 클립이 있거나 안구에 금속성 부스러기가 있는 사람같이 신체에 금속성을 지닌 이들도 촬영을 할 수 없다. 자기장이 신체에서 그 금속의 위치를 이탈시켜 외상을 입힐 수 있기 때문이다(치과충전재와 같이 단단한 표면에 입힌 금속성 보조장치는 문제가 안 된다). MRI는 사람들이 터널 같은 기계 안에 가만히 누워 있기를 요구하고 팔을 움직일 공간도 아주 제한되어 있기 때문에 폐쇄공포증이 있는 사람은 이 기법에 좋은 대상자가 되지 못한다.

4) 양전자방출단층촬영(PET)

1970년대까지 거슬러 올라가는 또 하나의 기능적 뇌영상기법은 양전자방출단층촬영(Positron Emission Tomography: PET)라 부르는 것이다. 이 기법은 방사선 연대 복합체(탄소, 질소, 산소, 불소의 방사성 동위원소로 감마선을 신속하게 방출하여 머리의 바깥 부분에 있는 장치로 탐지할 수 있음)를 주사하는 과정을 포함한다. PET 촬영은 뇌의 여러 부위에서 혈류를 측정하여 특정 시간에 어떤 영역이 가장 활성화되어 있는지를 보여 주는 뇌의 사진을 전자적으로 재구성하는 것이다(Posner & Raichle, 1994). PET의 변형 절차에는 혈류 대신에 국지적인 신진대사의 변화량을 측정하는 방법이 있는데, 이럴 때는 포도당과 구조적으로 비슷한 방사성 동위원소인 탈산화 불소를 주사한다.

PET 촬영은 뇌의 한 영역이 활성화되면 혈류가 더 많이 생기고, 활성화된 영역의 세포들이 뇌혈관으로부터 더 많은 포도당을 사용한다는 사실에 기반한다(Frith & Friston, 1997; Kung, 1993). PET를 시행받는 사람은 머리 위에 커다란 반지 모양의 사진판이 있는 자리에 앉는다. 방사선 동위원소 추적자, 대개는 15O2(전자 하나가 제거된 산소)가 물의 형태로 혈관에 주사된다(H215O). 30초 이내에 이 추적자가 뇌에 도달한다. 15O2 추적자는 뇌 영역에 흘러가는 혈류의 양에 따른 비율로 뇌에 축적된다(Banich, 2004). 방사성 추적자가 반감기에 이르러 쇠퇴하기 전 대충 2분 이내에 몇 개의 영상이 촬영되고, 이 영상이 그 부위에 흘러드는 혈류의 양을 보여 준다(Frith & Friston, 1997).

5) 기능적 자기공명영상(fMRI)

새로운 기법이 이 모든 곤란에서 벗어나게 하였다. 기능적 자기공명영상(functional magneticresonance imaging) 또는 fMRI는 피(혈액)에 자기적 속성이 있다는 사실에 의한다. 피가 심장에서 운반될 때 자기적 속성은 최대치다. 이후 모세혈관을 따라 흐르면서 혈액의 자기속성은 줄어든다. 활성화되는 뇌 부위들은 산화된 피와 탈산화된 피의 비율에서 변화를 보인다(Banich, 2004). fMRI 촬영은 이미 있던 MRI 장비를 사용하지만 임상가나 연구자들에게는 비침습적이고, 방사선을 사용하지 않고 뇌의 여러 영역에서 혈류의 흐름에 접근할 수 있는 방법을 제공해 준다. 뇌가 기능하는 방식을 연구할 수 있게 하는 이들 기법은 인지심리학에서 해 온 질문들과 새로운 연결을 가능하게 하며, 또 새로운 질문을 제기하기도 한다. 이러한 기법들을 사용할 수 있기 전에 인지 이론은 여러 가지 인지과정을 이행하게 하는 생물학적 기제들에 대해서는 고려하지 않았다. 이제 인지신경과학자들은 새로운 가정에 근거한 연구들에 근거한 발견들을 제공해 줄 수 있게 되었다. 뇌에서의 물리적 활동과 기능적 상태 사이를 지도화하는 일은 다음과 같은 것이다. 두 가지 실험 조건이 신경 활동의 서로 다른 패턴과 연합되어 있을 때, 이들은 서로 다른 인지 기능에 종사하고 있다고 가정할 수 있다.

7. 행동에 대한 화학적 조절

1) 도파민

도파민(dopamine)은 중추신경계에 존재하는 신경전달물질로서, 아드레날린, 노르에피네프린의 전구체이기도 하다. 중뇌의 흑질(substantia nigra, SN)과 복측피개야(ventral tagmental area, VTA) 영역의 도파민 신경세포에서 분비되어 신경신호전달뿐만 아니라, 의욕, 행복, 기억, 인지, 운동 조절 등 뇌에 다방면으로 관여한다.

뇌에 도파민이 너무 과도하거나 부족하면 ADHD, 조현병, 치매, 우울장애 증상을 유발하기도 한다. 흑질의 도파민을 생성하는 세포가 특이적으로 파괴되어 운동능력이 점차 떨어지는 질환이 파킨슨병이다. 즉, 연구 결과 파킨슨병을 앓고 있는 환자의 뇌 속에는 도파민이 부족하다는 사실이 밝혀졌다. 따라서 도파민은 파킨슨병 치료에 사용되고 있다.

2) 아세틸콜린

아세틸콜린(Acetylcholine)은 부교감 신경에서 두 개의 시냅스에 연속적으로 전달된다. 하지만 교감신경에서는 아세틸콜린을 전달하다가 두 번째 뉴런에 시냅스를 통해 노르에피네프린(아드레날린)을 보낸다. 시냅스 전 뉴런의 축삭돌기 말단에 있는 시냅스 소포에서 분비되어서 시냅스 틈을 통과하고, 그 이후에는 시냅스 후 뉴런에 결합해 신경 신호를 전달하는 신경전달물질이다. 아세틸콜린을 수용하는 수용체(receptor)는 크게 니코틴성 수용체(nicotinic receptor)와 무스카린성 수용체(muscarinic receptor)로 나뉘며, 각 수용체도 여러 가지 아형이 있다.

시냅스 틈으로 분비된 아세틸콜린은 아세틸콜린 에스터 가수분해 효소(Acetylcholinesterase)에 의해 초산과 콜린으로 분해가 되며 분해된 콜린은 다시 재흡수되어 'Acetyl-CoA'와 결합하여 아세틸콜린이 된다. 심장 조직에서 발생한 '아세틸콜린을 통한 신경 전달'은 저해 작용을 하여 심박수를 낮춘다. 반대로 골격근에서 아세틸콜린은 흥분성 신경전달물질로 작용한다.

　신경전달에 관여하는 만큼 아세틸콜린의 작용이 억제되면 '신경마비'가 찾아온다. 그러한 작용을 하는 유명한 독가스가 바로 사린가스로, 신경마비뿐만 아니라 작용 억제 시 입 안의 갈증, 메스꺼움, 배뇨 곤란, 변비, 눈의 건조, 안압 상승 등의 증상이 나타날 수 있다.

3) 세로토닌

　세로토닌[(serotonin, 5-Hydroxytryptamine (5-HT)]은 모노아민 신경전달 물질의 하나이며, 생화학적으로 트립토판에서 유도되는 세로토닌은 주로 인간을 포함한 동물의 위장관, 혈소판, 중추신경계에서 볼 수 있다. 세로토닌은 행복감을 포함한 광범위한 감정을 느끼는 데에 기여한다고 보고되고 있는 복잡한 신경전달물질이다.

　세로토닌 신경은 뇌줄기(brainstem) 가운데 솔기핵(raphe nucleus)이라는 곳에 위치하며 그 수는 수만 개 정도다. 이는 뇌 전체 신경세포(약 150억 개)에 비해 아주 적은 수이지만 세로토닌은 뇌 전체에 광범위한 영향을 미친다. 하나의 세로토닌이 수많은 신경을 상대로 하는 모습은 오케스트라의 지휘자가 지휘봉을 휘두르며 곡 전체 분위기를 형성하는 것과 비슷한 것으로 비유할 수 있는 세로토닌 시스템을 갖는다. 구체적으로 세로토닌은 의식수준이나 건강상태 등에 영향을 미친다.

4) 아미노산

　아미노산(amino acid)은 100개 이상의 천연아미노산이 존재하지만 약 20개의 아미노산만이 유기체에 공통으로 존재하며 단백질 합성에 이용된다. 이 중 10개는 인체 합성이 불가능한 필수아미노산이므로 음식물로 섭취해야 하고, 나머지 10개는 아미노기 전달반응에 의해 합성된다. DNA는 아미노산을 특정 위치에 배열하여 단백질을 만들게 한다. 아미노산은 펩티드 결합에 의해 다양한 단백질을 만들며, 단백질 대부분은 100개 이상의 아미노산으로 이루어진다.

　아미노산은 기본 구조로 카르복시기와 아미노기가 있기 때문에 공통 성질이 있지만, 고유한 물리화학적 성질은 R기의 구조와 화학 성질에 따라 달라진다. 아미노산은 보통 R기의 극성과 전하에 따라 분류된다.

아미노산 결핍은 체내 단백질에 손실을 가져와 체중감소, 빈혈, 근소모성 질환을 일으킨다.

8. 호르몬의 종류와 기능

호르몬(hormone)은 일반적으로 신체의 내분비기관에서 생성되는 화학물질들을 통틀어 일컫는다. 신경전달물질과 본질적으로는 다르지 않지만 중추신경계를 주요 이동경로로 하는 신경전달물질에 비해서 보다 광범위한 내분비기관에서 분비되어 혈액을 통해 넓은 범위에 비교적 오랜 시간 동안 작용하는 물질을 일컬어 호르몬이라 지칭한다. 이동시간에서도 차이가 있다. 여러 내분비기관에서 만들어진 호르몬은 혈관을 거쳐 신체의 여러 기관으로 운반되어 그곳에서 각각의 호르몬이 지닌 기능을 발휘하게 된다. 특히 물질대사와 생식, 그리고 세포의 증식에 호르몬이 직접

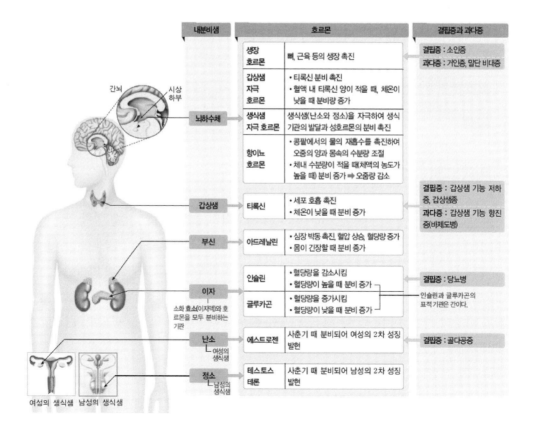

● 그림 2-14 ● 호르몬의 종류와 기능

적으로 관계하는 것으로 알려져 있다. 후에 다른 개체에 대하여 작용하는 페로몬의 개념도 호르몬에 포함되었다. 이 외에도 식물호르몬, 화학적으로 합성된 호르몬도 총칭한다. 이론상으로 볼 때 모든 생물은 생식과 성장을 위한 호르몬을 필요로 하며 또한 이를 생산한다. 그러나 척추동물에게 특유한 호르몬으로는 갑상선 그리고 성호르몬(sex hormone)을 꼽을 수 있다.

● 표 2-1 ● **호르몬의 종류와 기능**

갑상샘	티록신: 세포 호흡 촉진
뇌하수체	• 생장 호르몬: 뼈와 근육의 생장 촉진 • 갑상샘 자극 호르몬: 갑상샘의 티록신 분비 촉진 • 생식샘 자극 호르몬: 생식샘의 성호르몬 분비 촉진 • 항이뇨 호르몬: 콩팥에서 물의 재흡수 촉진
부신	• 아드레날린: 심장 박동 촉진, 혈압 상승, 혈당량 증가
이자	• 인슐린: 혈당량 감소 • 글루카곤: 혈당량 증가
정소	• 테스토스테론: 남성의 2차 성징 발현
난소	• 에스트로젠: 여성의 2차 성징 발현

우리 몸의 생리 작용을 조절하여 항상성을 유지하게 하는 화학 물질을 호르몬이라고 한다. 우리 몸에서 만들어지는 호르몬은 100가지가 훨씬 넘는데 이런 호르몬은 각각 체내의 특정한 기관에서 만들어져 혈액으로 분비된다. 이때 호르몬을 분비하는 곳을 **내분비샘**이라고 한다.

뇌하수체는 간뇌의 시상 하부 아래쪽에 있으며 전엽, 중엽, 후엽으로 구성된다. 뇌하수체에서는 생장 호르몬, 갑상샘 자극 호르몬, 생식샘 자극 호르몬, 항이뇨 호르몬이 분비된다.

갑상샘은 목 앞부분 성대 아래쪽 기관의 연골에 나비 모양으로 붙어 있으며, 크기는 엄지손가락만 하다. 티록신은 아이오딘(^{127}I)을 함유한 호르몬으로, 세포 호흡을 촉진하고 체온상승, 심장 박동 촉진 등을 일으킨다.

부신은 콩팥의 윗부분을 고깔 모양으로 덮고 있는 내분비샘이다. 부신의 속질에서 아드레날린이 분비된다. 아드레날린은 에피네프린이라고도 하며, 혈압을 상승시키고 심장 박동을 촉진한다. 또 위급한 상황에서 혈당량을 증가시켜 몸을 보호하는 데 필요한 에너지를 공급한다.

이자는 외분비샘이면서 동시에 내분비샘으로, 소화액과 호르몬을 동시에 분비한다. 이 중 호르몬은 이자의 이자섬에서 분비된다. 인슐린은 간에서 포도당을 글리코겐으로 합성하여 저장하는 것을 촉진하고, 혈액 속의 포도당을 세포로 이동시켜 혈당량을 낮춘다. 글루카곤은 간에 저장된 글리코겐을 포도당으로 분해하여 혈당량을 높여 준다.

생식샘은 정소와 난소를 말하며, 성호르몬을 분비한다. 성호르몬의 분비는 뇌하수체 전엽에 의해 조절된다. 정소는 남성 호르몬인 테스토스테론이 분비되어 정자의 생산을 촉진하고, 목소리의 변화, 수염 등 남성의 2차 성징이 나타나게 한다. 난소의 여포에서 분비되는 에스트로겐은 여성의 2차 성징이 나타나게 하고, 여성의 생식 주기에서 난자를 성숙시키며, 자궁 내벽의 발달을 촉진한다. 황체에서 분비되는 프로게스테론은 배란을 억제하고 자궁 내벽을 두껍게 유지하여 임신이 유지되도록 하며, 젖샘의 발육도 촉진한다.

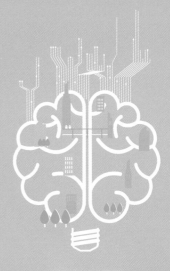

1. 감각과 지각의 개념

감각(sensation)은 감각수용체에 대한 자극과 감각 정보를 중추신경계로 전달하는 것을 말한다. 즉, 외부의 물리적 자극에 의해 인간의 의식에 변화가 생기는 것을 의미한다. 감각 수용체는 눈과 귀, 피부 그리고 인체의 감각기관에 위치해 있다. 감각의 자극은 자동으로 이루어지는 과정이다. 따라서 사람들은 감각기관을 통하여 주위의 대상에 느낀 것이 실제로 존재한다고 생각한다.

지각(perception)은 기계적인 것이 아니라 인체의 내적 표현을 형성하기 위해 감각들이 조직되고 해석되는 적극적인 과정이다(Goldstein, 2013; Hafemeister et al., 2010). 즉, 환경의 물리적 속성이 감각기관을 통하여 정신현상으로 나타나는 과정이다. 지각은 감각에 의존하여 사물을 인지하는 과정으로 인지의 가장 기본적인 과정이다. 따라서 지각은 감각으로 시작될 수 있는데, 감각자극을 받아들이는 과정에서 우리의 경험과 기대가 반영된다.

감각은 감각 기관의 수용기에 물리적 에너지가 전달되면서부터 시작된다. 이 과정에서 감각기관은 물리적 에너지를 전기적 에너지로 변화시키는 과정, 즉 **변환**(transduction) 과정을 수행하게 된다. 이렇게 변환된 신호는 처리를 위해 뇌로 보내어진다. 그러나 이런 감각기관들은 지속적으로 동일한 자극에 노출되면 자극에 대한 반응이 둔감해지게 된다. 이 과정을 **순응**(adaptation)이라고 한다. 감각 또는 감각과정은 물리적 자극에 담겨 있는 정보를 감각기관을 통해 수집하는 과정이며, 지각 또는 지각과정은 수집된 정보를 해석하는 과정이다.

2. 정신물리학

정신물리학(psychophysics)은 물리적 특성들과 물리적 자극이 수반된 감각 경험이 어떻게 관련되어 있는지를 연구한다. 정신물리학은 지각의 역치(threshold)에 관한 두 가지 주요 질문에 답하려 한다. 자극이 탐지되기 위해서는 자극 강도가 얼마나 강해야 할까? 그리고 두 자극이 다르다는 것을 탐지할 수 있으려면 그 차이는 얼마나 되어야 할까?

1) 절대역

절대역(absolute threshold)은 관찰자가 탐지할 수 있는 물리적 자극의 최소량이다. 심리학자들은 개인이 50%의 확률로 감지할 수 있는 최소 자극을 찾을 때까지 점차 강한 자극에 노출시킨다. 예를 들어, 중간음은 고음보다 낮은 강도에서 탐지될 수 있으며, 이 정보는 청각 시스템의 신경세포가 다른 음고의 음에 어떻게 반응하는지를 조사하는 데 유용하다.

절대역을 측정할 수 있는 방법은 다음과 같다.

첫째, 조정법(method of adjustment)은 자극을 관찰하고 자극의 강도를 작업 조절하는 조절장치를 조작한다. 예를 들어, 헤드폰을 통해 들리는 일정한 음조의 음색이라고 가정해 보자. 사람들은 듣기 쉬운 음색의 강도로 시작하고, 청자는 음을 더 이상 들을 수 없을 때까지 천천히 강도를 낮춘다. 이 시점의 강도가 절대역의 추정치다. 둘째, 항상자극법(method of constant stimili)은 다양한 강도의 자극을 무선적으로 반복 제시하여 절대역을 추정하는 방법이다. 예를 들어, 어떤 자극이 무선적으로 제시되고, 제시 후에, 자극을 탐지했는지 여부를 측정한다. 셋째, 계단방법(staircase method)은 자극이 표시되고 해당 자극이 감지되었는지 여부를 나타내며 그 반응을 기반으로 다음 자극은 강도가 한 단계 위 또는 한 단계 감소했는지를 측정한다.

2) 역치하 자극

역치하 자극(subliminal stmulation)은 절대역 이하의 강도를 가지고 있는 자극을 말한다. 즉, 사람의 의식적 자극을 위한 절대역치보다 낮은 감각자극을 말한다. 시각적 자극이 너무 짧게 번쩍여서 우리가 그것을 인지하지 못할 수 있다. 청각 자극은 너무 낮은 음량으로 재생되어 의식적으로 듣거나 기억하지 못할 수 있다.

3) 차이역

차이역(difference threshold) 또는 최소식별차이(Just Noticeable Difference: JND)는 관찰자가 두 자극이 다르다는 것을 인식할 수 있게 하는 두 자극 간의 최소한의 차이다. 즉, 두 자극 간의 차이를 식별할 수 있는 확률이 50%인 차이 강도 수준을 의미한다.

차이역을 측정할 수 있는 방법은 웨버의 상수인데, 물리심리학자 웨버(Ernst Weber)는 실험실 연구를 통해 빛의 강도 차이를 인식하는 역치를 그들 강도의 약 2%(1/60에 더 가깝다)임을 발견하였다. 이 1/60이라는 수치 차를 '웨버의 상수'라 한다. 예를 들어, 만일 2g의 무게와 4g의 무게를 가진 두 자극의 강도 차이는 쉽게 탐지할 수 있으나, 50g의 무게와 52g의 무게를 가진 두 자극의 강도 차이는 쉽게 탐지하지 못한다. 이는 큰 강도를 가진 자극의 경우, 강도 차이가 훨씬 클 때에만 그 차이가 탐지될 수 있음을 시사한다. 웨버는 차이역이 자극의 일정한 양이 아니라 일정한 비율임에 주목했으며, 이후 이 원리는 **웨버의 법칙**(Weber's Law)으로 불렸다.

4) 신호탐지이론

신호탐지이론(signal detection theory)은 감각자극에 대한 인식은 신체적·생물학적·심리적 요소의 상호작용을 포함한다는 주장이다. 이 이론에 따르면 물리적 자극과 감각반응 사이의 관계는 온전히 기계적인 것이 아니다(Soto et al, 2018). 예를 들어, 사람들이 노래를 부르고 유리잔을 부딪치고 있는 방에서보다 조용한 방에서 친구가 말하는 것을 더 쉽게 들을 수 있다.

3. 시각

빛(light)이라는 단어의 사전적 의미는 '시각을 가능하게 하는 어떤 것'을 말한다. 즉, 물리학적 언어로 빛은 전자기장 반사(electromagnetic radiation)의 한 형태다.

전자파라고 하는 에너지 중 시각적 감각기관을 유발하는 것은 가시광선(visible light)이다. 가시광선은 그 파장이 390nm에서 760nm(1nm=10^{-9}m)사이에 속하는 것으로 이를 빛이라 한다. 전자파에는 자외선, 감마선, 엑스선과 같이 그 파장이 빛의 파장보다 긴 것도 있다([그림 3-1] 가시광선). 시각(light sense)의 감각기관은 눈으로, 눈의 망막에 상을 맺게 하는 렌즈와 감각세포로 되어 있는 망막과 이들을 보조하는 조직으로 되어 있다.

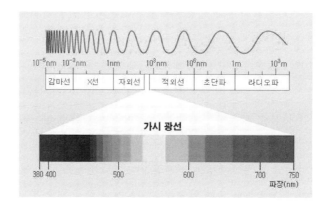

● 그림 3-1 ● 가시광선

1) 눈의 구조와 기능

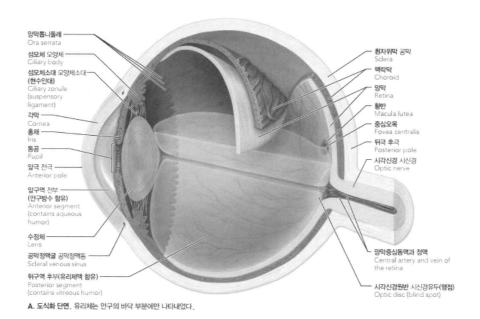

● 그림 3-2 ● 눈의 구조

(1) 모양과 크기

인간의 눈([그림 3-2])은 대략 직경이 24mm인 구처럼 생겼다. 이 모양은 움직이고 회전하기 쉽도록 만들어졌다. 시축(optic axis)은 눈의 앞에서 수정체의 중심을 거쳐 눈의 뒤쪽에 이르는 가상적인 지름에 해당한다.

(2) 세 개의 막

공막(aclera)은 제일 바깥쪽 막으로 눈의 희게 보이는 부분으로 강한 보호막과 눈의 앞부분의 투명한 각막으로 구성되어 있다. 맥락막(choroid)은 가운데 막으로 공막의 안쪽에 붙어 있으며 눈의 안쪽 부분에 산소와 양분을 공급하는데 대부분의 혈관들을 포함하고 있다. 망막(retina)은 가장 안쪽 막으로 빛을 신경 신호로 변환하는 수용기를 포함하는 신경세포들로 구성되어 있다.

(3) 각막(cornea)

눈의 전면을 덮고 있는 둥근 투명막으로, 빛 파장이 각막을 통과하면서 각막의 굽어진 표면은 빛을 보다 협소한 빛으로 구부려 초점을 맞춘다.

(4) 홍채(iris)

동공을 둘러싸고 있는 원형 근육으로 눈으로 들어오는 빛의 양을 조절한다. 희미한 또는 어두운 빛 조건에서 홍채는 이완되어 빛이 더 많이 들어올 수 있도록 하며(동공확장), 밝은 빛 조건에서는 수축하여 빛이 적게 들어오도록 한다(동공수축).

(5) 동공(pupil)

빛 파장을 눈의 내부로 통과시키는 눈의 전면에 있는 둥근 개방구이며, 동공이 커지거나 작아지는 이유는 홍채라 불리는 근육 때문이다.

(6) 수정체(lens)

굽은 표면을 가지며, 빛 파장을 보다 협소한 빛으로 구부려 초점을 맞추는 둥근 타원형 구조로 이루어져 있다. 원거리에 있는 대상을 보기 위해서 빛 파장은 작은 각도로 굴절되어야 하기 때문에 수정체가 평평한 형태로 유지되지만, 근거리에 있는 대상을 보기 위해서는 빛 파장이 큰 각도로 굴절되어야 하기 때문에 수정체가 볼록한 형태로 조절된다.

(7) 망막(retina)

안구의 후면에 위치해 있으며, 빛에 극히 민감한 세포들을 포함하고 있는 조직이다. 빛에 민감한 세포들을 광수용기(photoreceptor)라 부르며, 망막에는 두 종류의 광수용기가 존재한다. 하나는 **간상체**(rod)로 주로 망막의 주변 영역에 분포되어 있다. 이것은 적은 양의 빛에 의해 활성화되기 때문에 어두운 조명 조건에서도 사물을 볼 수 있도록 해 준다(흑백과 회색의 음영). 다른 하나는 **원추체**(또는 추상체; cone)로 주로 망막의 중심와(fovea)에 분포되어 있으며, 이것은 밝은 조명 조건에서 활성화된다.

(8) 맹점(blind spot)

시신경이 눈을 빠져 나가는 곳으로 이곳에는 광수용기가 존재하지 않는다. 따라서 이곳에 상이 맺히게 되면 그 상은 눈에서 사라지는 것처럼 보인다. 그러나 일상생활에서 우리의 눈은 계속해서 움직이기 때문에 맹점으로 인해 상이 사라지는 일은 좀처럼 발생하지 않는다.

2) 시각 정보 처리

우리가 상(image)을 처리할 때, 빛의 파장은 망막에 도달하게 된다. 망막에 도달한 빛 파장은 신경절 세포(ganglion cells)에 의해서 전달되는데, 이때 신경절 세포의 축색들이 시신경(optic nerve)을 이루고 있다. 이렇게 시신경을 따라 전달되는 정보는 **시교차**(optic chiasm)라고 하는 두 눈의 중간지점에서 분리가 된다. 즉, 오른쪽 눈을 통해 전달되던 시각 정보는 좌반구의 시각피질에, 반대로 왼쪽 눈을 통해 전달되던 시각 정보는 우반구의 시각피질에 각각 분리되어 전달되게 된다.

3) 색채시(color vision)

(1) Young–Helmholtz의 삼원색설(trichromatic theory of color vision)

영(Young)과 헬름홀츠(Helmholtz)는 어떤 색이든 세 개의 색(빨강, 파랑, 초록)에 해당되는 빛의 파장을 조합시킴으로 인해 만들어질 수 있다는 것을 알고, 인간의 눈이 색을 인식함에 있어서도 세 가지 유형의 수용기가 존재할 것으로 추론하였다.

● 그림 3-3 ● 색의 혼합

(2) Hering의 대립과정설(opponent-process theory)

헤링(Hering)은 **잔상**(afterimages) 현상이 삼원색설로 설명되기 어려운 현상임을 지적하였다. 잔상은 색을 가지고 있는 대상을 응시하지 않을 때조차도 망막의 활성화가 계속되기 때문에 나타나는 현상이다. 예를 들면, 초록색의 막대를 오랫동안 바라보다가 흰 여백이 있는 곳을 바라보면, 마치 빨간색의 막대가 그곳에 있는 것과 같은 현상을 경험하게 된다. 이처럼 동일한 색의 막대가 아닌 보색관계에 있는 색의 막대가 보이는 현상을 통해 빨강-초록, 파랑-노랑, 검정-하양과 같이 서로 짝을 이루어 색이 처리되는 것으로 추론하였다.

● 그림 3-4 ● 잔상 실험

4. 청각

1) 귀의 구조와 기능

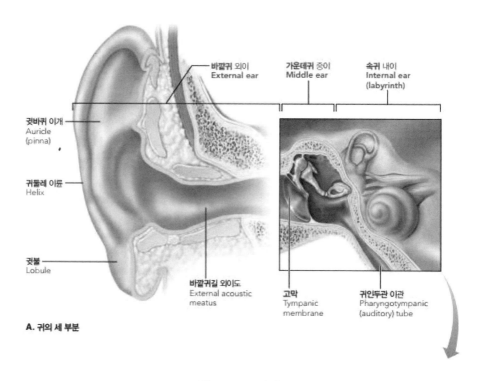

● 그림 3-5 ● 귀의 구조

(1) 외이(outer ear)

외이는 귓바퀴(pinna), 이도(ear canal), 그리고 **고막**(ear drum)으로 이루어져 있다. 귓바퀴는 머리의 외측에 형성되어 있는 타원형 구조로 이루어져 있으며, 음파를 수집하여 이도라 불리는 좁고 긴 터널로 보내는 기능을 담당한다. 이도는 음파를 그 관을 따라 집중시켜 얇은 고막을 때리도록 하는 기관이다. 음파가 고막을 때리면 고막은 진동을 하게 되며, 이 진동은 고막과 연결되어 있는 중이(middle ear)의 3개의 뼈 중 첫 번째 것에 전달된다. 이처럼 고막은 외이와 중이를 구분시켜 주는 경계에 해당된다.

(2) 중이(middle ear)

중이는 마치 라디오의 증폭기와 같이 음파의 진동을 증가 혹은 증폭시키는 역할을 하며, 세 개의 뼈들로 구성되어 있다. 추골(hammer)은 고막의 뒷면에 부착되어 있어, 고막이 진동할 때 추골도 진동하게 된다. 추골의 진동은 다음 뼈인 침골(anvil)과 등골(stirrup)로 전달된다. 이와 같은 세 개의 뼈, 즉 이소골(ossicles)은 마치 지렛대 모양을 하고 있어 진동을 크게 증폭시킬 수 있다.

(3) 내이(inner ear)

내이는 **와우각**(cochlea)과 균형을 담당하는 전정계(vestibular system)로 구성되어 있다. 와우각은 달팽이 모양의 외관을 가진 나선형 뼈로, 중이와 내이의 경계선에 해당되는 난원창(와우각의 막)이 중이의 등골에 의해 진동되면, 청각 수용기가 위치해 있는 와우각 관 속의 액체도 진동하게 된다. 융모세포(hair cells)라고 불리는 청각 수용기들은 미세한 머리카락 모양의 세포로 와우각의 기저막(basilar membrane)에 부착되어 있다. 와우각 관에 있는 액체의 진동은 기저막을 움직이고, 융모세포를 구부리게 한다. 융모세포의 기계적 구부림은 미세한 전기를 발생시키게 되고, 그 힘이 역치 이상이면 신경충동이 일어나 청신경을 통해 뇌로 전달되게 된다.

전정계는 청각 정보의 전달과 관계없이 신체의 위치와 균형에 관여하는 기관이다. 이는 서로 다른 각도로 각각 구성된 세 개의 반고리관(semicircular canals)을 포함하고 있으며, 와우각과 동일하게 관내에 액체로 채워져 있다. 머리가 움직임에 따라 이 액체들이 움직이며, 융모세포가 이 움직임에 따라 반응하게 된다. 만약 내이에 염증이 생기면, 전정계에 영향을 미쳐 어지럼증과 구토 증상을 보일 수 있다. 또한 전정계는 멀미(motion sickness)에도 관여한다.

2) 소리의 위치

인간의 귀는 왜 눈과 같이 얼굴의 정면에 위치해 있지 않고 좌/우 양측에 위치해 있을까? 이는 단순히 심미적 차원에서 위치해 있는 것이 아니라, 그 기능적인 측면에서 입체적으로 소리를 들을 수 있도록 하기 위해서 좌/우에 위치해 있다고 볼 수 있다. 청각 검사를 받을 때 흔히 눈을 감고 '째각째각' 거리는 시계를 좌측 또는 우측에 가져간 후 소리가 들리는 방향의 손을 든 경험이 있을 것이다. 만일 좌측에 시계를 가져다 놓았다면 좌측에 있는 귀에는 우측에 있는 귀보다 **빠르고** 강하게 시계 소리가 전달될 것이다. 이는 우리의 머리가 **소리 그림자**(sound shadow)의 역할을 하기 때문이다. 즉, 소리가 우측에 있는 귀에 전달되기 위해서는 머리를 지나가야 한다. 그러나 산세(山勢)가 험한 지역에서 전파가 잘 전달되지 않듯이, 소리, 즉 음파(sound waves)도 머리를 지나가게 되면 약해질 수밖에 없다. 이를 통해 우리는 소리의 위치를 파악할 수 있다.

5. 지각 조직화

1) 게슈탈트

독일어로 'gestalt'는 '형태(form)' 또는 '전체(whole)'를 의미한다. 이 용어는 결국 사물을 지각함에 있어 개별적인 부분들보다는 전체의 모양 또는 개체가 묶여진 형태로 지각함을 의미하는 것이다. 게슈탈트(gestalt) 심리학자들은 1900년대 초에 지각의 형성에 대한 논쟁을 벌이면서, 지각은 일련의 규칙에 따라 형성된다고 믿었다. 즉, 지각이 일련의 규칙에 따라 단어들을 의미 있는 문장으로 조직화하는 것과 유사하다고 보았다. 예를 들면, [그림 3-6]의 Necker Cube는 각각 수렴하는 선분들을 포함하는 8개의 파란색원들이 2차원 평면에 그려졌을 뿐이다. 그러나 우리는 그것들을 볼 때, 3차원의 정육면체로 지각한다.

● 그림 3-6 ● 3차원의 정육면체

2) 지각 조직화 규칙

(1) 전경-배경(figure-ground)

지각을 조직화하는 데 있어 가장 기본적인 규칙 가운데 하나는 배경으로부터 대상을 확인하는 것이다. 대상이 되는 전경은 보다 상세한 요소를 가지며, 덜 상세한 배경으로부터 두드러지게 드러난다. [그림 3-7]에서 우리가 검은색으로 그려진 부분을 배경으로 인식한다면, 흰색으로 그려진 꽃병의 모습이 전경이 되며, [그림 3-8]에서 역시 검은색으로 그려진 부분을 배경으로 인식한다면, 흰색의 동물들은 배경이 된다. 그러나 계속 응시하게 되면, 전경과 배경이 갑자기 바뀌는 경험을 하게 될 것이다. 이를 전경-배경 역전 현상이라고 한다.

● 그림 3-7 ●　루빈의 화병(전경과 배경)

● 그림 3-8 ●　Jung's 동물들(New Zealand Illusion Museum, 2018)

(2) 집단화(grouping)

프라그난츠의 법칙(law of pragnantz)은 게슈탈트 심리학의 중요한 개념이다. 프라그난츠는 독일어로 '간결(conciseness)'을 의미한다. 즉, 우리가 자극을 볼 때, 그 자극을 가장 단순하면서도 가능한 형태로 조직화하는 것이다. 이런 간결의 원리를 몇 가지 살펴보도록 하자.

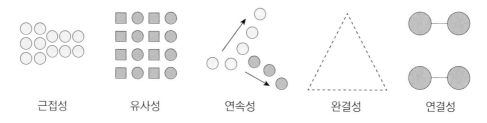

근접성   유사성   연속성   완결성   연결성

● 그림 3-9 ●   지각의 집단화

• 근접성(proximity)

자극을 조직함에 있어 서로 물리적으로 근접해 있는 것들끼리 집단화되는 원리다.

• 유사성(similarity)

자극을 조직함에 있어 유사한 것으로 보이는 요소들(예: 모양, 크기, 색상 등)이 함께 집단화된다는 원리다.

• 연속성(continuity)

자극을 조직함에 있어 일련의 점이나 선들을 해석할 때 부드럽거나 연속적인 궤적을 보이는 요소들을 집단화하는 원리다.

• 완결성(closure)

빈 곳이 있으면 그곳을 채워서 완전한 전체적인 대상으로 지각하는 것이다. 즉, 자극을 조직함에 있어 그림에서 생략되거나 미완성된 부분을 채워서 지각하려는 경향성의 원리이다.

• 연결성(connectedness)

자극을 조직함에 있어 동일한 것이 연결되어 있으면 하나의 단위로 지각하는 것이다.

3) 지각 항등성

지각 항등성(perceptual constancy)은 크기, 모양, 색, 명암 등의 물리적 특성들이 지속적으로 변하더라도 항상 동일한 것으로 지각하는 우리의 경향성을 말한다.

(1) 크기 항등성(size constancy)

크기 항등성은 망막상의 대상 이미지가 커지거나 작아진다 할지라도 대상을 항상 동일한 크기인 것으로 지각하는 경향성을 의미한다. 자동차가 멀어질수록 망막에는 점점 더 작은 자동차 이미지가 투사된다. 비록 망막 이미지가 작아져도 우리는 그 자동차를 크기가 작아진 것으로 지각하지는 않는다. 이는 크기 항등성 때문이다.

● 그림 3-10 ● 크기 항등성

(2) 모양 항등성(shape constancy)

모양 항등성은 대상을 다른 각도에서 보았을 때 망막상에 다른 모양으로 투사될지라도 항상 동일한 모양인 것으로 지각하는 경향성을 말한다. 출입문이 열리면 문의 형태는 망막상에 사다리꼴 모양으로 투사되지만, 우리는 여전히 그 문을 직사각형으로 지각하게 된다.

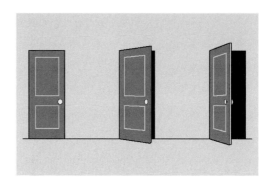

● 그림 3-11 ● 모양 항등성

(3) 밝기 항등성(brightness constancy)

밝기 항등성은 밝기가 조명의 차이에 의해 달라 보이더라도 항상 동일한 밝기인 것으로 지각하는 경향성을 말하며, **색 항등성**(color constancy)은 조명의 차이에 의해 대상의 색이 달라져 보이더라도 항상 동일하고 안정된 색을 가진 대상으로 지각하는 경향성을 말한다.

● 그림 3-12 ● 밝기 항등성

4) 깊이 지각

깊이 지각(depth perception)이란 망막에 투사된 이미지가 단지 두 개의 차원, 즉 높이와 넓이만을 가질지라도 눈과 뇌가 모든 시지각에 제3의 차원인 깊이를 더할 수 있는 능력을 말한다. 깊이 지각 단서들은 양안단서와 단안단서로 분류되는데,

양안단서는 두 눈의 움직임에 의존하는 반면, 단안단서는 대부분 환경 속의 대상이 배열되는 방식에 의해 발생한다.

(1) 양안단서(binocular cues)

• 수렴(convergence)

눈의 방향을 움직이는 근육이 보내는 신호에 기초한 깊이지각을 위한 양안단서를 말한다. 가까이 있는 혹은 접근해 오는 대상에 초점을 맞추기 위해 눈 근육은 두 눈을 코 쪽으로 모아 준다. 뇌는 이런 근육이 보내는 신호를 사용하여 대상과의 거리, 즉 깊이를 결정하게 된다.

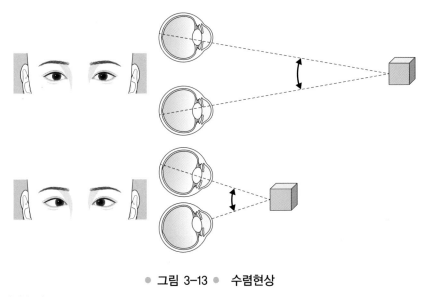

● 그림 3-13 ● 수렴현상

출처: 안권순 외(2014).

• 양안부등(binocular disparity; 망막부등(retinal disparity)

두 눈 간의 거리 차에 기인하는 양안단서로서, 두 눈이 서로 다른 위치에 있기 때문에 각 망막에 약간씩 다른 이미지가 투사되며 이로 인해 두 눈의 이미지 차이가 발생하게 된다. 뇌는 양안부등이 클수록 대상이 더 가까이에 있으며, 양안부등이 작을수록 대상이 멀리 있는 것으로 해석한다.

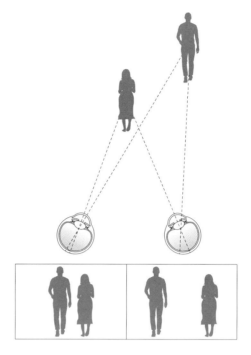

● 그림 3-14 ●   양안부등 현상

출처: 서창원, 민윤기(2007).

(2) 단안단서(monocular cues)

• 상대적 크기(relative size)

만일 두 대상의 크기가 비슷하다고 가정한다면, 두 대상 가운데 망막에 맺힌 상이 클수록 가까이에 존재하며, 작을수록 멀리 있는 것으로 지각하는 것을 말한다.

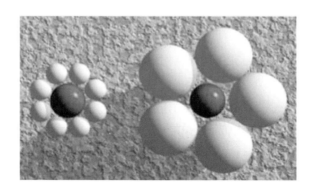

● 그림 3-15 ●   상대적 크기

• 선형조망(linear perspective)

평행선들이 거리가 증가함에 따라 모아지는 결과(수렴)로 나타나는 단안단서를 말한다. 따라서 선들이 모아질수록 지각된 거리는 더 멀다.

● 그림 3-16 ●   선형 조망

• 대기조망(aerial perspective)

가까이에 있는 대상보다 먼 거리에 있는 대상이 덜 뚜렷하게 보이는 단안단서를 말한다. 먼 거리에 있는 대상을 주시하기 위해서는 대기속에 존재하는 먼지, 수증기와 같은 여러 입자들을 통과해서 바라보아야 하기 때문에 선명하게 보이지 않는 것이다.

● 그림 3-17 ●   대기 조망

• 중첩(interposition)

대상이 중복될 때 발생하는 단안단서로, 중첩하는 대상은 더 가까이에 있는 것으로 보이며, 중첩되는 대상은 더 멀리 있는 것으로 보인다.

● 그림 3-18 ●   중첩

• 결의 밀도(texture gradient)

선명하고 세밀한 질감의 부분은 더 가까이에 있고, 덜 선명하고 세밀하지 않은 질감의 부분은 더 멀리 있는 것으로 지각되는 단안단서이다.

● 그림 3-19 ●   결의 밀도

• 운동 패러랙스(motion parallax)

움직이는 대상의 속도에 기초된 단안단서로, 빠른 속도로 움직이는 것처럼 보이는 대상은 천천히 혹은 정지되어 있는 것처럼 보이는 대상보다 더 가까이에 있는 것으로 지각된다.

● 그림 3-20 ● 운동 패러랙스

6. 착시

착시(illusion)는 실제로 있을 수 없으며 존재하지 않는 왜곡된 지각을 하는 지각 경험이다. 착시는 우리의 뇌가 더 이상 공간, 크기, 깊이 단서를 정확하게 해석할 수 없는 식으로 지각 단서들을 조작함으로써 발생한다. [그림 3-21]을 보면, 두 사람의 키는 실제로 같지만, 왜곡된 방의 구조 때문에 마치 오른쪽에 있는 사람이 왼쪽에 있는 사람보다 키가 훨씬 큰 것처럼 지각하게 된다. 이러한 왜곡된 방은 아델베르트 아메스(Adelbert Ames)에 의해 고안되었기 때문에 이와 같은 착시를 **Ames의 방**(Ames's room)이라고 한다. [그림 3-22]를 보면, 하늘의 태양을 볼 때, 이 태양이 지평선 가까이에 있을 때와 하늘 꼭대기에 있을 때 그 크기가 다르게 지각된다. 즉, 지평선에 있는 태양은 훨씬 더 커 보이게 된다. 이러한 착시를 **태양착시**(sun illusion)라고 부른다. [그림 3-23]을 보면, 실제로 검은 두 막대의 길이는 같으나, 위에 그려진 검은 막대가 아래 그려진 검은 막대보다 훨씬 더 길게 보이게 된다. 이를 **폰조 착시**(ponzo illusion)라고 한다. 이와 더불어 [그림 3-24]의 상단에 제시된 두 개의 선

● 그림 3-21 ●　Ames의 방

● 그림 3-22 ●　태양 착시

분 중 위에 있는 선분이 더 길어 보인다. 그러나 실제로는 두 선분의 길이는 동일하다. 이러한 경험은 집의 구조물 중 모서리를 바라볼 때에도 나타난다. 외부에서 바라본 모서리의 모양은 앞서 설명한 두 선분 중 아래에 있는 선분과 같으며, 내부에서 바라본 모서리의 모양은 위에 있는 선분과 같다. 따라서 내부에서 바라본 모서리의 길이가 더 길어 보이는 것이다. 이러한 착시를 **뮬러-라이어 착시**(Muller-Lyer illusion)이라 부른다.

● 그림 3-23 ● 폰조 착시

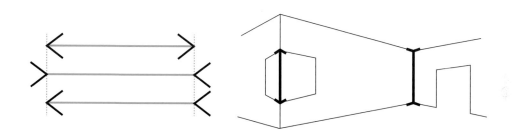

● 그림 3-24 ● 뮬러-라이어 착시

1. 의식

1) 의식의 개념

의식(consciousness)의 어원은 con(모두, 전부)와 sci(알다)의 합성어로 자각, 알아차림으로 불린다. 의식이란 깨어 있는 상태에서 자기 자신이나 사물에 대하여 인식하는 작용으로 감각하거나 인식하는 모든 정신작용을 의미한다. 의식은 모든 정신활동의 기초가 되는 중추신경계의 기능으로 타인은 경험할 수 없지만, 체험자 자신은 직접적으로 파악할 수 있으며 현재 느끼고 있는 경험을 말하며, 사람은 누구나 깨어 있을 때 무언가를 항상 느끼고 생각하고 있으므로 이것을 총칭한다고 할 수 있다.

또한 의식은 현실에 있어서 인간 개개인이 직접 경험하는 심리적 현상의 전체를 말한다. 19세기의 심리학은 자기 자신의 의식을 관찰하고 그것을 심리적 요소로 분석하는 내적 관찰을 주요한 방법으로 삼았다. 의식의 변천사를 살펴보면, 17세기에 데카르트는 의식은 비물질적 정신 속성 중에서 핵심과 내적자아의 장소가 존재

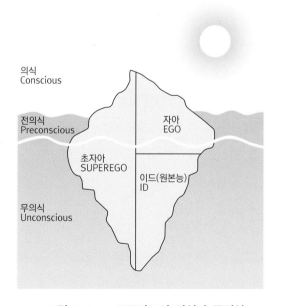

● 그림 4-1 ● 프로이트의 의식과 무의식

한다는 심신이원론과, 라메트리는 정신도 기계의 산물이고 의식도 기계적으로 작용한다는 심신일원론을 주장하였다. 18세기에 칸트는 의식은 단지 연상작용을 통해 나올 수 없으며 선험적 인식구조를 가지고 객관적 세계를 경험해야 의식이 발생한다고 주장하였다. 19세기에 분트나 제임스는 내성법을 통해 의식의 본질에 이르려는 실험생리학적 전통을 따르려 했다. 20세기 전반에 스키너와 왓슨은 의식은 내적인 정신과정이므로 과학적 심리학의 대상에서 제외시켰다. 프로이트는 인간의 정신생활은 의식뿐만 아니라 무의식의 동기에 의해서 영위되고 있다고 생각했다. 20세기 후반에 네이글은 의식을 다시 과학적이고 철학적 맥락에서 연구하기 시작하였다.

2) 의식의 기능

의식의 기능은 동물마다 다르지만 인간에 비해 선택범위가 좁다. 인간의 의식은 다음과 같은 기능이 있다.

첫째, 정보의 단순화와 선택의 기능이다. 의식은 초기 감각과 지각, 기억, 사고 과정에서 정보를 단순화하지만 여전히 한 번에 처리할 수 있는 정보가 너무 많아서 정보를 선택할 필요가 있다. 이러한 선택이 일어나는 곳이 바로 의식이다. 둘째, 행위의 유도 및 감독기능이다. 의식은 뇌와 신체 상태를 외부 사건과 연결한다. 복잡한 환경에서 기능을 수행하려면 행위를 계획하고, 유도하고, 체제화해야 한다. 셋째, 행위의 우선순위를 결정하는 기능이 있다. 행위가 외부 세계의 사건과 조화를 이루는 것만으로는 충분하기 않다. 우리의 내적 요구를 반영해야 한다. 넷째, 불일치의 탐지와 해소의 기능이다. 이는 선택되어 의식에 들어가는 정보는 일반적으로 내부 세계와 외부 세계의 변화에 관한 것이므로 세상에 대한 기존 지식과 사건 간에 불일치가 발생하면, 이것은 의식에 들어가기가 더 쉽다.

3) 무의식의 개념

무의식(unconsciousness)은 자신(self)과 주위 환경(environment)에 자각이 없는 상태, 즉 자신이 의식하지 못하는 두뇌의 활동이며 사고 과정, 기억, 동기 따위 없이 자동적으로 발생하는 정신적 작용이다. 이 개념은 프로이트에 의해 대중화되었다.

정신분석학 이론에서 무의식적 작용은 꿈이나 농담 따위를 통해 직접적으로 나타난다고 한다. 융이 제창한 분석심리학에서 무의식은 '마음 속의 의식이 아닌 영역'이다. 일부에서는 무의식의 존재 자체를 의심하기도 한다 프롬은 정신분석학자이지만 프로이트적인 의미에서의 무의식을 부정했으며, 현상학자인 메를로퐁티는 무의식도 '수동적 의식'으로서 결국 의식의 연장이라고 생각한다.

　비정신분석학적 학문들에서는 무의식적 활동이란 의식적 자각에 전적으로 따르지 않는 정신적 활동을 가리키는 말로서 사용하며 이 경우 이를 '비의식'이라는 용어를 사용하기도 한다. 정신분석학에서 말하는 것 같은 별개의 영역으로서의 무의식 개념이 오이디푸스 컴플렉스(Oedipus complex) 따위의 이론을 전제로 이루어지는 것과 달리 인지과학 등에서의 무의식은 그러한 이론보다는 경험적 데이터에 기반하여 다루어야 할 대상으로 본다. 예컨대, 인지과학 연구자들은 사람이 의식적 사고를 통해서 얻는 정보보다 더 많은 정보를 의식적 자각 바깥에서 자동적, 비의도적으로 획득할 수 있음을 밝혀냈으며 이러한 것을 무의식적 작용이라고 한다. 이처럼 무의식적이라는 것이 무엇인가 말하는 것은, 그 전제에, 의식이란 무엇인가라고 하는 것의 이해가 없으면 안 된다.

4) 의식, 전의식, 무의식 및 비의식과의 관계

　의식은 외부세계에 대한 감각적 인식, 내적으로 직접 인식하는 자신의 생각과 감정, 개인의 단일 자아, 깨어 있는 상태 등을 포함한 많은 의미가 있는 개념이다. 많은 과학자와 철학자들은 의식 문제의 해답은 신경세포나 신경망을 연구해서 찾을 수 있다고 생각한다. 또한 인간은 다른 동물이나 로봇과 마찬가지로 단순히 자극에 반응하여 수동적으로 움직이는 자율성이 없는 존재라 생각한다. 의식의 또 다른 측면은 선택적 주의와 직접적인 내적 인식으로 나누어 설명할 수 있다. 선택적 주의란 특정 자극에 대한 의식의 집중이며, 직접적인 내적 인식이란 감각기관을 통하지 않고 얻는 자신의 생각, 감정과 기억에 대해 알고 있는 것이다. 한편 전의식(preconscious)과 비의식(nonconscious)에 대하여 살펴보면, 전의식은 인식되지 않지만 관심을 집중시켜 인식할 수 있는 생각이나 감정을 말하며, 비의식이란 감각적 인식이나 직접적인 내적 인식으로는 경험할 수 없는 것이다.

2. 수면과 꿈

1) 수면

수면(잠: sleep)은 눈이 감긴 채 의식 활동이 쉬는 상태를 말한다. 수면은 단순한 휴식을 넘어서 신체와 정신의 건강을 위하여 꼭 필요한 과정이다. 좋은 수면을 유지하는 것은 삶의 질을 높이고 각종 신체, 정신질환 예방에 중요한 요소다. 수면의 또다른 측면은 동물이 일정 시간 동안 몸과 마음의 활동을 쉬면서 의식이 없는 상태로 있는 것이다. 의식은 없거나 줄어들고, 감각 기관이 상대적으로 활동을 중단하며, 거의 모든 수의근의 움직임이 없는 것이 특징이다. 자극에 대한 반응이 줄어드는 것으로 각성과 구별되며, 쉽게 의식을 되돌릴 수 있다는 점에서 겨울잠이나 혼수상태와는 구별된다. 수면 중에는 동화 상태가 고조되며, 성장과 면역, 신경, 뼈, 근육 계통의 회복이 두드러진다. 수면은 모든 포유류와 조류, 다수의 파충류, 양서류, 어류에서 발견된다.

수면의 기능은 회복 기능, 에너지 보존 기능, 기억 공고화(memory consolidation) 기능, 시냅스와 신경세포체의 통합기능, 체온조절기능 및 본능으로서 환경에 적응하기 위한 기능이 있다.

2) 수면의 단계

수면에 대한 연구로, 인간의 두피 위에 전극을 부착하여 뇌의 전기적 활동인 뇌전도(ElectroencEphaloGram: EEG)를 이용하여 뇌파를 측정하였다. 뇌세포의 활동전위의 집합을 두피상의 전극으로 측정한 것이다. 1929년에 독일의 베르거(H. Berger)가 처음으로 관측하였다. 크기는 수~수십 μV, 주파수는 0.5~60Hz 정도이며 뇌의 활동상태에 따라서 뇌파의 파형이나 크기가 변화한다.

[그림 4-2]는 수면의 다섯 단계를 보여 준다. 처음 4개의 수면 단계는 NREM(non-rapid eye movement: NREM-급속 안구 운동이 없는)수면이다. 그와 대조적으로 제5단계의 수면은 눈이 눈꺼풀 속에서 쏜살같이 움직이는 REM(Rapid Eye Movement: REM-급속 안구 운동)수면이다. 수면파에는, 첫째, 눈을 감고 안정하고

있을 때에 특히 후두부에서 현저하게 유도되는 8~13Hz의 뇌파를 알파파(alpha waves: α-파)라고 한다. 둘째, 눈을 떴을 때의 14~60Hz의 소진폭의 파를 베타파(beta waves: β-파)라고 한다. 셋째, 수면 시에 나타나는 0.5~3.5Hz의 뇌파를 델타파(delta waves: δ-파)라고 한다. 넷째, 어린이의 뇌파에서 볼 수 있는 4~7Hz의 파를 세타파(thepha waves: θ-파)라고 한다.

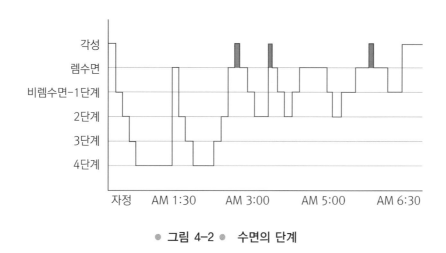

● 그림 4-2 ● 수면의 단계

〈NREM 수면(비-렘수면)의 4단계〉

• 제1단계: 뇌파가 베타파(β波)에서 알파파(α波)로 바뀌어 간다.
• 제2단계: 세타(θ)파 및 방추형과 K 복합 뇌파가 나타난다.
• 제3, 4단계: 델타(δ)파가 나오기 시작하며, 두 단계는 델타파의 양으로 구분한다.

3) 수면의 기능

렘(REM)수면은 신체적, 심리적인 회복, 단백질 합성 및 기억 향상에 도움이 된다고 보고되고 있는 역설수면이다. 역설수면(逆說睡眠)은 몸은 잠을 자고 있으나 뇌파는 깨어 있을 때의 알파파(α波)를 보이는 수면 상태다. 자율신경성 활동이 불규칙적인 수면의 시기로, 보통 안구가 신속하게 움직이고 꿈을 꾸는 경우가 많기에 렘수면으로 언급된다. 한편 영아기에는 렘수면이 수면의 50%를 차지하다가 점차 줄어드는 것으로 알려져 있다.

사람이 필요로 하는 수면의 양은 부분적·유전적으로 결정되는 것 같다(Shaw et al., 2013). 사람은 어릴수록 하루에 자는 시간이 길고 자랄수록 짧아진다. 생후 1주에는 18~20시간, 만 1세에는 12~14시간, 만 10세에는 10시간 정도를 잔다. 성인은 하루에 대략 5~8시간 정도를 잔다. 사람은 의도적으로 수면 시간을 조절하기도 한다. 15세 이상 사람의 평균 수면 시간은 대한민국을 예로 들면, 6시간 15분 정도, 미국은 7시간 정도이다. 잠이 부족하면 피로를 느끼고 감정이 날카로워져 짜증이나 화를 내기 쉬워진다. 또한, 잠이 부족한 상태가 장기간 지속되면 심혈관계 질환이나 정신 질환 등 여러 질병에 걸릴 확률이 높아진다. 스트레스를 받을 때 더 많은 수면이 필요하지만 한편으로는 스트레스가 불면증을 유발할 수가 있다(Halonen et al., 2017). 수면은 스트레스에서 회복하는 데 도움이 되며, 수면 부족은 우울증으로 이어질 수 있다(DeWill-Hartmann et al., 2013). 또한 렘(REM)수면과 깊은 수면은 학습 및 기억의 통합과 관련이 있다(Ashton et al., 2018).

4) 꿈

꿈(dream)은 수면 시 경험하는 일련의 영상, 소리, 생각, 감정 등의 느낌을 말한다. 희망 사항, 목표 등을 일컫는 말이기도 하다. 잠을 자고 있는 중에도 뇌의 일부가 깨어 있는 상태에서 기억이나 정보를 무작위로 자동 재생하는 것이다. 꿈에서 일어나는 일들은 종종 현실에서는 일어나기 어려운 것들이며, 대부분 꿈을 꾸는 이가 제어하기 어려우며 꿈이라는 사실을 인지하지 못한다. 때로는 수면 중에 의식적으로 이들이 꿈이라는 것을 의식하며, 꿈이 진행되는 상황을 임의로 바꿀 수 있기도 한다. 이를 '자각몽', 또는 '루시드 드림'이라 한다.

일반적으로 동의하는 생물학적인 꿈의 정의는 없다. 일반적인 관찰에 의하면, 꿈은 렘(REM)수면과 깊은 관련이 있다. 렘수면은 두뇌 활동이 깨어 있을 때와 거의 유사하여, 연구자들은 이 시기가 가장 생생한 꿈을 꿀 때라고 추측한다.

홉슨과 맥칼리(A. Hobson & R. McCarley, 1976)는 프로이트의 꿈은 무의식의 반영이며 무의식이 원하는 바가 꿈에 나타난다고 하는 기존의 관점에 도전하는 새로운 이론을 제시하였다. 홉슨과 맥칼리의 활동화-합성 이론(activation synthesis theory)에 따르면 연수로부터 오는 모든 신호가 대뇌에서 의미를 갖는 정보로 바뀐 것이 감각적 경험(sensory experience)이라고 말한다. 렘수면 중의 PGO(Ponto-Genito-

Occipital) 파가 중뇌와 전뇌를 활성화시켜 신속한 안구 운동을 일으킨다고 제시하고 있다. 활성화된 전뇌가 들어온 정보를 바탕으로 꿈을 만드는 것이다. 이 이론에서는 렘수면을 일으키는 구조와 감각 정보를 생성하는 구조가 같다고 이야기하고 있다.

수면욕구는 모든 사람에게 오래 깨어 있는 시간이 길수록 잠을 자고자 하는 욕구가 생긴다. 수면욕구는 자동적으로 조절되는 '신체항상성'의 한 가지로 이로 인하여 잠을 못 자거나 부족하게 잔 경우는 낮에도 자주 졸립거나 일찍 잠이 들게 되는 현상이 생기게 되는 것이다. 그리고 잠을 자게 되면 수면욕구가 감소하여 본인이 필요한 만큼 잔 경우에는 더 이상 졸립지 않게 된다.

수면욕구만이 수면과 각성을 조절하는 요소라면 우리는 밤에 잠을 못 자거나 잔 다음날에는 깨어 있기가 어려울 것이다. 그러나 실제로 전날 적게 잤다고 하더라도 낮에는 깨어 있는 경우가 대부분이다. 이는 우리 뇌에 존재하는 '생체시계' 때문이다. 생체시계는 뇌의 시상하부의 '상교차핵'이라는 부분에 존재하며 각성, 즉 우리가 낮에 깨어 있을 수 있도록 한다. 낮에는 깨어 있고 밤에는 잠을 자게 만드는 낮-밤을 결정하게 된다.

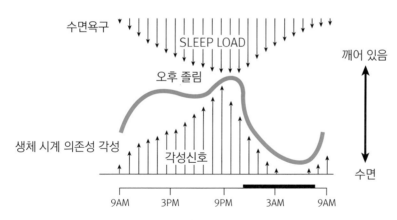

● 그림 4-3 ● 수면과 각성의 조절

사람마다 약간씩의 차이가 있는데 일부 사람들은 앞에서 언급한 것처럼 지나치게 극단적인 수면각성주기를 가지게 되어(초저녁에 잠들고 새벽에 깨거나 새벽에 잠들어 점심경에 일어나는 경우) 정상적인 사회생활을 하기 힘든 경우가 종종 있다. 이를 일주기성 수면장애라 부르며 적절한 치료가 필요하다.

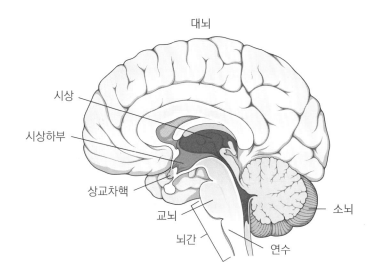

● 그림 4-4 ● 생체시계-시상하부의 상교차핵

5) 수면장애

불면증(insomnia)은 수면장애로, 잠들기가 어려운 입면 장애와 자는 도중 자주 깨거나 너무 일찍 잠에서 깨어 나는 수면유지 장애를 뜻한다. 밤에 충분히 자지 못하면 수면 부족 상태가 되어 낮 동안 졸음, 피로감, 의욕 상실 등을 초래해 자동차 사고의 원인이 되거나, 일상생활에 지장을 준다. 이 질병은 단기적으로는 며칠 또는 몇 주, 장기적으로는 한 달 이상 지속될 수 있다.

불면증의 원인은 심리적 스트레스, 만성통증, 심부전, 갑상선 기능 항진증, 속쓰림, 하지불안증후군, 폐경기, 약물 복용과 카페인, 니코틴, 에탄올의 섭취다. 다른 위험 요인으로는 교대 근무와 수면 무호흡증이 있다. 불면증의 진단은 수면 습관과 잠재적인 원인에 대한 검사에 기반한다. 잠재적인 수면장애를 찾기 위해 수면다원 검사를 시행할 수 있다.

대부분의 경우 불면증 치료의 첫걸음은 수면위생과 생활습관을 바꾸는 것이다. 수면위생은 일관된 취침시간, 충분한 양의 햇빛 쬐기, 조용하고 어두운 침실, 규칙적인 운동을 포함한다. 또한 인지행동치료가 도움이 될 수 있다. 수면제도 도움이 될 수 있으나 외상, 치매, 탐닉을 유발할 수 있다. 따라서 4주나 5주 이상의 수면제 복용은 권장되지 않는다. 대체의학의 효과와 안정성은 검증되지 않았다.

기면증(narcolepsy: 발작성 수면)은 일상생활 중 발작적으로 졸음에 빠져드는 신경계 질환이자 수면장애다. 기면증은 수면발작(야간에 충분한 수면을 취함에도 낮에 심한 졸음), 탈력발작(감정적으로 흥분할 때 힘이 빠지는 증상), 입수면기의 환각, 수면마비(가위눌림) 등 네 가지의 특징적인 증상을 보이는 수면 장애의 일종이다. 탈력발작, 낮 시간대의 졸음(수면발작, sleep attack), 입수면기의 환각, 수면마비 등 네 가지의 특징적인 증상을 나타낸다.

가장 흔한 증상은 수면발작으로 자신도 모르게 잠에 빠져들며, 15분 정도 수면 후 맑은 정신으로 깨어난다.

탈력발작은 주로 감정의 변화와 결부되어 갑자기 근육의 긴장이 소실되어 쓰러지는 경우를 말한다. 증상들은 한꺼번에 나타나지는 않고 몇 년씩 떨어져서 그리고 그 심한 정도가 각각 달리 나타나기도 한다. 진단을 받기 전에는 낮 시간대의 졸음으로 인해 게으른 성격으로 오인되는 경우가 많다. 기면증은 그 증상이 청소년기에 처음 나타나는 경우가 많으며, 심한 졸음으로 학업에 장애를 초래하고 운전 중인 사람에게는 사고 위험이 높다.

수면무호흡증(sleep apnea)은 수면 중 10초 이상 지속되는 호흡 중단이 한 시간에 5회 이상, 또는 하룻밤에 30회 이상 반복해서 나타나는 증상으로 잠자는 동안에 숨 쉬기를 멈추는 것을 말한다. 이것을 폐쇄형, 중추형, 그리고 혼합형의 세 가지 형태로 나누고 있는데, 폐쇄성 수면무호흡증은 가장 흔한 형태로, 기도 윗부분의 조직 허탈을 포함한다. 다른 하나는 중추성 무호흡증으로, 이것은 매우 드물고 호흡 메커니즘을 활성화시키는 중추성 신경 시스템에 문제가 생긴 결과다. 마지막으로 혼합성 무호흡증인데, 이것은 폐쇄성과 중추성 무호흡증의 특성들을 모두 포함한다. 그중 폐쇄형이 가장 흔하고 중추형은 드물며 혼합형은 이 두 가지가 같이 존재하는 것이라고 할 수 있다.

3. 약물

약물 사용 및 약물사용 장애는 미국정신의학회(American Psychilogical Association: APA, 2013)의 정신장애 진단 및 통계편람-5(Diagnostic and Statistical Manual of Mental Disorder-5: DSM-5)의 약물사용장애의 정의에 따른다. DSM-5는 행동, 인지 및 생물학적 증상 또는 요인으로 약물사용 장애를 정의한다.

1) 약의 개념

약(drug) 또는 약물(substance) 또는 약제(medicine)는 질병이나 부상, 기타 신체의 이상을 치료 또는 완화하기 위해 먹거나, 바르거나, 직접 주사하는 등의 방법으로 생물에게 투여하는 물질을 통틀어 말한다. 약이 의미하는 것은 다양하게 정의할 수 있지만 사전적 정의의 약의 의미는 유기체 내에서 화학적, 생리적 특성에 의해 유기체의 구조와 기능을 변화시키는 어떤 물질이다. 즉, 이렇게 큰 범위의 정의에는 많은 정신활성제와 의약품, 많은 사람이 약으로 사용하지 않는 물질도 포함하게 되는 것이다. 정신활성제는 사용하는 사람의 감정, 행동, 지각, 기분을 변화시키는 약으로 자극제와 억제제, 환각제, 아편제, 흡입제를 포함하게 된다. 그리고 의약품은 상처의 조직을 치료하는 것이 1차적인 기능인 것으로 통증과 질병을 예방할 때와 진단할 때 쉽게 사용하게 된다. 또한 담배와 카페인, 알코올 등은 일상생활에서 흔히 쓰이는 것이기에 거의 약으로 인식되지는 않지만, 이들 역시 인간의 신체구조와

● 그림 4-5 ● 약의 개념

기능에 큰 영향을 주게 된다.

약물(substance)이란 생체에 작용하여 생물학적 반응(생리기능의 변화, 생화학적 변화, 형태의 변화 등)을 일으키는 능력을 갖는 화합물의 총칭이며, 생리활성물질과 동의어다. 약물 중에 특히 그 생리활성이 질병의 진단, 치료, 예방에 유용하다고 인정된 것을 의약품이라고 한다. 다만, 약물이라고 하는 말을 협의로 의약품의 의미로 사용하기도 한다.

2) 약의 작용(약리작용)

약물이 생체에 미치는 작용을 약리작용(pharmacological action)이라 하며, 이는 약물의 생체조직에 대한 화학적 · 물리적 친화력에 의해 일어나는 상호작용을 말한다. 약물과 생체와의 상호작용에 의해 생체가 본래 가지고 있는 기능에 변화가 일어난다는 것이 약리작용의 본체이며, 생체에 원래 존재하지 않는 기능이 약물 투여에 의해 일어난다는 것은 아니다.

(1)흥분작용(stimulant action), 억제작용(depressanat action)

생체가 본래 가지고 있는 기능이 촉진(acceleration), 증강(potentiation)되는 경우가 흥분작용이며, 카페인이나 암페타민의 중추신경 자극작용이 이에 해당된다. 또한 기능이 감약, 저지되는 경우가 억제작용인 것이다. 모르핀에 의한 진통작용 및 교감신경 차단제에 의한 심장억제작용 등이 그 예다.

(2)직접작용(direct action), 간접작용(indirect action)

약물의 작용 중 그 물질이 생체에 직접 작용하여 초래되는 효과를 직접작용 또는

● 그림 4-6 ● 약의 직접작용과 간접작용

1차작용(primary action)이라고 한다. 이에 대한 직접작용의 효과에 의해 다른 효과도 나타나는 경우를 간접작용 또는 2차작용(secondary action)이라고 한다.

3) 약물의 오 · 남용 및 약물 작용

(1) 약물 오 · 남용의 기본 개념

뇌를 변화시키는 약물에 대한 명칭을 약물(substance)이라고 한다. 약물을 본래의 쓰임새가 아닌 다른 용도로 사용하는 것을 약물의 오용이라 하고, 약물을 처방이나 용법에 따라 사용하지 않고 함부로 사용하는 경우를 약물의 남용이라 한다. 약물에 대한 일반적인 용어에 대하여 살펴보면 다음과 같다.

　가. **약물**(substance): 뇌에 영향을 주어 의식이나 마음 상태를 변화시키는 약물로서 합법적 약물과 비합법적인 약물이 있다.
　나. **오용**(misuse): 의학적인 목적으로 사용하지만 의사의 처방에 따르지 않고 임의로 사용하거나 처방된 약을 제대로 또는 지시대로 사용하지 않는 것이다.
　다. **남용**(abuse): 의학적 사용과는 상관없이 약물을 지속적으로 또는 대량 사용하는 것이다.
　라. **중독**(addiction): 현재 의학적 용어로는 사용되지 않으나, 일반적으로 쓰이는 용어로서, 심리적 의존과 신체적 의존이 있고 건강을 해치는 상태다.
　마. **심리적 의존**(psychological dependence): 약물을 계속 사용하여 긴장과 불편한 감정을 해소하려는 것으로 습관성과 유사한 개념이다.
　바. **신체적 의존**(physical dependence): 약물 사용이 지속되면서 약물과 유기체 간의 상호작용이 일어나 생리적으로 변화된 상태로서, 약물을 중단하면 그 약물의 특징적인 금단 증상이 나타나는 상태다.
　사. **내성**(tolerance): 같은 용량의 약을 계속해서 사용할 때에 약의 효과가 줄어드는 것으로서, 처음의 약의 효과를 얻기 위하여 점차 용량을 증가시켜야 하는 것이다.

(2) 약물 남용을 유발하는 약물의 분류

약물 남용을 유발하는 약물의 일반적인 용어는 다음과 같다.

가. **각성제**(stimulant): 몸의 중추신경계를 자극하며 교감신경계를 흥분시키는 약물이다.

나. **마취제**(anesthetic): 몸의 지각(감각)을 마비시키고 의식을 상실시켜 힘줄의 긴장과 반사를 제거하는 약물이다.

다. **비타민제**(vitamin compound): 비타민을 주성분으로 하고 몸의 중요한 기능을 하게 해 주는 영양제다.

라. **소화제**(digestant): 음식물의 소화를 촉진시키는 약물이다.

바. **진통제**(anodynia): 몸이 쑤시고 아픈 증상을 제거하거나 경감시키는 목적으로 사용하는 의약품이다.

사. **항생제**(antibiotic): 다른 미생물의 발육을 억제하거나 사멸시키는 물질이다.

아. **항염제**(antiphlogistics, anti-inflammatory, 소염제): 국소에 작용하여 염증을 제거하는 약제다.

자. **해열제**(antipyretic): 체온이 비정상적으로 높아졌을 때 낮출 수 있는 의약품이다.

차. **호르몬제**(hormone drug): 호르몬의 생리학적 특성을 이용해 특수한 질환의 치료에 사용하는 약제다.

4) 약물의 분류 및 의식 변환

약물의 분류에 대해 살펴보면 다음과 같다.

첫째, 중추신경흥분제(central nervous system stimulants): 신경을 흥분, 활성화시키는 약물로 니코틴(담배), 카페인(커피), 필로폰, 코카인이 있다.

둘째, 중추신경억제제(central nervous system depressants): 신경을 억제, 둔화시키는 약물로 술(알코올)과 흡입제(본드, 가스, 가솔린, 니스, 벤졸, 신나, 아세톤 등), 마약류(아편, 헤로인, 메페리딘), 수면제(바르비탈류, 비바르비탈류, 신경안정제류), 진해제, 항히스타민제가 있다.

셋째, 환각제(hallucinogens): 중추신경에 작용하여 상황에 따라 흥분과 억제작용을 하는 약물로 대마초가 있다.

넷째, 기타 일반의약품으로 진통제가 있다.

약물에 의한 의식 변환에 대하여 살펴보면 다음과 같다.

(1) 중추신경흥분제

가. 카페인(caffeine)

주로 커피, 홍차, 콜라, 감기약 등에 들어 있으며 정신 기능을 항진시켜 감각을 예민하게 하고 정신을 맑게 하며 정신적 피로를 제거해 준다. 커피를 마신 지 15~30분 후 심장박동수, 혈압, 체온, 위산 분비, 소변량 등이 증가하는 현상이 나타나며, 당을 산화시키는 능력을 저하시키는 등 세포에도 부정적인 영향을 주어 혈당량을 증가시킨다. 카페인중독이 되면 소화불량, 두통, 불안, 신경질, 감각의 이상, 변비, 불면 등을 일으키고, 한 번에 다량 사용하면 부정맥, 사지 냉한, 동공 산대, 허탈 등을 가져온다. 또한 갑자기 중단하면 습관성으로 인해 불안감, 두통, 초조, 우울 등의 금단 증상이 나타난다.

나. 암페타민(amphetamine)

중추신경흥분제인 암페타민은 말초신경으로부터 부교감신경(norepinephrine)의 방출을 증가시켜, 과다 행동이 있는 어린이에게는 진정 효과를, 비활동적인 사람에게는 보다 빨리 활동하게 하거나 세포의 활동을 증가시킨다. 소량 사용할 때는 식욕 감퇴, 호흡 및 심박동수 증가, 혈압 상승 등과 같은 증상이 나타나며, 다량 사용할 때에는 발열, 두통, 발한, 현기증, 운동실조, 심혈관계 이상이 나타난다. 중단하고자 하는 사람들은 불쾌하고 고통스런 경험과 무기력감, 피로감, 걱정, 악몽 증세가 있으며, 금단증상으로는 두통, 호흡곤란, 심한 발한, 견딜 수 없는 근육 경련 및 위경련 등이 있다.

다. 메스암페타민(methamphetamine)

암페타민 유사물질로서 그 약리효과가 대단히 강력하다. 급성효과로서 걱정, 불안, 말이 많아지고 통제력이 상실되며, 식욕 상실 및 수면이 부족하게 되고, 파괴적 행위가 나타난다. 장기적으로는 정신병적 증세가 나타나고, 집중력, 기억력 및 성에 대한 관심이 없어진다. 금단증상으로 무관심과 과도한 수면, 우울증, 나아가서 자살할 수도 있다.

라. 코카인(cocaine)

강력한 중추신경흥분제로서 코카인은 암페타민과 유사하며 혈관과 신경계에 심각한 영향을 준다. 즉, 혈관을 수축시키고 혈압을 급상승시키고 심장박동을 빠르게 한다. 이 외에 간세포(stem cell)를 파괴하여 물질을 분해하는 중요한 기능을 저해하고 호흡기능이 저하되며, 후각기능을 마비시키고 생식기관에도 손상을 준다. 소량 사용 시, 말이 많아지고 피로감도 덜 느껴 운동능력도 향상되는 것 같은 착각을 일으키지만, 과량 사용 시 교감신경계에 대한 효과 때문에 뇌에 영향을 줄 뿐 아니라 맥박, 혈압, 호흡이 빨라지며 식욕이 없어지고, 동공 확장, 혈관 수축, 고열 등을 일으킨다. 코카인은 독성이 강하여 발작을 일으키거나 호흡마비와 같은 혼수상태를 유발하기도 하고 심장마비를 일으켜 사망하는 경우도 있다.

마. 니코틴(nicotine)

니코틴은 담배에 들어 있는 특유하고 복합적인 효과를 갖고 있는 화학물질로서 뇌의 모든 신경전도 물질과 내분비계에 영향을 준다. 담배를 한 대만 피워도 혈압이 오르고 맥박이 빨라지며 말초혈관들이 수축되며, 혈소판의 혈액응고 작용을 증가시켜 혈전증을 일으키기 쉽다. 금단 증상으로는 불안, 초조, 안절부절, 집중력 장애 등이 있으며, 담배를 피운 양과 기간에 따라 다양하게 나타난다.

(2) 중추신경억제제

가. 마약(narcotics)

① **아편**(opium): 통증을 완화시키고 수면을 유도하며 정신적으로 이완되고 즐거움과 도취감을 일으키나, 때로는 우울감, 불행감을 느낄 수 있으며, 식욕감퇴, 변비, 오심, 구토 등이 나타나고, 투약 중단 시 금단증상이 나타난다.

② **모르핀**(morphine): 강력한 진통효과가 있고, 중추신경계와 위장계에 주로 효과를 나타낸다. 사용 초기에는 평온감, 꿈꾸는 듯한 수면상태 등 기분의 변화가 일어나고, 비현실적인 자신감이 증가하지만 점점 일에 대한 성취욕과 관심이 상실되고, 신체적인 욕구나 외모의 변화가 뚜렷해진다. 금단증상은 콧물, 발한, 심한 흥분과 초조 등이며, 고열, 두통, 신경성 흥분이 나타나고, 온몸의 근육이 경련을 일으키며 공격적인 행동을 보인다.

③ **헤로인**(heroin): 모르핀을 화학적으로 변형하여 보다 강력하게 만든 것으로서,

남용자들은 주로 정맥주사 하거나 코로 흡입, 흡연하는 방법으로 사용한다. 약리 효과는 아편이나 모르핀과 동일하여, 수면이나 정신적 공허감을 유발하고 약성이 강렬하여, 소량으로도 충분한 반응을 얻을 수 있으나, 약효 지속시간이 짧아 중독자는 재투약을 갈망하게 된다.

④ **코데인**(codeine): 정신적·신체적 의존성과 금단증상을 수반하나 모르핀이나 헤로인에 비해서는 미약하며 이들의 중독치료에 사용된다. 마취, 진통작용은 모르핀에 뒤지나 호흡장애 해소에 대한 작용은 더 우수하며, 쾌감을 수반하지 않고 비교적 의존성이 적어 의약용으로 널리 상용되고 있으나 헤로인의 대체 마약으로 남용되기도 한다.

나. 수면제나 신경안정제

① **바비튜레이트류**(barbiturates): 신경활동, 골격근, 평활근, 심장근육 등과 그 밖의 인체의 기능을 억제시키는 제재다. 소량 사용 시 평온감과 이완감을 느끼고, 다량 사용 시 어눌한 말, 갈짓자 걸음, 판단력 저하 등이 나타난다. 아주 많은 양을 사용할 경우에는 쉽게 회복되지 않으며, 해독제도 없고, 혼수상태 혹은 사망에 이르게 된다.

② **벤조디아제핀류**(benzodiazepines): 뛰어난 항불안 및 정온 작용이 있으나, 과량 사용 시 졸림, 무기력, 혼수상태 등이 나타나며, 간접적으로는 호흡계와 심혈관계를 억제하여 관상동맥이 확장되고 심근경색의 증상이 나타난다. 금단증상으로는 불안, 불면증, 동요, 진전, 두통 등이 오며 드물게 오심, 구토, 고열, 심계항진 등이 나타날 수 있다.

다. 알코올(술: alcohol)

술의 주성분인 알코올은 마취제와는 구조적으로 전혀 다르지만 작용기전이 비슷한 중추신경억제제로 뇌의 기능을 둔화시키며 수면이나 마취효과를 나타내는 중독성이 강한 습관성 약물이다. 섭취된 알코올은 위나 작은 창자 윗부분에서 흡수되어 혈류를 통해 몇 분 후에는 온몸에 순환하게 되고 혈중 알코올 농도에 따라 신체적·정신적 증상을 보인다.

알코올 중독이 진행되는 단계를 살펴보면 다음과 같다.

첫 번째 단계는, 알코올 중독의 전 단계로 이 단계의 특성은 불안과 긴장을 술 마시는 것으로 대처하고 편안감을 갖기 위해 알코올을 이용하며, 기대되는 효과에 도달하기 위해 더 많은 양이 필요케 되는 내성이 생기기 시작하며, 음주 행위에 대한 자기조절이 아직 가능한 때다.

두 번째 단계는, 초기 알코올 중독 단계로, 일시적인 의식이나 기억상실이 일어나기 시작하고, 몰래 마시며 술병을 감추고 방어적이 되면서 술로 인한 문제들을 부정한다. 음주의 필요성에 대한 타당성을 강조하고 알코올에 몰두하게 되며 행동에 일관성이 없는 때다.

세 번째 단계는, 중독단계로서, 이 시기의 특성은 음주에 대한 조절 능력이 상실되고 공격적 행위가 증가된다. 타인과의 관계가 변화되어 주변 사람들이 그를 회피하게 되고, 음주자는 이들을 비난한다. 이때는 모든 것이 알코올로 귀착되어 기뻐서 한 잔, 슬퍼서 한 잔 하게 되는데 만일 술을 끊게 되면 금단증상이 나타난다.

네 번째 단계는 만성단계로, 무계획적으로 술을 마시고 흥청거리게 된다. 혼자서 또는 여러 사람들과 술을 마시며 알코올로 인한 신체적 합병증이 나타나기 시작하는 특성이 있다.

알코올 의존 시 몇 가지 행동 특성을 보이게 되는데, 친구와 가족 및 직업의 상실을 가져오며, 다른 사람들로부터 신임을 잃게 된다. 과도한 음주로 인해 일시적이나마 영구적인 전반적 기억상실이 와서 사회적·직업적 기능 저하는 물론 신체적 심리적 기능의 결여도 동반된다.

신체적 의존성으로 인해, 알코올 중단 시 금단증상으로 수일 이상 음주를 지속하던 사람이 알코올을 끊는다던가 알코올량을 감소시키는 경우에 손과 혀, 눈꺼풀 등에 거친 경련이 일면서 다음과 같은 증상을 동반한다. 즉, 정신쇠약, 심계 항진(심박동수 증가)과 발한 및 혈압 상승, 우울과 초조, 경련 등의 증상이 나타나며, 위장염이 동반되어 오심과 구토, 두통, 악몽이 수반되는 수면장애와 심한 불안 발작, 사지의 경련이 나타난다.

라. 흡입제(inhalants)

흡입제는 인체에 유해한 화학성분으로 구성되어 있어, 본래 사용 목적 이외의 용도로 사용할 경우에는 인체에 치명적인 해를 입히게 된다. 흡입제의 종류로는 탄화수소류로서 본드, 신나, 메니큐어 제거제, 드라이클리닝 용매, 톨루엔, 담배 라이터액, 가솔린, 아세톤, 나프탈렌, 옥탄, 벤젠, 에테르 및 클로로포름 등이 있으며, 비탄

화수소류로 에어로졸 스프레이, 질산아밀 및 아산화질소 등이 있다.

짧은 시간에 흡입하거나 심호흡하면 방향감각 상실, 자아통제력 상실, 무의식, 발작, 근육조절력 감소, 억압된 반응, 코피, 핏줄선 눈 및 불쾌한 호흡이 나타나고, 며칠 동안 두통과 숙취가 있다.

본드나 가스는 다른 약물에서 볼 수 없는 독특한 파괴 현상이 있기 때문에 회복되는 기간이 길거나 정신이 되돌아오지 않는 경우가 많아 매우 위험하다.

본드나 가스가 인체에 미치는 영향은, 첫째, 뇌에 직접적인 손상을 준다. 환각을 즐긴다는 것은 바로 뇌 조직이 녹아서 흘러내리는 현상으로 보면 정확하며, 청소년의 경우 기억력 감퇴로 인한 학습능력 저하, 정서적 불안, 판단장애 등이 올 수 있다. 둘째, 골수조직에 영향을 준다. 피를 제대로 생산하지 못해 적혈구, 백혈구의 새로운 세포 생성에 결핍현상이 생기고 재생 불량성 빈혈이나 백혈병 등이 생길 수 있다. 셋째, 콩팥 기능을 손상시킨다. 콩팥의 찌꺼기 정제 기능에 이상이 생겨 필수 영양분을 잃어버리게 하며 콩팥에 만성 염증을 일으켜 각종 면역계통 질병의 원인이 되게 하기도 한다.

(3) 환각제(hallucinogens)

가. 대마초(marijuana, happy smoke)

대마에는 약 400여 개의 화학물질이 함유되어 있으며, 중추신경 및 심혈관계에 강력한 효과를 나타낸다. 정신기능에 현저한 변화가 있고 생리기능에 대한 변화는 일반적으로 약하다. 구강으로 복용하는 것보다 흡연할 경우 효력은 더 빠르고 강하지만 지속시간은 더 짧다. 처음 사용 시 식욕이 당기고 입이 마르며 감각이 예민해지고 사물에 대한 시각 및 청각상의 자극이 아주 새롭게 인식되며, 별로 강하지 않던 자극이 강하게 느껴진다. 농도가 강해지면, 환각, 망상, 편집증, 공황상태 등이 나타날 수 있으며, 만성 사용자는 무관심, 판단장애, 기억력 장애 등이 나타나는데 이를 무동기 증후군이라 한다. 대마초는 내성이 강하며 금단증상이 약하기는 하지만 초조, 신경질, 식욕과 체중의 감소, 불면, 오한 및 체온상승 등이 나타난다.

나. LSD(LySergic acid Diethlamide)

LSD는 주로 강하고 기묘한 정신적 반응을 일으키고, 시각, 촉각, 청각 등 감각을 왜곡시키는 가장 강력한 물질로서, 정제, 캡슐, 액체 등 다양한 방법으로 유통되며 주사로도 사용한다.

LSD는 뇌세포와 뇌조직의 일상적 활동을 방해하며, 사용 직후 동공이 확대되고 심계항진이 나타나고 혈압이 상승하며 평활근이 수축된다. 환각은 사용 후 30분부터 나타나며 10시간까지 지속된다. 수많은 자극이 전혀 걸러지지 않은 상태에서 동시에 밀려오는 느낌을 받으며, 시각 기능이 가장 현저하게 변화되어, 착각과 환각이 나타날 수 있다. 기분 좋은 환각으로서 즐거운 상상과 정서를 경험하며, 몸이 산산조각 나는 공포감, 미치는 듯한 두려움, 무시무시한 불안 등의 불쾌한 환각을 경험할 수 있다.

LSD는 내성이나 심리적 의존 현상은 있지만, 신체적 금단증상은 일으키지 않는다고 알려져 있으나, 일부 남용자들의 경우 LSD를 사용하지 않는데도 환각을 반복 경험할 수 있는데, 이를 '플래시 백'이라 한다.

다. PCP(phencyclidine)

섬망, 의식장애, 환각, 우울증과 같은 부작용 때문에 동물용 마취제로만 사용되고 있으며, 대마초, 박하 잎 등에 섞어서 흡연하는 방법으로 사용한다.

용량이 적을 때에는 다른 향정신성 약물과 비슷한 해방감을 주며, 공중에 떠 있는 듯한 느낌과 마취효과에 따른 기이한 마비증세가 나타나기도 한다. 용량이 많으면 흥분과 혼돈, 도취를 나타내는데 근육경색, 언어장애, 판단장애, 죽음에 대한 공포 및 신체감각의 변화를 동반한다.

독이 되면 평상시 온순하던 사람도 폭력적이고 괴상한 행동을 나타내며, 이러한 난폭한 행동은 남용자뿐만 아니라 다른 사람들에게 표출되며 심각한 상처와 죽음을 초래하게 된다.

(4) 기타 일반의약품

아편계 알칼로이드 합성물인 비마약성 진해제로서, 약국에서 손쉽게 구입할 수 있어 널리 남용되고 있다. 약한 중추신경 억제작용이 있으며, 약리작용은 코데인과 유사하다. 사용 시 다행감을 느끼고 의식이 변화되어 스트레스나 권태감이 없어지고 꿈 같은 상태에 도달한다. 과량 복용 시에는 구토와 두통이 심하고, 시야가 희미해지며, 얼굴이 붉어지고 피부가 건조해지며, 입이 마르고 맥박, 혈압이 올라가는 등 신체증상이 나타나고, 장기간 남용 시에는 체중이 크게 감소한다.

가. 지놀타(zipeprol)

우수한 감기약으로서 청소년들이 러미라와 함께 많이 사용하며, 과량 복용 시 도취감이 나타나고 정신독성 증상으로 불안감이 나타나며, 경련, 발작, 혼수 및 사망에 이르기도 한다.

나. 누바인(nalbuphine)

비마약성 진통제로서, 가벼운 신체 의존과 정신 의존을 일으키며 과량 사용 시, 모르핀과 유사한 작용이 나타난다. 진통의 목적보다는 쾌감, 평온감, 도취감을 얻기 위해 사용하고, 약물의존이 있는 환자나 정신적으로 불안한 환자에게는 투약을 중지해야 한다. 사용 횟수가 늘어날수록 정신적으로는 점점 일에 대한 성취욕과 관심도가 상실되어 가며, 육체적으로는 식욕감퇴, 체중감소, 위장 등의 장기에 심한 통증을 수반하는 등의 금단 증상이 나타난다.

(5) 우리나라 청소년들이 주로 사용하는 약물의 종류와 특성

종류	약물명	약물의 특성	심리적 의존성	신체적 의존성
에틸알코올	술	중추신경억제제	○	○
니코틴	담배	중추신경흥분제, 신경절 차단작용-초기 흥분, 후기 마비	○	○
신경안정제	디아제판, 바리움, 아티반, 옥시돌, 옵타리돈	중추신경억제제-긴장과 불안 감소	○	○
수면제	바르비탈	중추신경억제제	○	×
각성제	암페타민, 메타암, 페타민(히로뽕)	중추신경계 흥분-수면억제, 식욕감퇴	○	×
환각제	대마초 마리화나	중추신경흥분제-지각의 변화, 신체 손상, 환각, 동기 상실	○	×
흡입제	본드, 신나, 가스, 아세톤	중추신경억제-의식저하, 지각 이상, 정서 고양, 공포감, 다행감, 공격적 행동	○	×
마약	마약성 진통제-아편, 모르핀, 페티딘, 메타돈, 헤로인	중추신경억제제-마취작용, 진통작용	○	○
진해거담제 항히스타민제	러미나, 아빌	다량 사용 시 환각작용	○	○

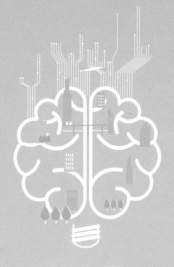

제5장

동기와 정서심리

1. 동기
2. 정서

1. 동기

1) 동기의 개념

동기(motivation)란 영어 'motive'와 라틴어 'moveres'의 '움직이다'라는 의미를 가지고 있다. 동기는 유기체가 특정 행동을 일으키고 유지하게 만드는 요소로서, 행동의 방향과 강도를 결정하는 데 중요한 역할을 한다. 동기는 어떤 개체의 행동이 활성화되고 목표를 향해 나아가도록 밀어주는 가설적 상태를 의미한다. 따라서 동기를 한마디로 정의하기란 어렵다. 일반적으로 동기란 행동을 유발하고, 방향을 제시하고, 유지시키는 신체적 · 심리적 상태로 정의될 수 있다. 이러한 개념에는 특정 활동을 다른 활동보다 선호하는 선택, 그 반응의 강도, 목표를 향한 조직된 행동의 지속성 등이 포함된다(Zimbardo, 1992). 즉, 동기는 행동에 활력을 주며 어떤 목표를 향해 갈 수 있도록 방향을 제시할 뿐만 아니라 목표달성을 위해 효과적인 행동을 하도록 강화한다.

동기와 혼용되는 개념으로 욕구(neede)와 추동(drive)이 있다. 욕구는 바람직한 신체적, 심리적 상태에 도달하고자 하는 소망을 의미하며, 추동은 욕구에 의해 유발된 심리적 긴장과 각성의 상태로서, 그 긴장을 해소시킬 수 있는 행동을 하도록 만든다.

이처럼 동기, 욕구, 추동은 서로 유기적으로 연결되어 특정 상황에서 특정 행동을 일으킨다. 동기는 목표를 행해서 우리를 이끌어 가면서 행동을 활성화시키는 가정된 상태다. 그러면 동기가 어떻게 작용하는가를 기술하는 동기이론에 대하여 알아보기로 하자.

2) 동기이론

(1) 본능이론

본능이론에 앞서 진화론적 관점은 많은 동물들이 특정 방식으로 특정 상황에 반응하기 위해 신경이 '미리 구조화된', 즉 사전 프로그램된 상태로 태어났다고 주장한다(Morgenson, 2018; Shackelford & Hansen, 2014). 동물들은 본능(instinct), 즉 복잡한 행동에 어떤 고정된 유형이 있는 것이 종족 전체를 통해서 발견되어야 하며 배우지 않고도 할 수 있어야 한다는 것으로 규정지을 수 있다. 이러한 행동은 생물들에게는 흔한 일이다(예: 연어의 회귀, 새들의 각인, 거미가 거미줄 치는 것).

본능이론은 인간의 행동이 학습에 의해 일어나는 것이 아니라 태어날 때부터 가지고 있는 생득적인 프로그램, 즉 본능에 의해 일어난다고 본다. 윌리엄 제임스(1890)와 윌리엄 맥두걸(W. McDougall, 1908)은 인간이 생존과 사회적 행동을 장려하는 본능이 있다고 주장했다. 제임스는 모든 행동을 본능으로 설명하려 하지는 않았으며, 본능적 행동은 반사 행동과 학습된 행동의 중간에 위치하는 것으로 보았다. 그가 분류한 인간의 본능 가운데에는 경쟁심, 호기심, 놀이, 질투, 겸양 등이 있으며, 사회적 본능으로 사랑, 동정, 겸손을 포함시켰다. 맥두걸은 인간의 어떤 행동들은 인종이나 나이에 관계없이 공통적으로 나타나는 생득적 · 본능적인 것이라고 주장하였다. 그는 혐오자극을 피하거나 거부하는 경향, 배고픔, 성행위, 자기주장 등을 포함한 12가지 기본적인 본능을 제시하였다.

(2) 추동감소이론

인간 행동의 동기를 본능으로 설명하려는 시도가 약화되면서, 1930년대 클라크 헐(Clark Hull)에 의해 만들어진 추동감소이론(drive breduction theory)으로 대체되었다. 헐은 굶주림, 갈증, 통증과 같은 기본적인 추동은 흥분(긴장)을 유발하고 행동을 활성화시키며 긴장을 줄이는 행동방법을 배운다고 주장했다. 또한 경험을 통해 후천적으로 얻은 추동이라고 하는 추진력을 얻으며, 굶주림이나 갈증과 같은 기본적인 추동은 결핍상태에 있을 때 자극이 된다고 하였다. 또한 굶주림과 갈증에 대한 감각은 우리에게 신체적 균형을 회복시키는 방식으로 행동하도록 동기를 부여한다. 이러한 안정된 상태를 유지하는 경향을 항상성(Homeostasis)이라고 한다. 항상성은 안정된 내적 상태의 유지, 즉 원상유지를 말한다.

추동감소이론에 대한 비판은 인간의 행동이 언제나 긴장을 감소시키는 방향으로 동기화되지는 않는다는 것이다. 또한 이 이론은 굶주림이나 갈증, 고통 회피 같은 생존욕구에 지나치게 집중되어 있다는 것이다. 배고픔을 참으며 심미적인 가치를 추구하는 예술인, 생명의 위협과 신체적 고통에도 불구하고 험한 산을 오르는 산악인도 있다는 것이다.

(3) 욕구이론

인본주의 심리학자 아브라함 매슬로(1908~1970)는 인간행동이 기계적인 것이 아니라 생존과 긴장을 줄이는 것을 목표로 한다고 주장하였다. 그는 인간에게는 여러 종류의 욕구가 있으며 그 가운데 어떤 것은 다른 것보다 더 우선적으로 충족되어야 한다고 보았다. 이러한 욕구 우선순위를 욕구위계(hierarchy of needs)라 한다. 그는 우리가 자기실현을 위한 능력에 의해 다른 동물들과 구별된다고 믿었다. 우리가 존재할 수 있다고 믿는 것은 자기실현(self-actualization)을 위한 노력이라고 믿었다. 매슬로는 인간의 욕구를 단계별로 체계화했다([그림 5-1] 참조). 욕구위계는 다음과 같다.

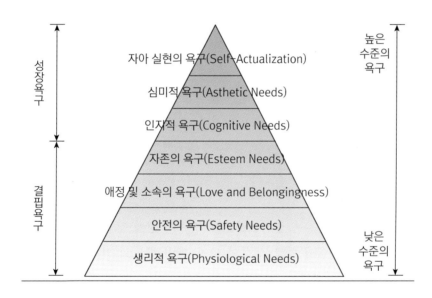

● 그림 5-1 ● 매슬로의 욕구위계

가. Maslow의 욕구단계론

매슬로(1970)는 인간의 기본적인 욕구를 생리적 욕구, 안전욕구, 소속감과 애정욕구, 자존의 욕구, 인지적 욕구, 심미적 욕구 그리고 자아실현욕구 등 7가지의 계층으로 구분하였으며, 이들 욕구는 하위의 욕구로부터 상위의 욕구로 발달한다고 보았다. 이를 매슬로의 욕구단계론(Maslow's need hierarchy theory)이라고 한다.

〈욕구단계론의 7계층〉

① 생리적 욕구

생리적 욕구(physiological needs)는 가장 기초적인 욕구로서, 음식 휴식에 대한 욕구, 성적 욕구 등이 그것이다. 관리전략으로서는 적정보수제도, 휴양제도, 그리고 탄력시간제 등이 있다.

② 안전욕구

안전욕구(safety needs)는 위험·위협에 대한 안정, 경제적 안정, 그리고 질서유지에 대한 욕구 등을 말하며, 관리전략으로서는 고용 및 신분의 안정화, 퇴직금 등의 연금제 활성화 등이 있다.

③ 소속감과 애정욕구

소속감과 애정욕구(belongingness and love needs)는 다른 사람과의 친밀한 인간관계, 집단에의 소속감, 애정·우정을 주고받는 것 등에 대한 욕구로서, 관리전략으로서는 인간관계의 개선, 고충처리 및 상담, 그리고 커뮤니케이션의 활성화 등이 있다.

④ 존경욕구

존경욕구(esteem needs)는 긍지·자존심·인정·명예·위신 등에 대한 욕구다. 관리전략으로서는 참여의 확대, 권한의 위임, 제안 제도의 실시, 공정한 근무성적 평정 그리고 포상금 제도 등이 있다.

⑤ 인지적 욕구

인지적 욕구(cognitive needs)는 모르는 것을 이해하고 탐구하고자 하는 욕구로 호기심, 탐험, 의미추구가 해당된다.

⑥ 심미적 욕구

심미적 욕구(asthetic needs)는 자연과 예술에서 질서, 조화, 미적 감각을 추구하는 욕구다.

⑦ 자아실현욕구

자아실현욕구(self-actualization needs)는 자기의 잠재력을 최대한으로 발휘해 보려는 자기발전 및 창의성과 관련된 욕구로서, 가능한 한 인간이 될 수 있는 모든 것이 되어 보려는 욕망이라고 할 수 있다. 관리전략으로서는 합리적 승진제도 구비, 공무원단체의 승인, 그리고 공직에 대한 사회적 평가 제고 등이 있다.

이처럼 매슬로는 우리가 자연스럽게 이런 위계를 올라가기 위해 노력한다고 믿었다. 그러나 매슬로 이론을 비판하는 비평가들은 동기위계가 모든 인간에게 적용하기에 개인차가 너무 많으며, 일부 예술가들은 안락하고 따뜻한 집을 포기하거나 가족과 떨어져 지내야 하더라도 자신의 직업에 전념한다는 것이다. 그리고 와해되고 불안전한 가정의 많은 아이가 학교에서 성취하려고 노력한다(Kronborg et al., 2018).

2. 정서

1) 정서의 개념

정서(emotion)란 생리적 각성, 표현적 행동, 사고와 감정을 포함한 의식적 경험의 혼합체다. 정서는 자율신경계(Autonomic Nervous System: ANS)의 흥분과 관련이 있다(Owens et al., 2017). 정서는 주관적 · 생물학적 · 기능적 및 표현적인 다차원의 구성 요인을 가지고 있다(〈표 5-1〉 참조).

● 표 5-1 ● **정서의 다차원적 요인**

차원	정서의 기여	표출
주관적	느낌, 현상론적 지각	자기보고
생물학적	각성, 신체적 준비, 운동반응	뇌 회로, 자율신경계, 호르몬
기능적	동기, 목표 지향	상황에 적절한 대응방식 선택
표현적	의사소통	얼굴표정, 몸짓, 음성

출처: 정옥분(2013).

또한 정서는 세 가지 구성요소, 즉 생리적 · 인지적 · 행동적 요소로 구분해 볼 수 있다.

● 표 5-2 ●   정서의 구성

정서	생리	인지	행동
두려움	교감신경 각성	위험에 처해 있다고 믿음	회피 경향
분노	교감 및 부교감신경의 각성	좌절 또는 도발	공격 경향
우울	부교감신경의 각성	무력감, 절망감, 무가치	게으름, 자기파괴적 경향

　　정서는 주관적 요인과 객관적 요인 간의 복잡한 상호작용으로 신경 및 호르몬계의 개입을 받아 전개되는데 학자마다 다양한 정의를 내리고 있다. 정서의 정의를 살펴보면, 첫째, 생물학적으로 신체적 변화와 그에 수반되는 정서적 경험과의 관계를 설명하며, 둘째, 인지적 측면에서는 전반적인 평가, 행동 경향성, 심리적 반응 양상이며, 셋째, 기능적 측면에서는 인간이 환경에 잘 순응할 수 있도록 행동을 준비시키는 내적 동기를 말하며, 넷째, 사회적 측면에서는 환경과의 관계를 설정, 유

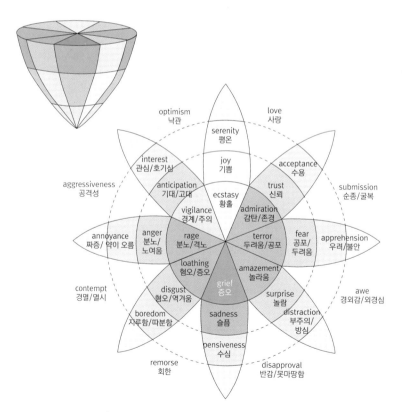

● 그림 5-2 ●   로버트 플루칙의 정서의 수레바퀴

출처: 오윤선(2020).

지, 해체하려는 경향성이라고 정의하였다.

정서와 유사한 개념으로 감정(affect), 정조(sentiment), 기분(mood)이 있다. 감정은 개인이 의식적으로 경험하고 주관적으로 느끼는 정신적 상태로, 정서, 느낌, 분위기, 평가 등을 총칭하여 부르는 말이다. 정조는 감정이 발달되고 세련된 상태로서 문화적 가치와 결부되어 지향된 지적인 감정을 의미한다. 그리고 기분은 정서적 상태로서 정서보다 감정의 강도가 약하며 지속성이 길 때를 의미한다.

정서의 다차원적 구조는 기쁨, 수용, 공포, 놀라움, 슬픔, 혐오, 분노, 기대로 인간의 감정을 여덟 가지의 기본적인 정서로 분류하였다(Plutchik, 1980).

2) 정서의 이론

(1) 진화론적 이론

찰스 다윈은 정서가 적응적인 과정을 가지고 진화해 왔다는 사실을 증명하기 위해 영장류나 유아, 문맹자를 대상으로 연구하였으며, 주관적 느낌보다는 얼굴 표정이나 자세, 몸짓 등과 같은 표현 행동에 초점을 맞추었다. 그는 인간 정서의 기능적 가치를 강조하면서, 얼굴 표정에서 나타나는 정서 표현은 일종의 행동준비태세와 정보전달 수단으로서 유기체의 생존 가능성을 높여 주는 기능적인 측면이 있기 때문에 유지된다고 하였다. 하지만 진화론적 이론은 부정적 정서의 설명에는 적합하지만, 긍정적인 정서 설명은 하지 못한다는 비판이 있다.

(2) 생물학적 이론

생물학적 정서이론으로, 첫째, 플루칙(Plutchik)의 심리진화론적 이론에 따르면 유기체가 환경을 적응해 나가기 위해서는 환경이 자신에게 득이 되는지 실이 되는지에 대한 평가가 전제되어야 하며, 이를 평가하기 위한 인지적 능력도 뇌 구조의 진화와 함께 진화했다는 이론을 주장하였다. 둘째, 이자드(Izard)의 차별적 정서이론은 기쁨, 슬픔, 흥미, 혐오, 공포와 같이 뚜렷하게 구분되는 정서는 생의 초기에서부터 나타난다고 하였다. 이러한 정서는 행동을 동기화하고 적응적 기능을 하며 개인차를 만드는 중요한 요인이라고 주장하였다. 셋째, 톰킨스(Tomkins)는 안면 피드백 가설에서 얼굴표정이 정서상태에도 영향을 줄 수 있다고 주장하였다. 즉, 정서와 표정 사이의 인과 관계도 반대 방향으로 작용할 수 있다고 주장하였다.

(3) 심리생리학적 이론

심리생리학적 이론으로, 첫째, 제임스-랑게(James-Lange)이론은 우리의 정서는 사건에 대한 우리의 행동 반응을 일으키는 것이 아니라 오히려 뒤따라온다는 제안을 했다. 이 이론은 자극적인 사건을 지각하자마자 신체적 변화가 나타나며 이러한 신체적 변화에 대한 느낌이 바로 정서라고 주장하였다. 둘째, 캐논-바드(Cannon-Bard)이론은 정서는 신체 반응에 수반된다며, 즉 정서는 신체적 기제, 특히 내장과 내분비계의 변화를 수반하는 유전적으로 정형화된 반응이라고 보았다. 셋째, 샤흐터와 싱어(Schchter & Singer)의 인지적 평가이론은 사건과 각성은 개인에 의해 평가된다고 보았으며, 감정적 반응은 상황에 대한 개인의 평가와 각성수준에서 비롯된다고 하였다. 즉, 생리적 반응과 인지가 함께 정서를 만들어 낸다는 이론이다.

(4) 인지이론

정서의 인지요인을 강조하는 관점에서, 첫째, 아몰드(Amold)의 평가이론은 어떤 상황이나 자극이 자신에게 득이 되는지 혹은 실이 되는지에 대한 평가가 이루어진 후에 정서가 나타나므로 평가를 가장 핵심적인 요소로 보았다. 둘째, 라자르스(Lazarus)의 정서이론은 모든 유기체는 자신이 속해 있는 환경을 평가하며, 정서는 이러한 평가에 영향을 받는다고 하였다. 셋째, 귀인이론은 경험하고 있는 사건 속에서 그것이 왜 득이 되고 실이 되는지에 대한 원인을 평가하고 싶어 한다.

(5) 사회문화적 및 통합적 이론

사회문화적 이론에서는 개인이 속한 사회의 문화적 기준을 내면화하게 되면 이에 근거해서 자신이 느끼는 정서를 평가하게 된다는 것이다. 통합적 이론은, 첫째, 2요인 이론은 생리적 반응이 인지와 함께 정서를 만들어 낸다는 이론이다. 둘째, 구성요소이론은 선행사건에 대한 평가, 행동준비도, 몸짓, 얼굴표정 등의 의식적 경험 요소들을 강조하고 정서는 이러한 요소들이 함께 어우러져 경험되는 것으로 보았다. 셋째, 사회인지적 신경학 이론은 정서에 대한 인지적·현상학적 관점뿐만 아니라 뇌의 구조와 기능에 대한 정보를 중요시하고 있다.

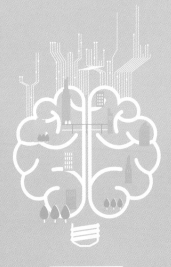

기억과 학습심리

1. 기억

1) 기억의 개념

일상생활에서 일어나는 대부분의 일들은 기억과 밀접히 관련을 맺고 있다. 인간의 기억은 삶 자체라고 해도 과언이 아니다. 심리학자들은 기억의 중요성을 인식하고 그 본질을 밝히기 위해 많은 노력을 해 왔다. 기억은 정보를 부호화하고 저장하여 인출하는 과정으로 기억을 일종의 정보처리과정으로 설명한다.

1880년대 독일의 심리학자 에빙하우스(H. Ebbinghaus)는 '사람들은 왜 학습했던 정보가 시간이 경과함에 따라 잊혀질까?'라는 망각과정에 관심을 가졌고, 미국의 심리학자 제임스(W. James)는 조금 전에 읽었던 몇 개의 단어를 기억하는 것과 같은 일차적 기억(primary memory)과 1년 전 오늘 했던 일을 회상하는 것과 같은 이차적 기억(aecondary memory)에 관심을 가지고 연구하였다.

따라서 **기억**(memory)이란 시간 경과에 따른 세 가지 기본단계, 즉 부호화, 저장, 그리고 인출을 통해 획득된 정보의 보유 능력을 말한다. 이러한 기억은 종종 컴퓨터의 정보처리 과정에 비유되곤 한다. 다시 말하면, 부호화 과정은 키보드, 마우스와 같은 입력장치를 통해 정보를 컴퓨터에 입력하는 과정이며, 저장 과정은 입력된 정보가 손실되지 않도록 주 저장장치인 하드 디스크에 입력 정보의 파일을 생성시키는 과정이다. 또한 인출 과정은 하드 디스크에 생성된 여러 정보 파일 중 현재 사용하고자 하는 파일을 불러와 모니터와 같은 출력장치를 통해 우리에게 보여 주는 과정을 의미한다.

2) 기억의 종류

(1) 명시적 기억

명시적 기억(explicit memory)은 특정 정보를 명료하게 뚜렷이 표현하는(명확한) 기억이라 할 수 있다. 명시적 기억에는 일화기억과 의미기억이 있다. 일화기억(episodic memory)은 우리에게 일어나거나 존재하는 일에 대한 기억이다. 일화기억은 자서전기억이라고도 한다. 의미기억(semantic memory)은 일반적인 지식이 의미론적 기억이며, 또 다른 종류의 명백한 기억이다. 의미기억은 의미와 관련이 있다.

(2) 암시적 기억

암시적 기억(implict memory)은 사람들이 명확하게 진술하지 않는 것들에서 예시된 것처럼 암시적이지만, 암묵적으로 표현되지 않은 기억이다. 암시적 기억은 사람들이 하는 것이지만 분명하게 말하는 것이 아니라, 인지적, 신체적 절차와 기술을 포함하며 절차적 또는 기술 기억이라고 한다. 암시적 기억에서 알파벳이나 곱셈표에 대한 당신의 기억은 심리학자들이 점화(priming)라는 현상으로 설명하며 자동으로 만들어 내는 많은 반응의 결과다.

(3) 과거기억과 미래기억

과거기억(retrospective memory)은 이전에 배운 정보를 회상하는 것이다. 일화나 의미 및 암시적 기억에는 배운 것들을 기억하는 것이 포함된다. 미래기억(prospective memory)은 현금을 인출하는 것을 기억하는 것과 같은 미래의 일을 기억한다는 것을 의미한다.

3) 기억의 과정

(1) 부호화

부호화(encoding) 또는 약호화란 우리의 기억 속에 안주될 수 있는 정보의 정신적 표상 과정을 말한다. 즉, 부호화는 초기에 기억하기 쉬운 형태로 정보를 등재하는 과정이다. 외부세계에 대한 정보는 물리적 · 화학적 자극의 형태로 우리의 감각에 도달한다. 정보처리의 첫 번째 단계에서는 이러한 자극을 부호화하여 기억에 배치할 수 있다.

(2) 저장

저장(storing)이란 나중의 회상을 위해 비교적 영속적인 정신 저장소에 부호화된 정보를 위치시키는 과정을 말한다. 오래된 혹은 친숙한 정보와 연합시켜 저장된 새로운 정보는 훨씬 기억하거나 인출하기가 수월하다. 저장은 시간이 지남에 따라 정보를 유지하는 것을 의미한다.

(3) 인출(retrieving)

인출이란 단기 혹은 장기 저장소에 저장된 정보를 꺼내거나 상기하는 과정을 말한다. 저장된 정보를 인출한다는 것은 정보를 찾아서 의식적으로 되돌리는 것을 의미한다.

4) 기억의 단계

우리의 기억이 1 다음에 2, 2 다음에 3처럼 앞서 살펴본 세 단계를 따라 쉽게 이루어지는 것은 아니다. 애킨슨과 쉬프린(Atkinson & Shiffrin, 1968)은 기능과 정보의 보유기간이 서로 다른 세 가지 기억체계(감각기억, 단기기억, 장기기억)를 따라 기억이 형성된다고 주장하였다.

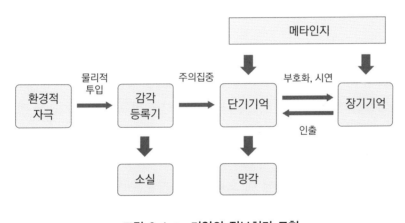

● 그림 6-1 ● 기억의 정보처리 모형

(1) 감각기억

감각기억(sensory memory)은 자극에 의해 처음 발견되는 기억의 유형 또는 단계다. 즉, 오감(시각, 청각, 후각, 미각, 촉각)을 통해 입력된 이미지, 소리, 향기, 맛, 느낌과 같은 감각경험들이 기억의 원 자료(raw data)에 해당된다. 이처럼 짧은 시간(즉시 내지는 수초)동안 원래의 감각양상 형태를 간직한 환경 정보를 수용하고 유지하는 최초의 과정이 감각기억이다.

여기서는 영사기억이라 불리는 시각기억과 잔향기억이라 불리는 청각기억을 살펴볼 것이다. 우선 시각적 자극의 정신적 표현을 영상이라고 한다. 영상을 보유한 감각 기재사항은 영사기억(iconic memory)으로 표시된다. 영사기억은 약 1/4초나 그 이상 동안 시각 정보를 유지하는 감각기억의 한 형태다. 만일 깜깜한 밤에 야광의 요요를 빙글빙글 돌린다면, 우리는 원을 따라 이동하는 불연속적인 불빛 대신에 연속적인 불빛을 보게 될 것이다. 이는 불연속적인 개개 불빛의 이미지를 짧은 순간 유지하고 있기 때문에 나타나는 현상이다. 다음으로 소리의 정신적 표현 또는 청각 자극을 음향이라고 한다. 잔향기억(echoic memory)은 음향을 유지하는 감각 기재 사항이다. 잔향기억은 3~4초 동안 청각 정보를 유지하는 감각기억의 또 다른 형태다. 예를 들면, 웹서핑에 몰두하고 있는 친구에게 "커피 한 잔 하러 가자!"라고 말했다고 하자. 이때 친구가 "뭐라고 말했니?"라고 되묻는 순간에 이미 질문이 무엇인지 기억하게 된다. 이는 청각적 언어가 잔향기억에 남아 있기 때문이다. 이처럼 주의를 기울이지 않은 소리 또는 청각적 언어는 영사기억보다는 더 오랫동안 감각기억에 남아 있다.

(2) 단기기억

단기기억(Short-Term Memory: STM)은 20~30초간 제한된 정보의 양(평균 7개 항목)을 파지할 수 있는 과정을 의미한다. 파지시간이 비교적 짧기 때문에 정보를 더 오랫동안 기억하기 위해서는 장기기억으로 정보가 전이되어야 한다. 이때 사용되는 것이 **시연**(rehearsal)이다. 시연은 크게 두 가지 유형으로 나뉘는데, 하나는 정보를 의도적으로 반복함으로써 더 오랫동안 파지할 수 있는 **유지 시연**(maintenance rehearsal)이 있다. 예를 들면, 단어를 더 오랫동안 기억하기 위해서 반복해서 되뇌이는 과정이 이에 해당된다. 다른 하나는 이전 정보와의 연계성을 확보하거나, 심적 이미지를 연상시킴으로써 더 오래 파지할 수 있는 **정교화 시연**(elaborative rehearsal)이 있다. 이는 기억을 잘하기 위한 전략, 즉 기억술(mnemonics)과 밀접하게 관련되어 있다.

가. Peterson과 Peterson의 연구

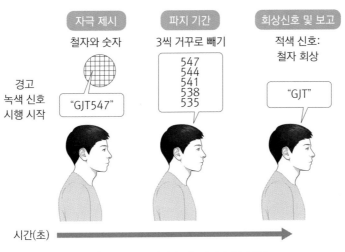

● **그림 6-2** ● **피터슨과 피터슨의 연구**

출처: Peterson & Peterson(1959).

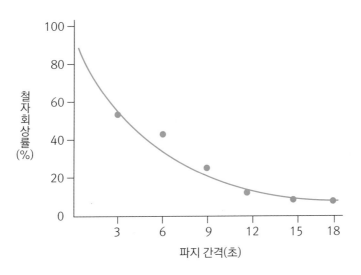

● **그림 6-3** ● **피터슨과 피터슨의 연구결과**

출처: Peterson & Peterson(1959).

피터슨과 피터슨(Peterson & Peterson, 1959)은 연습이나 시연 없이 얼마나 오랫동
안 정보를 기억할 수 있는지를 연구하였다. 이들은 'GJT'와 같은 세 개의 철자로 구
성된 자극을 제시한 직후, '547'과 같은 숫자에서 3씩 빼서 보고하도록 실험 참가자
들에게 지시하였다. 일정 시간 이후에 회상 단서가 제시되었을 때, 처음에 보여 준
세 개의 철자를 회상하도록 하였다. 그 결과, 처음 자극이 제시된 이후부터 회상 단

서가 제시된 시점까지의 시간이 증가함에 따라 철자의 회상률은 감소하는 것으로 나타났다. 이 연구는 단기기억 속의 정보가 시연을 하지 않는 한 수초 내에 신속하게 사라진다는 것을 보여 주었다.

나. Miller의 연구

조지 밀러(George Miller, 1956)는 서로 관련 없는 항목들을 제시한 다음 얼마나 많은 항목들을 파지할 수 있는지를 연구하였다. 이 연구를 통해 단기기억의 용량은 한정되어 있으며, 평균 7개의 항목들을 파지할 수 있다고 주장하였다. 그러나 청킹(chunking)이라는 과정을 사용하면 파지 항목 수를 크게 증가시킬 수 있다(Simon, 1974). 청킹은 정보의 독립적인 항목들을 보다 큰 단위, 혹은 청크(chunk)로 조합시키고 개개 항목보다는 정보의 청크를 기억하는 과정을 의미한다. 그 대표적인 예가 바로 전화번호다. '82416601046'의 숫자는 실제 11개의 숫자 항목이지만 우리는 이를 '82(국가번호)-41(지역번호)-660(국번)-1046'으로 구분하여 기억할 수 있다. 11개의 숫자는 7개의 단기기억 용량을 초과하지만, 4개의 청크로 기억함으로써 단기기억의 제한된 용량에 영향을 받지 않고 쉽게 기억할 수 있다.

다. 장기기억

시연을 통해 장기기억(long-term memory)으로 전이된 정보는 비교적 오랫동안 유지된다(Atkinson & Shiffrin, 1971). 이는 장기기억이 무제한의 정보 저장 용량을 가지고 있는 것으로 추정되기 때문이다. 이처럼 정보의 전이를 검증하기 위한 런더스(Rundus, 1971)의 연구에서 20개의 단어쌍을 제시받고 이를 시연하도록 한 실험 참가자들이 시연 직후 단어들을 회상했을 때, 처음에 제시된 단어들과 마지막에 제시된 단어들은 잘 회상하는 반면, 중간에 제시된 단어들은 잘 회상하지 못하는 결과가 나타났다. 이는 U자형의 계열위치효과(serial position effect), 즉 단어 목록의 위치에 따라 단어의 회상률이 달라짐을 보여 주는 연구다. 이러한 계열위치효과는 다시 두 효과로 구분되는데, 하나는 처음에 제시된 항목들을 더 잘 회상한다는 초두효과(primacy effect)와 다른 하나는 마지막에 제시된 항목들을 더 잘 회상한다는 최신효과(recency effect)다. 이러한 결과에 대해 대부분의 연구자들은 단기기억과 장기기억이 각각 독립적인 체계로서 기능을 하며, 초두효과는 장기기억을, 최신효과는 단기기억을 반영하는 것으로 해석한다.

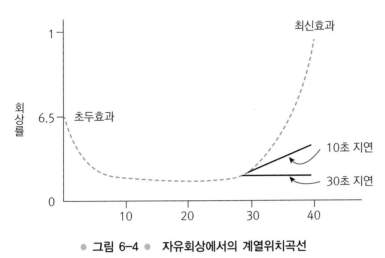

● 그림 6-4 ● 자유회상에서의 계열위치곡선

출처: 서창원(2007).

① 장기기억의 구조

장기기억은 크게 **외현기억**(explicit memory)과 **암묵기억**(implicit memory)으로 구분된다. 외현기억은 우리가 의식적으로 인식할 수 있는 기억으로 특정 사건 또는 경험을 기억하고 기억한 내용을 진술할 수 있는 기억을 말한다. 반면, 암묵기억은 의식적으로 인식되지 않는 기억으로 우리 안에 정보가 내재되어 있으나 그 정보가 내재되어 있음을 기억하지는 않는 기억을 말한다.

- 외현기억은 다시 **의미기억**(semantic memory)과 **일화기억**(episodic memory)으로 구분된다. 의미기억은 일상의 사건과 직접적으로 관련되어 있지 않은 사실적이며 개념적인 정보를 의미한다. 예를 들면, '노무현 전 대통령은 대한민국의 몇 번째 대통령인가?'라는 질문에 '16대 대통령'이라는 답변을 한다면, 이때 '16대'라는 정보는 의미기억이라 할 수 있다. 그러나 '노무현 전 대통령의 서거 소식을 접한 시점에 당신은 무슨 일을 하고 있었는가?'라는 질문에 '학술발표 세미나에 참석하고 있었음'이라는 답변을 한다면, 세미나에 참석하고 있는 자기 자신에 대한 기억은 일화기억에 해당된다.
- 암묵기억의 유형 중 하나인 **절차기억**(procedural memory)은 습관, 기술, 또는 조건화를 통해 학습된 것들에 대한 기억을 일컫는 말이다. 자전거를 타거나, 악기를 연구하는 것들은 모두 절차기억의 예라 할 수 있다. 이러한 기술은 학습하는 데 일정의 시간과 노력이 요구되지만, 일단 학습이 되면 의식적으로

그 기억에 접근하려 하지 않아도 그 기술을 사용할 수 있다. 이러한 암묵기억의 존재는 **점화**(priming) 현상을 통해 확인할 수 있다. 점화는 일반적으로 인식하지 못할 정도로 매우 빠르게 제시된 특정 자극(점화자극)이 이후의 자극에 대한 반응을 촉진시키는 현상을 의미한다.

② 장기기억에서의 인출

시험공부를 하면서 기억했던 내용이 막상 시험문제로 출제되었으나, 그 내용이 기억나지 않고 입에서 맴도는 현상을 누구나 한 번쯤은 경험해 보았을 것이다. 이러한 현상을 **설단현상**(tip-of-the-tongue phenomenon: TOT)이라 부른다. 이러한 현상이 나타났을 때, 원하는 정보에 접근성이 높은 인출단서가 제공되면 어려움 없이 바로 정보를 인출할 수 있다.

인출단서로 활용될 수 있는 것에는 맥락단서가 존재한다. 여기서 맥락(context)은 학습하고자 하는 항목 또는 내용을 제외한 부호화될 수 있는 정보를 의미한다. 따라서 이러한 맥락이 많으면 많을수록 원하는 정보를 인출하는 데 도움이 된다. 고든과 배들리(Godden & Baddeley, 1975)은 스쿠버 다이버들을 대상으로 수중에서와 지상에서 각각 단어목록을 들려주고 수중 또는 지상에서 들려주었던 단어를 회상하는 연구를 진행하였다. 그 결과, 단어를 들려준 환경 맥락(학습맥락)과 단어를 회상한 환경 맥락(검사맥락)이 일치한 경우에 더 많은 단어를 회상하는 것으로 나타났다. 이처럼 기억 시 맥락과 인출 시 맥락이 동일 또는 유사한 경우 기억이 향상되는 현상을 **맥락효과**(context effect)라고 한다.

맥락과 유사하게 원 사건이 발생한 시점의 기분(mood)과 이 사건을 회상하는 시점의 기분이 일치할 때 원 사건에 대한 회상이 촉진될 수 있다. 고든 바워(Gordon Bower, 1983)는 이러한 현상을 다음과 같이 설명하였다. "정서는 우리가 기억할 자료들을 저장하는 도서관과 같다. 우리는 이러한 정서 도서관에 도착하여 이 자료들을 가장 쉽게 인출할 수 있다." 이와 같은 현상은 **상태 의존적 기억**(state-dependent memory)으로 **기분일치효과**(mood-congruent effect)라 하며, 그 이유로는 정서상태가 하나의 인출단서로의 역할을 하기 때문이다.

(3) 망각

우리는 어제의 일은 비교적 잘 기억하지만, 1년 전의 일은 아주 특별하지 않는 이상 잘 기억하지 못한다. 이는 망각(forgetting)이 일어났기 때문이다. 그러나 만일 망각이 없다면 불필요한 정보와 기억하고 싶지 않은 정보들로 인해 일상적인 삶을 영위해 가기가 어려울 것이다. '망각은 신이 인간에게 내린 축복'이라는 말이 있듯이 인간의 삶에 있어 망각은 기억과 더불어 꼭 필요한 요소라 할 수 있다.

가. 망각곡선

기억에 대한 연구에 있어서 선구적인 역할을 담당한 허만 에빙하우스는 기억이 얼마나 오랫동안 지속될 수 있는지에 관심을 가졌다. 에빙하우스는 자기 스스로 실험 참가자가 되어 LUD, ZIB, MUC와 같은 무의미 철자(nonsense syllables)를 학습하고 기억하는 실험을 진행하였다. 에빙하우스가 무의미 철자를 사용한 이유는 의미를 가지고 있는 단어들은 이미 기억되어 있는 정보들과 쉽게 연합되어 실제 기억의 지속성에 영향을 미칠 것으로 생각했기 때문이다. 에빙하우스는 무의미 철자 목록을 완벽하게 기억할 수 있도록 학습하면서 시간을 측정하고, 일정 시간이 지난 후에 이 목록을 다시 완벽하게 기억할 수 있을 때까지의 재학습 시간을 측정하였다. 이때 초기 학습시간과 재학습시간의 차이가 절약된 시간이며, 초기 학습시간에 비해 절약된 시간의 비율, 즉 절약점수를 측정하였다. 절약점수가 클수록 기억이 더

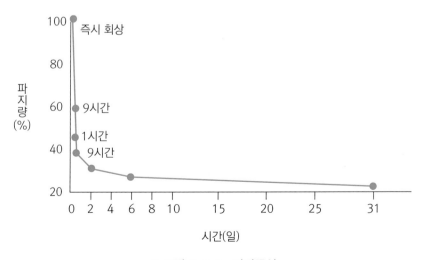

● 그림 6-5 ● 망각곡선

오랫동안 지속됨을 의미하는 것으로 이러한 절약점수의 함수 곡선이 바로 **에빙하우스의 망각곡선**(forgetting curve)이다.

나. 망각의 이유

① 억압

프로이트에 따르면, **억압**(repression)은 정서적으로 위협이나 불안을 일으키는 정보를 자동적으로 무의식 속에 감추는 정신과정이다. 무의식 속에 감추어지기만 하면 억압된 기억은 수의적으로 회상될 수 없지만, 후에 어떤 계기로 의식의 표면으로 떠오를 수 있다. 치료과정 동안에 외상적 사건에 대한 억압된 기억을 회상한 내담자들의 임상 보고는 이러한 설명을 지지하지만, 한편으로 엘리자베스 로퍼스(Elizabeth Loftus, 1997)는 회상된 기억이 치료과정에서 암시된 결과일 가능성이 있음을 지적하였다. 이로 인해 억압된 기억에 대해서는 공공연한 사실로 다루어지고 있지 않다.

② 인출단서의 부족

망각이 일어나는 이유 중 또 다른 하나는 인출단서가 부족하기 때문에 나타나는 것으로 본다. 인출단서는 생생한 정신적 이미지나 새로운 정보와 이미 알고 있는 정보 간의 연합을 형성함으로써 저장된 정보에 접근하는 수단으로서 역할을 하게 되는데, 이러한 단서를 찾지 못할 때 망각이 일어나는 것이다. 이 관점에서 망각은 정보가 사라지기보다는 정보에 도달하는 통로의 이정표를 찾지 못해 발생하는 것으로 볼 수 있다. 털빙(Tulving, 1974)은 이러한 설명을 **단서의존 망각**(cue-dependent forgetting)이라고 불렀다. 이를 지지하는 증거로 털빙과 펄스톤(Tulving & Pearlstone, 1966)의 연구를 들 수 있다. 이들은 단어 목록과 그 단어의 범주를 같이 제시하여 학습한 후, 범주를 인출단서로 제시한 집단(단서집단)과 제시하지 않은 집단(비단서 집단)의 회상률을 살펴보았다. 그 결과, 단서집단이 비단서 집단보다 회상률이 높은 것으로 나타났다. 이후 모든 집단에게 범주를 제시한 후 다시 회상검사를 실시한 결과, 처음에 비단서 집단이었던 대상자들의 회상률이 단서집단과 차이가 없는 것으로 나타났다. 이러한 결과는 결국 정보의 저장의 문제가 아니라 인출의 문제이며, 특히 인출단서가 부족했기 때문에 나타난 결과로 해석할 수 있다.

③ 간섭

일반적으로 망각의 공통적인 원인 가운데 하나인 **간섭**(interference)은 어떤 특별한 기억에 대한 회상이 다른 관련된 기억들에 의해 차단되거나 방해를 받는다는 것을 의미한다. 같은 날 연달아 두 개의 시험을 보아야 하는 모든 학생들이 처하게 되는 어려움 가운데 하나는 간섭의 기회가 증가한다는 것이다. 간섭 이론에 따르면, 망각은 저장소에서 정보를 잃어버리기 때문이 아니라 서로 관련된 오래된 정보나 유사한 새로운 정보가 인출 시에 섞이거나 인출을 차단하기 때문에 일어난다. 이러한 간섭에는 두 가지 종류, 즉 순행간섭과 역행간섭이 있다.

- **순행간섭**(proactive interference)은 오래된 정보(이미 학습된)가 관련된 새로운 정보(앞으로 학습될)의 기억을 차단하거나 방해할 때 발생한다. 예를 들면, 내일 오전에는 사회학 중간고사를, 오후에는 심리학 중간고사를 보는 학생이 있다고 하자. 이 학생은 사회학 시험시간과 근접한 시간에 사회학 시험공부를 하기로 결정하였다. 따라서 심리학 공부를 먼저 하기 시작했다. 어느 정도 심리학 공부를 마친 후, 사회학 시험공부를 하기 시작하였으나 이미 학습된 심리학 용어들로 인해 새로운 사회학 용어들이 기억되는 것이 방해를 받았다. 결국 사회학 시험을 볼 때, 순행간섭 때문에 공부한 사회학 용어의 일부들이 망각되어 시험지에 답을 작성하지 못했다.
- **역행간섭**(retroactive interference)은 새로운 정보(후에 학습된)가 그와 관련된 오래된 정보(이미 학습된)의 인출을 차단하거나 방해할 때 일어난다. 예를 들면, 지난번 중간고사 때 사회학 시험을 못 본 원인이 사회학 시험공부를 심리학 시험공부를 한 이후에 했기 때문이라고 생각하고 이번에는 사회학 시험공부를 먼저 시작하였다. 그 후 심리학 시험공부를 하고 오전에 실시하는 사회학 기말고사를 보았다. 그런데 이번에는 지난번과 반대로 나중에 공부한 심리학 용어들이 먼저 공부한 사회학 용어들의 회상을 방해하여 시험을 잘 볼 수가 없었다.

④ 기억상실증

기억상실증(amnesia)은 뇌에 가해진(일시적 혹은 영구적인) 타격이나 손상, 약물 사용, 혹은 심각한 심리적 스트레스를 경험한 후에 일어날 수 있는 기억의 망각증이다. 자동차 사고를 당해 뇌에 타격을 입은 많은 사람들이 사고 전에 있었던 사건을 기억하지 못하는 경우가 이에 해당된다. 이러한 기억상실증 역시 두 가지의 종류, 즉 역행성 기억상실증과 순행성 기억상실증이 있다. **역행성 기억상실증**(retrograde amnesia)은 앞의 예처럼 사고 이전, 즉 과거의 기억이 손실되는 현상을 말한다. 반면 **순행성 기억상실증**(anterograde amnesia)은 미래의 기억 형성에 영향을 미치는 것으로 이 증상을 보이는 사람들은 그들의 과거 사건을 잘 기억하는 반면에 새로운 기억을 생성하는 데에는 어려움을 보인다.

2. 학습

1) 학습의 개념

학습(learning)은 경험이나 연습에 의해 개인의 지식이나 행동에 일어나는 비교적 영속적인 행동의 변화다. 이 정의에서 특히 중요한 것은 성숙(maturation)으로 인해 나타난 변화와 경험에 의해 일어난 변화를 구분하는 것이다. 즉, 단지 나이가 들어감에 따라 나타나는 생물학적으로 결정된 행동 패턴은 학습이 아니다. 예컨대, 아동은 나이가 들어감에 따라 신체 크기가 증가하고 힘이 세질 수 있으나, 이를 학습의 결과로 보지는 않는다.

한편, 어떤 심리학자들은 매우 다른 식으로 학습에 접근한다. 그들은 학습을 단지 행동의 어떤 변화로 여기고, 학습과 수행이 동일한 것이라는 입장을 취한다. 그러한 접근은 학습의 정신적 요소를 무시하며 관찰 가능한 수행에 초점을 맞춘다. 행동주의자들에 따르면, 경험으로 인한 행동의 영구적인 변화이며, 인지 이론가들은 경험으로 유기체가 환경을 표현하는 방식이 변화하는 과정이라고 주장하였다. 그러면 다양한 종류의 학습에 대하여 알아보기로 하자.

2) 고전적 조건화

(1) 고전적 조건화의 개념
가. 조건화 이전
- **무조건 자극**(unconditioned stimulus: US)은 타액 분비나 눈 깜빡임과 같은 생리

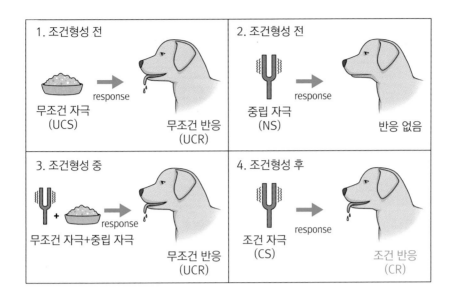

● 그림 6-6 ● 고전적 조건화

적 반사를 일으키는 일련의 자극을 의미한다. 파블로프(Pavlov)의 고전적 조건화 실험을 예로 들면, 개에게 준 음식이 무조건 자극에 해당된다. 즉, 개에게 음식을 주면 개는 타액 분비 반사를 일으킨다.

• **무조건 반응**(unconditioned response: UR)은 무조건 자극에 의해 일어나는 학습되지 않은, 본래적이며 불수의적인 생리적 반사다. 예를 들면, 타액 분비는 음식이라는 무조건 자극에 의해서 유발된 무조건 반응에 해당된다.

• **중성 자극**(neutral stimulus: NS)은 보고, 듣고, 냄새를 맡는 등과 같은 감각 반응을 일으키지만 검증 목표가 될 반사는 일으키지 않는 일련의 자극을 말한다. 예를 들면, 개에게 있어 벨소리는 들릴 수는 있으나, 타액 분비와 같은 반응을 유발하지는 않는다.

나. 조건화 과정

조건화 과정은 무조건 반응을 유발하는 무조건 자극과 중성 자극을 반복해서 연합시켜 제시하여 중성 자극이 조건 자극으로 형성되어 가는 과정, 즉 습득(acquisition) 또는 연합학습(associative learning)이 이루어지는 과정을 의미한다. 이 과정에서 US와 NS(이후 CS)가 제시되는 방식에 따라 조건화 과정이 잘 이루어질 수

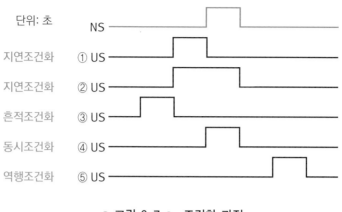

● 그림 6-7 ● 조건화 과정

도 있고, 그렇지 않을 수도 있다.

- **동시 조건화**(simultaneous conditioning)는 NS와 US가 동시에 제시되는 조건화 유형으로, 파블로프는 이러한 방식이 효과적이지 않다고 보았다. 왜냐하면 벨소리가 음식과 동시에 제시될 때, 개들은 음식이 제시된다는 것을 예측할 시간적 여유가 없으며, 이에 따라 벨소리와 음식을 연합시키는 것이 어려워지기 때문이다.

- **지연 조건화**(delayed conditioning)는 US가 제시되기 이전부터 NS가 제시되는 조건화 유형으로, 가장 효과적인 방법 중 하나다. 예를 들면, 벨소리가 먼저 울리고 음식이 제시되는 과정이 반복되면서, 음식물을 제시받은 개는 음식물과 벨소리의 관계를 빠르게 학습한다.

- **흔적 조건화**(trace conditioning)는 지연 조건화와 유사하지만, US가 제시되기 전에 NS의 제시가 끝났다는 점에서 지연 조건화와 차이가 있다. 즉, 흔적 조건화는 벨소리가 먼저 울리도록 한 후에 음식물을 제시함으로써, 개가 음식물과 벨소리의 관계를 학습하도록 하는 조건화 유형이다.

- **역행 조건화**(backward conditioning)는 US가 제시된 이후에 NS가 제시되는 조건화 유형으로 NS가 US를 전혀 예측하지 못하기 때문에 가장 비효과적인 방법이라 할 수 있다. 오히려 이 경우 전혀 관계없는 자극이 US 이전에 제시되기라도 하면, 잘못된 조건형성이 이루어질 가능성이 높다.

다. 조건화 이후

US가 제시되지 않고 US와 반복적으로 연합 제시된 NS만 제시한 상황에서 UR과 유사한 반응이 나타나게 되면, NS는 더 이상 NS가 아니라 **조건 자극**(conditioned stimulus: CS)이 되며, CS로 인해 나타나는 반응은 **조건 반응**(conditioned response: CR)이 된다. 이때 기억해야 할 것은 CR이 일반적으로 UR과 겉으로 보기에는 유사하지만 그 크기는 작다는 것이다. [그림 6-6]에서 보는 바와 같이, 파블로프의 실험에서 처음에는 타액분비를 일으키지 않던 종소리가 조건화된 이후에는 타액분비를 일으키게 된다. 이때 종소리는 CS가 되며, 이때 타액분비는 CR이 된다.

(2) 고전적 조건화와 관련된 현상

가. 소거(extinction)

소거는 CS가 US 없이 반복적으로 제시됨에 따라 더 이상 CR이 나타나지 않는 현상을 말한다. 이러한 소거 절차는 공포증(phobia)을 줄이기 위한 치료 장면에서 흔히 사용된다. 예를 들면, 주사 바늘에 공포를 가지고 있는 환자가 주사 바늘에 오랫동안 노출되면, 환자는 주사 바늘에 대한 공포를 덜 느끼게 된다. 이런 치료 방식을 노출 치료라 부른다.

나. 자발적 회복(spontaneous recovery)

자발적 회복은 더 이상의 조건화 시행이 없음에도 불구하고 일정 시간이 흐른 후에 CS가 제시되면 CR이 다시 나타나는 경향성을 의미한다. 이러한 자발적 회복은 오래 지속되지 않으며, 처음의 CR보다 그 강도가 훨씬 작다. 자발적 회복이 나타난 후, US가 없는 CS만 지속적으로 제시되면 급격하게 소거 과정이 다시 나타나게 된다.

다. 일반화(generalization)

일반화는 CS와 유사한 자극에 반응하는 경향성을 의미하는 것으로, 새로운 자극이 CS와 유사하면 유사할수록 CR의 반응 강도는 커지게 된다. '자라보고 놀란 가슴, 솥뚜껑보고 놀란다'라는 우리나라 속담은 이러한 일반화를 가장 잘 설명해 주는 예라 할 수 있다.

라. 변별(discrimination)

변별은 CR을 유발시키는 CS와 이와 무관한 자극을 구별하는 경향성으로, 일반화와 반대로 새로운 자극이 CS와 다르면 다를수록 변별이 잘 이루어진다. 일반화의 예에서, 처음에는 솥뚜껑을 보고 놀란 사람이 솥뚜껑과 자라의 차이를 구별하기 시작하면서 더 이상 솥뚜껑을 보고 놀라지 않는 현상은 변별로 설명될 수 있다.

(3) 고전적 조건화의 적용

왓슨과 라이너(Watson & Rayner, 1920; Harris, 1979)의 유명한 연구는 공포의 조건화를 잘 설명해 주는 예다. Albert라는 11개월된 아이는 큰 소리에는 놀라는 반응을 보이지만, 흰색 쥐에게는 그와 같은 반응을 보이지 않았다. 그러나 Albert가 흰색 쥐에게 다가가려 할 때 큰 소리를 들려주는 과정이 반복적으로 이루어진 후, Albert는 흰색 쥐에 대한 공포를 학습하게 되었다. 그 후, Albert는 흰색 쥐와 유사한 흰색 토끼, 흰색 강아지에 대해서도 두려워하였고(일반화), 이와 유사하지 않은 대상에 대해서는 두려워하지 않았다(변별).

3) 조작적 조건화

조작적 조건화(operant conditioning)는 동물이나 인간이 행동한 것에 따른 결과(보상 또는 처벌)가 그 동물이나 인간으로 하여금 같은 행동을 다시 수행할 가능성을 증가시키거나 감소시키는 학습의 종류다. 자극(US)과 자극(NS)을 연합시켜 학습하는 고전적 조건화와는 달리, 반응과 그에 따른 피드백을 연합시켜 학습한다는 점에서 서로 다르다.

(1) Thorndike의 효과의 법칙

손다이크(Thorndike)는 동물에게도 지능이 존재하는지를 알아보기 위해서 문제상자(puzzle box)를 고안하고, 고양이를 사용하여 고양이가 문제상자를 탈출하는 데 걸리는 시간을 측정하였다. 이와 같은 절차가 여러 번 반복되면서 고양이의 탈출 시간은 점차적으로 감소하였다. 시행착오(trial-and-error)를 통해 목표 행동을 학습해 가는 과정을 설명하기 위해 손다이크는 **효과의 법칙**(law of effect)를 제안하였다. 이 법칙은 긍정적인 결과가 수반되는 행동은 증가되는 반면, 부정적인 결과가 수반되는 행동은 감소된다는 것을 의미한다. 손다이크의 이와 같은 제안은 학습을 객관적인 방법으로 연구할 수 있다는 근거를 제공해 주었다는 점에서 매우 중요한 의의를 지니고 있다.

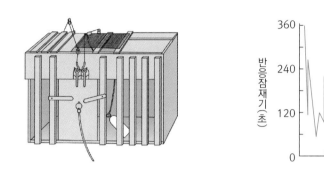

● 그림 6-8 ● 도구적 조건화를 위한 실험상자와 반응 잠재기 결과

출처: 현성용 외(2008).

(2) Skinner의 조작적 조건화

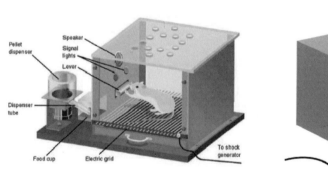

● 그림 6-9 ● 스키너 상자

1930년대 스키너(B. F. Skinner)는 동물의 지속적인 행동을 분석하기 위해 **조작행동**(operant behavior)을 사용하였다(Skinner, 1938). 이는 유기체의 반응들이 환경에 조작을 가한다는 의미에서 사용되었다. 이러한 종류의 학습을 **조작적 조건화**(operant conditioning)라 불렀으며, 결과(보상 또는 처벌)가 행동에 어떠한 영향을 미치는지에 초점을 맞추었다. 스키너가 조작적 조건화를 연구하기 위해 고안한 스키너 상자는 쥐의 레버 누르는 행동을 기록하고 쥐에게 먹이를 제공하는 장치가 자동

으로 작동될 수 있도록 고안되었다. 스키너 상자는 레버를 누른 이후의 결과를 변화시켜서 쥐의 지속적인 행동이 어떻게 수정될 수 있는지를 연구하는 데 효과적인 장치다. 그러나 일반적으로 쥐가 레버를 단번에 누르지 않기 때문에, 레버를 누르도록 하는 데는 **조성**(shaping)이라는 절차가 사용된다. 이는 실험자가 바람직한 행동을 이끌거나, 접근 행동을 점차적으로 강화시키는 절차를 말한다. 예를 들면, 만약 바람직한 행동이 레버를 누르는 것이라면, 다음과 같은 조성 절차가 적용될 수 있다.

① **몸을 레버 쪽으로 향하기**: 쥐가 상자 뒤쪽에서 배회하다가 레버를 향해 몸을 돌리고 그것에 시선을 맞출 때, 실험자는 쥐에게 먹이를 제공한다. 쥐는 먹이통에서 먹이가 떨어지는 소리를 듣고, 먹이통으로 접근하여, 먹이를 취한다. 쥐는 다시 상자 안을 배회한다. 그러다 다시 쥐가 레버 쪽으로 몸을 돌리고 시선을 보낼 때, 실험자는 또 다시 먹이를 제공한다.
② **레버 건드리기**: 이번에는 쥐가 레버 쪽으로 움직일 때 실험자는 먹이를 제공한다. 먹이를 취한 후에 쥐는 잠시 배회하다가 곧 레버 근처로 돌아온다. 그러면 다시 실험자는 먹이를 쥐에게 제공한다. 이제 쥐가 레버에 앞발을 올려놓을 때, 실험자는 먹이를 제공한다.
③ **레버 누르기**: 이제 쥐가 몸을 일으켜 세우고, 앞발로 레버에 힘을 가할 때, 실험자는 먹이를 제공한다. 얼마 후, 쥐는 앞발을 이용해 레버를 아래로 누르게 되고, 이때 쥐는 먹이를 제공받는다. 곧 쥐는 빠른 속도로 레버를 누르게 되며, 이러한 행동을 반복하게 된다.

조련사의 경험과 쥐에 따라 쥐가 레버를 누르도록 조성시키는 데는 일반적으로 적게는 몇 분에서 많게는 1시간 정도 소요된다. 스키너는 조성과정에서 먹이 혹은 강화물은 바람직한 행동이 나타난 즉시 제공되어야 한다고 설명하였다. 만약 강화가 지연된다면, 동물의 어떤 바람직하지 않은 행동이나 미신행동을 강화시킬 수도 있다.

미신행동(superstitious behavior)은 그 발생이 우연히 강화물과 짝이 지어짐으로써 그 빈도가 증가되는 어떤 행동이다. 인간의 경우, 특히 야구선수들은 안타를 치고 난 후에 우연히 강화되는 다양한 미신적 행동을 보고한다. 예를 들면, 생애 5번의 최다 안타상을 수상한 웨이드 보그스(Wade Boggs)는 1983년부터 매 경기 시작 전에 닭고기를 먹었으며, 다른 사람이 절대로 자신의 야구배트를 건드리지 못하게 하였다. 특히 강력한 강화물(메이저리그 안타)에 의해 이러한 행동이 강화가 되고 나면, 미신적 행동은 제거하기가 매우 어렵다.

4) 강화와 처벌

행동의 발생을 증가시키는 **강화**(reinforcement)와 감소시키는 **처벌**(punishment)에는 각각 두 가지의 종류가 있다.

① **정적 강화**(positive reinforcement)란 행동의 재발 가능성을 증가시키는 자극의 제시를 말한다. 정적 강화물은 반응이 다시 발생될 가능성을 증가시키는 자극이다. 예를 들어, 만약 당신이 친구에게 돈을 빌린다면, 돈은 향후에 다시 그 친구에게 빌릴 가능성을 증가시키는 정적 강화물이 된다.

② **부적 강화**(negative reinforcement)란 그것이 제거됨으로 해서 선행 반응이 다시 발생될 가능성을 증가시키는 혐오(불쾌한) 자극을 말한다. 만약 낮은 학점을 받지 않으려고 열심히 공부를 한다면, 낮은 학점을 피하는 것은 그것이 향후에 다시 공부할 가능성을 증가시키기 때문에 부적 강화물이 된다.

③ **정적 처벌**(positive punishment)은 반응 후에 제시되는 혐오(불쾌한) 자극(예: 매 맞기)을 말한다. 이런 혐오자극은 반응의 재발 가능성을 감소시키게 된다. 만약 아이들이 부모님의 말을 잘 듣지 않을 때마다 싫어하는 음식을 준다면, 싫어하는 음식은 정적 처벌이 되어 부모님의 말을 잘 듣지 않는 행동을 감소시키게 된다.

④ **부적 처벌**(negative punishment)은 반응 후에 제거되는 강화자극(예: 용돈)을 의미하며, 이러한 자극의 제거는 반응 재발 가능성을 감소시키게 된다. 친구들을 괴롭히는 아이에게 친구들과 어울려 뛰어 놀 수 있는 시간을 제한시킨다면, 괴롭히는 행동을 감소시킬 수 있을 것이다.

(1) 강화물의 종류

일차적 강화물(primary reinforcement)은 음식, 물, 혹은 성 행위와 같은 자극으로 학습된 것이 아니면서 쾌락을 주는 것으로, 본래적으로 유기체에게 만족을 주는 자극을 말한다. 반면, **이차적 강화물**(secondary reinforcement)은 경험을 통해 강화력을 획득한 일련의 자극을 의미한다. 이런 이차적 강화물은 일차적 강화물과 연합되어 학습된 것이다. 예를 들어, 아주 어린 아이에게 세뱃돈으로 만 원권 지폐를 준다면 별로 기뻐하지 않으나, 아이가 좋아하는 과자를 준다면 매우 기뻐할 것이다. 그러나 일단 그 아이가 만 원권 지폐로 자신이 좋아하는 과자를 얼마나 살 수 있는지를 학습한다면, 그때부터는 지폐를 받았을 때 매우 기뻐할 것이다.

⑵ 강화계획

강화계획(schedules of reinforcement)이란 강화물에 의해 어떻게, 언제 반응이 나타나는지를 결정하는 프로그램 혹은 규칙을 말한다. 이런 강화계획은 크게 **연속강화**(continuous reinforcement)와 **부분강화**(partial reinforcement)로 구분된다. 연속강화는 원하는 반응이 나타날 때마다 강화시키는 방법이다. 이는 빠르게 학습이 일어난다는 장점을 가지고 있으나, 강화가 제거되는 경우 학습속도 만큼이나 빠르게 소거과정이 일어난다는 단점을 가지고 있다. 부분강화는 원하는 반응이 나타났을 때, 때로는 강화를 받기도 하지만 때로는 강화를 받지 않을 수도 있는, 즉 어느 시기에만 강화되는 방법을 의미한다. 이는 연속강화와는 반대로 초기 학습속도는 느리지만, 강화가 제거된 경우에도 빠르게 소거 과정이 일어나지 않는다는 특징이 있다. 이러한 부분강화계획은 네 가지의 형태로 구분된다.

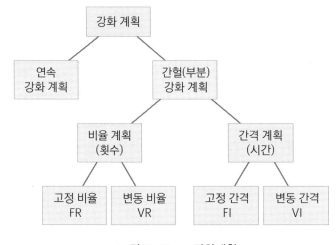

● 그림 6-10 ● 강화계획

① **고정비율계획**(fixed-ratio schedule)은 유기체가 정해진 횟수만큼 반응한 후에만 강화물이 제공되는 것을 의미한다. 공장 작업자가 매 10개의 완제품을 조립할 때마다 수당을 받는다면, 이는 고정비율계획의 예라 할 수 있다.

② **고정간격계획**(fixed-interval schedule)은 정해진 시간 간격 이후에 발생하는 첫 번째 반응 이후에 강화물이 제공되는 것을 의미한다. 가령 매달 10일경에 수당을 지급받는 회사원이 있다면, 수당이라는 강화물은 아무리 열심히 노력한다고 해도 10일 이전에는 입금되지 않을 것이다.

③ **변동비율계획**(variable-ratio schedule)은 강화물을 획득하기 위한 반응의 수가 매번 변하는 것을 의미한다. 예를 들어, 때로는 요구되는 반응이 한 번 나타났을 때 유기체는 강화물을 받고, 때로는 요구되는 반응이 10번 나타났을 때 강화물을 받는 것이다. 도박은 변동비율계획의 대표적인 예로, 도박에서 때로는 연속강화처럼 매번 돈을 따게 되는 경우도 있지만, 때로는 오랫동안 지속해도 돈을 따지 못하는 경우도 있기 때문이다.

④ **변동간격계획**(variable-interval schedule)은 강화물이 변동 시간량 이후에 발생하는 첫 번째 반응 이후에 제공되는 것을 의미한다. 변동간격계획은 고정간격계획보다 더 규칙적인 반응률을 초래한다. 예를 들어, 일반적으로 대학생들은 15주의 수업 일정에서 절반에 해당하는 7주와 마지막 주에 시험을 치르게 된다. 그러나 만일 2번의 시험은 보되 언제 볼지 모른다면, 이러한 상황은 매주마다 시험공부, 즉 학습행동을 꾸준하게 유발시킬 것이다. 이 경우, 전자는 고정간격계획에 해당되며, 후자는 변동간격계획에 해당된다.

5) 사회 및 인지학습

(1) 사회학습

사회학습(social learning)은 관찰, 모방, 모델링으로부터 초래되며, 관찰자에게 관찰 가능한 어떤 행동을 수행할 것을 요구하지 않고, 관찰 가능한 어떤 보상을 제공받을 것을 요구하지도 않는다. 이는 **관찰학습**(observational learning) 또는 **대리학습**(vicarious learning)이라고도 한다. 이러한 사회학습 연구의 대표적인 사람은 알버트 반두라(Albert Bandura)다. 그는 그의 동료들과 함께 아동이 성인의 공격적인 행동을 관찰함으로써 공격적인 행동을 학습한다는 것을 증명하였다.

반두라의 결과는 아동들이 강화가 없이 단지 살아 있는 모델의 행동을 관찰하는 것만으로도 특별한 공격 행동을 학습할 수 있다는 것을 시사하였다. 관찰 학습은 아동이 모델을 관찰하고, 나중에 그 행동을 모방하기 때문에 모델링(modeling)이라고도 불린다. 보보 인형 연구의 또 다른 흥미로운 결과는 아동이 관찰에 의해 학습을 하기는 하지만, 관찰된 행동을 수행하지 않을 수도 있다는 것이다.

(2) 인지학습

가. 통찰학습

미국에서 손다이크가 고양이의 시행착오 학습을 연구하던 시기에, 독일에서 볼프강 쾰러(Wolfgang Kohler)는 침팬지를 대상으로 손에 닿을 수 없는 위치에 있는 바나나를 어떻게 획득하는지를 연구하고 있었다. 쾰러는 적절한 환경에서 유기체가 **통찰**(insight), 즉 갑자기 형성된 해결책을 통해 문제를 해결할 수 있다고 주장하였다. 쾰러는 주변에 상자가 널려 있는 방의 천장에 바나나를 매달아 놓았다. 바나나는 너무 높이 매달려 있어서, 침팬지가 아무리 뛰어도 그것을 손에 넣을 수 없었다. 이 방에 처음 들어와 5분 동안 침팬지는 바나나를 얻기 위해 무모할 정도로 안간힘을 썼다. 그 후 상자를 한참 동안 응시한 침팬지는 상자를 바나나 밑으로 옮겨 쌓아 놓고, 그 위에 올라가 바나나를 손에 넣을 수 있었다. 쾰러는 이러한 침팬지의 문제해결 행동이 손다이크가 제시한 시행착오 학습과는 다른 정신과정, 즉 통찰의 예라고 믿었다. 이러한 현상을 흔히 '아하!' 경험이라고 한다.

나. 잠재학습

1930년대 에드워드 톨만(Edward Tolman)은 관찰가능한 행동이 강조되던 시기에 숨겨진 정신과정을 탐색하였다. 예를 들면, 톨만은 한 집단의 쥐들에게는 미로의 끝에 먹이를 제공하였고, 한 집단의 쥐들에게는 먹이를 제공하지 않았다. 이 경우 먹이를 제공한 집단이 미로를 빨리 학습하는 것은 강화로 인한 학습 결과다. 그러나 톨만은 여기에 한 집단의 쥐들을 더 추가하여 10일 동안은 먹이를 주지 않고, 11일째 되는 날에 먹이를 제공하였다. 그 결과, 처음부터 먹이를 제공한 쥐들만큼 새로 추가된 집단의 쥐들의 수행이 향상되었다. 이러한 결과는 결국 강화물(먹이)을 제공받기 이전에 미로를 학습하고 있다는 것을 시사하는 것이다. 톨만은 이를 **잠재학습**(latent learning)이라 불렀다. 또한 톨만은 쥐들이 학습한 최단거리를 차단하였을 때, 그다음으로 가장 최단거리에 해당하는 경로를 쥐들이 선택하는 것을 확인하였다. 이를 통해 톨만은 쥐가 이미 미로의 배열에 대한 정신적 표상, 즉 **인지도**(cognitive map)를 발달시켰기 때문에 두 번째 최단 경로를 선택할 수 있었다고 주장하였다.

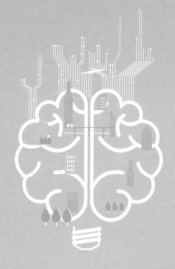

인지(cognition)란 정보처리, 이해 및 전달과 관련된 인지 정신활동으로 사고하기(thinking), 알아가기(knowing), 기억하기(remembering) 그리고 의사소통하기(communicating)와 관련된 정신적 활동(mental activities)을 의미한다. 이러한 정신적 활동은 겉으로는 단순해 보이지만, 놀랍게도 매우 복잡하다. 본 장에서는 복잡한 정신활동, 즉 사고, 언어 및 지능에 대해 살펴보고자 한다.

1. 사고

1) 사고와 개념

사고(thinking)는 정보에 주의를 기울이고 정신적으로 표현하고 정보를 추론하며 판단과 결정을 하는 것을 의미한다. 분트는 사고의 형태를 두 가지로 구분하였는데, 그 하나는 지적사고(intellectual thinking)로 목표나 목적을 가지고 목표에 도달하기 위해 현실을 이용하여 그 현실에 대한 논리적 조작을 수행하는 사고다. 다른 하나는 연합적 사고(association thinking)로 특정한 목표를 설정하지 않고 진행되는 사고를 말한다.

개념(concept)은 공통속성을 가진 대상, 관계, 사건, 추상화 또는 자질을 그룹화하는 데 사용되는 범주다. 개념이란 유목에 대한 정신적 표상이라고 정의(Smith, 1988)하고, 개념의 기능을 세 가지로 분류하였다. 첫째, 인지적 절약의 증진이다(Rosch, 1978). 이는 세상을 유목들로 분할하여 지각하고, 학습하고, 의사소통을 해야 정보량이 줄어든다. 둘째, 주어진 정보의 이상을 추구하는 것이다(Bruner, Goodnow, & Austin, 1956). 이 개념은 지각정보와 비지각정보를 연결하는 수단이다. 셋째, 개념들이 조합되어 복합적인 개념이나 사고를 형성할 수 있다는 것이다(Osherson & Smith, 1981). 이는 하나의 개념을 획득한다는 것은 그 개념에 속하는 사례들이 가지고 있는 공통적인 성질들을 안다는 것을 의미한다.

인지심리학자들이 처음에 개념을 연구했을 때는 인공 개념(artificial concepts)에 초점을 맞추었다. 인공 개념이란 독특한 속성이나 특징의 집합에 의해 분명하게 정의되는 개념을 말한다. 인공 개념과는 달리, 자연 개념(natural concepts)은 변하지 않으며 보편적으로 정의되는 특징을 가지지 않는다. 대신에 자연 개념은 일련의 일반적이며, 비교적 느슨한 특징의 집합으로 정의되는 것으로 프로토타입에 의해 예 증된다. 프로토타입(prototype)이란 개념의 전형적이면서도 고도로 표상화된 예다.

개념이 없다면, 우리의 인지 세계는 그야말로 복잡한 정보의 세계가 될 것이다. 사실 어떤 형태의 뇌 손상은 개인의 개념 형성 능력을 파괴시킴으로써 그 개인이 본 것을 명명하거나 범주화시킬 수 없게 만든다. 개념을 사용함으로써, 우리는 정보를 매우 효율적으로 확인하고, 범주화시키고, 저장할 수 있다. 개념들이 대상을 확인하고 세계를 의미 있게 지각할 수 있게 하는 데 유용하다는 것은 의심의 여지가 없다.

2) 문제해결

문제해결은 사고의 중요한 측면이다. 심리학자들은 인간의 가장 복잡한 정신작용 중의 하나인 문제해결 과정을 밝히고자 끊임없는 시도를 해 오고 있다. 문제해결을 위해서는 해결하고자 하는 목표가 있어야 하고, 그 목표에 적합하도록 주어진 상태를 바꾸어 가는 절차를 수행하여야 한다.

문제해결은 특정 문제의 해결방안을 찾기 위해서 현재 주어진 정보와 기억 속에 저장되어 있는 정보를 결합하는 과정을 의미한다. 뉴웰(Newell)과 사이먼(Simon)은 이러한 문제해결을 세 가지의 단계로 정의하였다(Newell & Simon, 1972). 그중 첫 번째는 **초기상태**(initial state)다. 이는 불완전하거나 만족스럽지 못한 정보를 가지고 있는 상태로 문제에 직면한 상황이 이에 해당된다고 볼 수 있다. 이처럼 문제에 직면하게 되면, 필요한 모든 정보를 가진 상태, 즉 **목표상태**(goal state)에 도달하려고 한다. 다시 말해, 초기상태에서 목표상태로 진행되는 과정이 요구되는데, 이 과정에 해당되는 단계가 바로 **조작체계**(set of operations)다.

문제해결을 할 수 있는 방법에는, 첫째, 연산적 방법이 있다. 연산적 방법(algorithm)은 문제 유형을 해결하기 위한 특정 절차다. 알고리즘을 적절하게 사용한다면 항상 해결책이 될 수 있다. 피타고라스 정리와 같은 수학공식은 연산적 방법의 예다. 올바른 공식을 사용한다면 문제에 대한 답이 있다. 둘째, 발견적 방법(heuristics)은 과거 경험에 근거하여 몇 가지 가설을 세우고 그 가설을 검증하여 문제를 해결하려는 방식이다. 사람들은 때때로 '빠른 결론'을 내리기 위해 지름길을 사용한다. 그리고 이것은 종종 올바른 결론이 될 수 있다. 셋째, 유추의 사용이다.

유추는 차이가 나는 다른 방식들 사이의 부분적인 유사성이다. 유추 발견적인 방법은 이전 문제의 해결책을 새로운 문제의 해결책으로 적용한다. 이전 문제를 참조하여 새로운 문제를 해결하려고 할 때마다 유추 발견적인 방법을 사용한다(Dinuta, 2013; Donnelly, 2017).

3) 추론

인간의 사고에서의 또 다른 특성은 논리적인 사고를 할 수 있다는 것이다. 사고(thinking)란 때때로 추론(reasoning)이라고도 언급되는 것으로 개념을 형성하고, 문제를 해결하며, 창의적인 활동에 관여되는 정신 과정이다.

추론은 결론에 도달하기 위한 일련의 단계들 속에서 정보나 신념 등을 조직화하는 인지적 처리과정이다. 이러한 추론은 연역적(deductive)추론과 귀납적(inductive) 추론으로 구분된다. 연역적 추론은 일반적인 진술로부터 특수한 사례를 이끌어 내는 추론방법으로, 사실로 생각되는 가정 또는 전제사항으로부터 출발하여 결론에 도달하는 과정인 반면, 귀납적 추론은 특별한 사례로부터 출발하여 일반적인 규칙에 도달하는 과정이다.

연역적 추론의 대표적 연구기법은 삼단논법(syllogism)으로, 만약 가정이나 전제가 사실이라면 결론도 사실이 되는 방식이다. "모든 사람은 죽는다." "소크라테스는 사람이다." "따라서 소크라테스도 죽는다."는 삼단논법은 매우 유명하다. 그러나 "모든 사람이 죽는다."는 전제와는 달리 정확하지 않은 전제가 제시되면 결론 역시 정확하지 않게 될 수 있다. 다음의 예가 바로 부정확한 전제의 사용에 따른 삼단논법에 해당된다. "모든 사람은 선하다." "히틀러는 사람이다." "따라서 히틀러는 선하다."

2. 언어

1) 언어란 무엇인가

인간은 언어를 사용하여 사회집단의 구성원으로서, 문화에 대한 참여자로서 의사전달을 한다. 사람은 사회집단을 이루어 생존하고, 자기가 속하는 사회·문화의 행동양식을 학습하여 여기에 참가한다. 행동은 사람과 그 환경 사이의 상호작용으로 성립되며 언어도 환경에 포함된다. 상호작용은 개인 간의 정보전달과 관련이 있다.

사람들이 언어(상징의 체계적, 의미 배열)를 사용할 수 있다는 측면은 분명히 다른 사람과 의사소통을 하기 위해 필수 불가결한 중요한 인지 능력을 나타낸다. 그러나 언어는 단지 의사소통을 위해 중요할 뿐만 아니라, 우리가 세계에 대해 생각하고 이해하는 측면과 밀접하게 관련이 있다.

언어의 진화를 재구성하는 것은 필연적으로 추측일 수밖에 없다. 가능성이 높은 한 가지는 언어가 제스처를 통한 의사소통에서부터 진화했다는 것이다(Corballis, 2012a). 인간을 비롯한 영장류는 제스처로 의사소통한다. 이처럼 언어의 중요한 기능 중의 하나는 의사소통이다. 그러나 언어를 의사소통을 위한 수단만으로 기술하는 것은 바람직하지 않다. 동물들도 의사소통을 위한 신호체계를 가지고 있기 때문이다.

언어를 사용하면 한 사람이 다른 사람과 지식을 주고받을 수 있다. 언어는 경험을 기록하기 위한 수단을 만든다. 진정한 언어는 의미성, 무한한 창의성 및 초월성을 가지고 있다(Hoff, 2005). 의미성이란 언어의 소리는 의미가 있다는 것이다. 무한한 창의성이란 문장을 모방하기보다는 창조하는 능력이다. 그리고 초월성이란 다른 시간이나 장소에서 대상 및 객체에 대한 정보를 전달하는 기능이다.

2) 언어의 구조

언어가 어떻게 발달해 가며, 그것이 사고와 어떤 관계가 있는지를 이해하기 위해 먼저 언어를 구성하고 있는 공식적인 몇 가지 요소들을 살펴볼 필요가 있다. 언어의 기본 구조는 문법에 의존한다. 문법은 우리의 사고가 어떻게 표현될 수 있는지를 결정하는 규칙의 구조틀이다. 문법은 언어의 세 가지 주요 요소, 즉 음운론(phonology), 구문론(syntax), 그리고 어의론(semantics)을 다룬다.

(1) 음소

음운론이란 언어의 의미에 영향을 주는 그러한 소리를 단어의 형태로 대체시킴으로써 의미를 생성하기 위해 사용되는 방식이다. 언어를 분석할 때 가장 기본이 되는 최소단위는 소리(sound)다. 언어에서 상용되는 기본적인 단위를 음소(phonemes)라 한다. 모든 언어는 성대에 의해서 생성될 수 있는 소리의 수에 의해서 제한된다. 영어는 약 40개, 한국어는 이중모음까지 합쳐서 43개의 음소가 있다. 예를 들어, cat이라는 단어는 /c/ ./a/ ./t/라는 세 개의 음소로 구성되어 있으며, 언어라는 단어는 / ㅇ/ ./ ㅓ/ ./ ㄴ/ ./ ㅇ/ ./ ㅓ/의 다섯 개의 음소로 구성되어 있다.

(2) 형태소

구문론은 문장을 형성하기 위한 단어와 구의 조합 규칙을 말한다. 모든 언어는 단어의 배열을 통해 의미를 의사소통할 수 있도록 하는 복잡한 규칙을 가지고 있다. 소리의 최소단위인 음소들이 결합되어 형태소(norpheme)를 이룬다. 형태소는 의미나 문법적 기능을 전달하는 최소의 단위이며 의미를 가진 가장 작은 언어 단위를 말한다. 하나의 형태소가 하나의 단어일 수도 있고(언어, 진달래, cat), 접두사 또는 복수형 같은 것일 수도 있다(비-, -적, -들, pre, -est).

(3) 통사

어의론이란 단어와 문장의 의미를 지배하는 규칙을 말한다. 어의 규칙은 우리로 하여금 미묘한 뉘앙스를 전달하기 위해 단어를 사용하도록 허용한다. 단어들이 결합하여 구(phrase)나 문장(sentence)을 형성하는데, 이러한 결합을 결정하는 규칙이 통사(syntax)이다. 문장은 단순한 단어들이 계열적으로 연결된 것이 아니라 위계적인 구조를 가지고 있다. 문장 '그 여자가 서 있다.'의 구성 성분은 '그 여자가'는 명사구(noun phrase)이고, '서 있다.'는 동사구(verb phrase)다.

언어의 복잡성에도 불구하고, 대부분의 사람들은 규칙을 배웠다는 것을 인식하지 못한 채 문법의 기초를 습득한다. 더구나 우리가 사용하는 문법의 규칙을 명확하게 설명하지 못할지라도, 우리의 언어 구사 능력은 매우 정교하여 무수하게 많은 다른 진술문들을 구사할 수 있다. 그러한 능력이 어떻게 획득되는지에 대해 살펴보자.

3) 언어의 획득

부모에게 있어 유아의 옹알이는 마치 음악처럼 들린다. 이런 소리들은 또한 언어 발달의 첫 단계를 나타내는 중요한 기능을 한다. 아이의 옹알이와 무작위 지껄임은 대략 생후 3개월에서 1년 사이에 나타난다. 이러한 옹알이는 점차적으로 음의 고저와 톤을 가지는 특별한 언어를 반영하기 시작하며, 생후 1년 정도가 되면, 그러한 소리는 언어에서 사라지면서, 실제 단어들이 생성되기 시작한다. 생후 1년이 지나면, 아동은 보다 복잡한 형태의 언어를 학습하기 시작한다. 두 개의 단어를 조합할 수 있게 되며, 사용할 수 있는 단어의 수가 크게 증가된다. 그로부터 6개월 정도가 지나면, 어휘력은 수백 단어로 증가된다. 이때 아동이 마치 메시지에 중요하지 않은 단어들을 생략하는 전보문과 같은 전보 언어(telegraphic speech) 문장을 사용할지라도 단문을 생성할 수 있다. 3세가 되면, 아동은 명사에 's'를 붙여 복수를 만들 수 있으며, 동사에 'ed'를 붙여 과거시제를 형성시킬 수 있다. 이러한 능력은 아동이 규칙을 융통성 없이 적용시키는 경향이 있기 때문에 오류를 일으키기도 한다. 이러한 현상을 과잉규제화(overregularization)라 부른다.

아동의 언어 획득은 부모가 그들에게 사용하는 언어의 종류에 의해 도움을 받는다. 아동에게 말할 때, 성인들은 비정형적인 일상 언어의 형태를 사용하지만, 언어 발달은 촉진된다. 그들은 보다 천천히 말해 주고, 보다 쉬운 어휘를 사용하며, 대명사 대신에 명사를 사용하고, 일반적으로 문장 구조를 단순화시킨다(DeVilliers & DeVilliers, 1978). 언어의 기본 규칙 습득은 대략 5세경에 완성된다. 그러나 미묘한 문법 규칙을 이해하고 사용할 수 있는 능력은 그 후에 획득된다.

아동의 주위에 있는 사람들은 아동기 동안 언어 발달이 급속도로 이루어진다는 점을 인식할 것이다. 언어 발달이 그렇게 빠르게 이루어지는 이유는 분명하지 않지만, 두 가지 설명이 가능하다. 하나는 학습이론 접근이고 다른 하나는 본래적 과정이라는 설명이다.

학습이론 접근(learning-theory approach)은 언어 획득이 강화와 조건화의 원리에 따른다고 주장한다. 고전적 조건화에서는, 예를 들면, 부모는 '엄마'라는 단어를 말하는 아이를 칭찬해 주고 안아 줌으로써 그 행동이 강화되어, 그것의 반복 가능성이 커진다. 따라서 어머니의 수유행동에 대한 아이의 반응이 '엄마'라는 소리와 조건화 된다. 조작적 조건화에서는, 언어획득은 부모나 주변인물에 의해 강화되기 때문에 가능하다는 것이다. 유아는 '엄마 엄마'할 때마다 신체적 · 사회적 애정을 나타내는 보상과 격려를 받게 되고, 바람직하지 못하거나 틀린 소리를 내면 무시되거나 처벌 받게 되면 조작적 조건화에 의해서 언어가 획득되는 것으로 보았다. 관찰학습은 아동은 성인을 모방하거나 흉내 냄으로써 말하는 것을 배운다는 것이다. 예를 들어, 부모가 컴퓨터를 가리키며 '컴퓨터'라고 말할 때 아동은 그 이름을 반복할 수 있고 그것은 아동이 '컴퓨터'라는 단어를 습득하는 데 도움이 된다.

심리언어학적 이론에서 촘스키(Chomsky)를 비롯해서 많은 언어학자들은 언어획득의 과정이 인간 진화의 유산이며 강력한 생물학적 성격을 띠고 있다고 주장한다. 유아는 단지 강화를 받은 단어 계열을 반복함으로써 언어를 획득하는 것이 아니라 모든 인간에게 생득적으로 부여되는 언어획득장치를 통해 일정한 규칙을 적용해 나가면서 새롭고 독자적인 언어를 구성해 나간다는 것이다.

4) 뇌 손상과 언어 및 읽기 장애

언어를 포함한 인간의 모든 정신활동을 주관하는 중추는 뇌다. 우리는 뇌 손상을 입었을 때 언어행동이나 인지행동에 장애를 보이는 경우를 종종 볼 수 있다. 실어증에 걸리면 표현이 단순해지고, 의미 없는 말을 하며, 임의로 말을 만들고, 의사의 표현에 어려움을 보인다. 또한 말을 이해하지 못하고 글을 이해하지 못하는 경우가 많다. 이해뿐만 아니라 자신이 표현한 글도 의미가 맞지 않고 철자법이 틀리게 된다. 여기에서는 뇌 손상을 입은 사람에 대한 연구에서 나온 것을 알아보고자 한다.

(1) 브로카 실어증(Broca's aphasia)

좌반구가 언어를 담당한다는 증거는 실어증 환자로부터 제기되었다. 1861년 프랑스 의사였던 브로카(Broca)는 대뇌의 특정 영역인 왼쪽 이마 겉질에 손상되었을 때 말을 하는 데 문제를 보인다는 것을 발견했다. 뇌 손상이 언어 산출에 장애를 일으킬 때, 정확한 손상 위치와 관계 없이 그것을 브로카 실어증이라 한다. 브로카 실어증은 운동성 실어증이라고도 하는데, 문장을 생략하고 문법에 맞지 않는 문장으로 의사소통을 하며, 간단하게 표현하는 증상을 보이는 경우를 의미한다. 상대방의 말을 이해하지만 단어 표현이 어렵다.

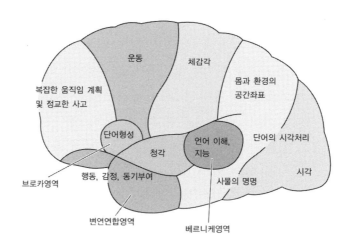

● 그림 7-1 ●   언어의 중요한 두 영역

(2) 베르니케 실어증(Wernicke's aphasia)

1861년 독일의 병원에서 일하던 베르니케(Wernicke)가 대뇌의 특정 영역인 왼쪽 과자 겉질에 손상되었을 때 언어장애가 나타난다는 사실을 발견했다. 베르니케 실어증은 감각성 실어증이라고도 하며, 문법에 맞게 단어를 나열하여 문장을 만들기 때문에 뇌에 전혀 문제가 없어 보이지만 언어를 이해하는 데에 있어 어려움이 있고 의미 없는 단어를 연결해 표현하는 증상을 보인다. 행동상에는 어려움이 없는 경우다.

(3) 전 실어증(global aphasia)

전 실어증은 뇌 손상 부위가 매우 커서 언어에 대한 이해와 표현 모두에 어려움을 보인다. 실어증 중에서도 치료가 가장 어려운 경우이다.

(4) 읽기 장애(Dyslexia)

읽기 장애(난독증)는 시각, 동기, 인지적 기술, 그리고 교육의 기회를 적절하게 지닌 사람에게 나타나는, 읽기에만 한정된 장애이다. 여자아이보다 남자아이에게서 더 많이 나타나며, 관련 유전자가 여러 개 규명되어 있다(Field et al., 2013). 읽기 장애는 특이한 철자법을 가진 단어가 많은 영어 사용자에게서 특별히 흔하다(Ziegler & Goswami, 2005).

어떤 연구자들은 발성 곤란성 읽기 장애(dysphonetic dyslexia)와 직관 곤란성 읽기 장애(dyseidetic dyslexia)로 구분하는데, 발성 곤란성 읽기 장애는 단어를 소리 내어 읽는 데 문제가 있기 때문에 각 단어를 하나의 전체로 기억하려고 하고, 어떤 단어를 재인하지 못할 때는 맥락을 근거로 추측한다. 직관 곤란성 읽기 장애는 단어를 소리 내어 잘 읽지만 단어를 하나의 전체로 인식하지 못한다.

3. 지능

1) 지능의 개념

지능(intelligence)은 인간의 지적 능력을 말한다. 지능은 심리학적으로 새로운 대상이나 상황에 부딪혀 그 의미를 이해하고 합리적인 적응 방법을 알아내는 지적 활동의 능력으로 정의할 수 있다. 지능의 정의에 대한 최근의 경향을 살펴보면 다음과 같다. 첫째, 지능은 복합능력이다. 가드너(Gardner)의 다중지능이론이나 스턴버그(Sternberg)의 삼원지능이론에서는 지능을 단일능력 요인이 아닌 복합능력 요인으로 보았다. 둘째, 지능은 실제적 능력이다. 최근 지능이론은 종전의 지능이 학습에 관련된 능력만을 의미하고 있다고 비판하고, 실제 사회생활에서도 적용할 수 있는 실제적 능력을 학습능력에 추가하였다. 셋째, 사회적 · 문화적 맥락을 반영하는 지능모형 추구다. 최근의 지능이론은 표준적인 하나의 지능 모형을 모든 연령과 계층에 대하여 동일하게 적용하는 기존의 방식에서 벗어나, 한 개인이 처해 있는 다양한 사회적, 문화적 맥락을 반영하는 지능모형을 개발하려는 경향을 보이고 있다.

이처럼 많은 연구자들이 제시한 지능의 정의는 다음과 같은 공통점을 지닌다. 첫째, 지능은 적응적(adaptive)이다. 지능은 다양한 상황과 문제에 융통성을 갖고 반응하는 데 사용된다. 둘째, 지능은 학습능력(learning ability)과 관련이 있다. 특별한 영역이 지적인 자는 그렇지 아니한 자보다 더 신속하게 새로운 정보를 처리할 수 있다. 셋째, 지능은 새로운 상황을 효과적으로 분석하고 이해하기 위해 선행지식(Use of Prior Knowledge)을 활용하는 것이다. 지능은 여러 가지 다른 정신 과정들의 복잡한 상호작용과 조정을 포괄한다. 넷째, 지능은 특수문화적(cultural specific)이다. 한 문화에서 지적인 행동이 반드시 다른 문화에서 지적인 행동으로 간주될 필연성을 갖지 아니한다. 즉, 지능은 보편적이지 않다고 볼 수 있다.

어떤 심리학자들은 지능이 단일하고 다양한 영역에 적용되는 일반능력이라고 주장하는 반면, 또 다른 학자들은 과제에 따라 사람의 지적 능력이 다르다는 증거를 내세우기도 한다. 이러한 것을 바탕으로 지금까지 지능에 대한 많은 이론적 관점이 제기되어 왔으나, 어떤 것이 확실한지 확정할 수는 없는 상황이다.

2) 지능의 이론

(1) 2요인 이론

1904년 찰스 스피어만(Charles Edward Spearman)은 심리 측정 접근(psychometric approach)을 사용하여 객관적으로 지능을 측정한 최초의 인물 가운데 한 사람으로 여겨진다. 스피어만은 대집단의 언어기술, 시공간 기술, 수학적 문제해결력을 측정하는 검사에서, 하나의 영역에서 높은 점수를 얻은 자가 다른 영역의 검사에서도 높은 점수를 얻게 됨을 알게 되었다. 스피어만은 이 결과를 분석하여 유사한 능력 간에는 높은 상관관계가 존재함을 알게 되었다. 즉, 어휘력 검사 점수가 높은 자는 다른 언어 능력 점수도 높을 것이라는 것이 그의 주장이다. 하지만 서로 다른 능력 범주 간의 상관관계는 낮게 나타났다. 즉, 어휘력이 매우 뛰어난 자는 수학적 문제해결력의 점수는 보통이거나 낮을 수 있는 것으로, 심리 측정 접근은 지적 수행에 관여하는 것으로 생각되는 인지 능력이나 요인들을 측정하고 수량화시키는 절차다. 스피어만은 인지 요인들을 측정함으로써 지능을 측정할 수 있다고 생각하였고, 이를 기초로 **지능의 2요인 이론**(two-factor theory)를 제안하였다. 하나의 요인은 일반 정신 능력 요인(g요인)으로 여러 인지 과제들에 공통이 되는 요인이며, 다른 하나의 요인은 특수 요인(s요인)으로 수학, 기계 혹은 언어 기술과 같은 특수한 정신능력을 포함하는 요인이다. 이후 g요인은 지능을 정의하고 측정하는 데 있어 주요 요인이 되었으며, 많은 심리학자들은 현재 사용되는 지능검사가 g요인을 측정하는 것으로 보았다.

(2) 카텔의 '유동성 지능'과 '결정성 지능'

스피어만의 선구자적 연구가 있은 지 수십 년 후에 카텔(Raymond Bernard Cattell)은 일반지능(일반능력, 일반요인)의 두 가지 특징을 발견하였다. 첫째, 인간은 지식을 빨리 획득하고 새로운 상황에 효율적으로 적용하는 능력인 유동성 지능(fluid intelligence)에서 차이를 보인다. 둘째, 인간은 경험, 학교교육, 문화 등으로부터 축적한 지식과 기술을 의미하는 결정성 지능(crystallized intelligence)에서 차이를 보인다. 유동성 지능은 새롭고 친숙하지 않은 과제를 수행하는 데 더 중요하게 작용하며, 특히 신속한 의사결정이나 비언어적 내용과 관련이 있는 것이다. 결정성 지능은 친숙한 과제를 수행하는 데 더 중요한 영향을 미치며, 특히 언어나 사전지식과 많은 관계가 있는 것이다. 카텔은 유동성 지능이 주로 유전된 생물학적 요인의 결과인 반면에 결정성 지능은 유동성 지능과 경험에 의존하기 때문에 유전과 환경 모두의 영향을 받는다고 주장하였다.

(3) 다중지능 이론

하워드 가드너(1983)는 인간에게는 적어도 분명히 구분되는 8가지 능력인 다중지능(multiple intelligence)이 있는데, 음악 지능, 신체운동 지능, 논리 수학 지능, 언어 지능, 공간 지능, 대인관계 지능, 자기이해 지능 등으로 구별되어 각각 독립적으로 본다. 또한 철학적이나 영적인 문제에 관련된 9번째 '실존지능'이 있다고 주장하는데, 이를 입증할 증거가 미약하기 때문에 중요히 받아들여지지는 않고 있다. 지능이 g요인을 통해 단일 IQ 점수로 표현될 수 있다는 생각을 거부하고, 다양한 종류의 지능을 구성할 수 있는 여러 종류의 정신 능력이 있다고 주장하면서 **다중지능 이론**(multiple intelligence theory)을 제안하였다. 가드너의 다중지능은 언어(linguistic) 지능, 논리-수학(logical-mathematical) 지능, 공간(spatial) 지능, 음악(musical) 지능, 신체-운동(bodily-kinesthetic) 지능, 대인관계(interpersonal) 지능, 자기이해(intrapersonal) 지능, 자연(naturalistic) 지능으로 구성된다. 이처럼 다중지능은 지능을 단일 IQ점수로 축소시키지 않고, 다른 종류의 지능도 그 중요성에서 동등하게 다루고 있다는 장점을 가진 반면, 얼마나 많은 종류의 지능이 있는지 알지 못하며, 각각의 지능들을 평가하는 표준 측정 방법이 없다는 제한점을 가지고 있다.

(4) 삼위일체 이론

로버트 스턴버그(1985)의 삼위일체 지능이론은 지능이론 중에 가장 최근에 제기된 이론이다. 스턴버그는 세 가지의 상이한 영역이 지능을 구성한다는 의미에서 삼위일체(triarchic)라는 용어를 사용하였다. 분석적 지능(analytical intelligence)은 학업 상황이나 지능검사에서 종종 볼 수 있는 정보와 문제에 대한 이해, 분석, 대조, 평가 등을 의미한다. 창의적 지능(creative intelligence)은 새로운 맥락 내에서 아이디어를 상상, 발견, 종합하는 것이다. 실제적 지능(practical intelligence)은 일상적인 문제와 사회적 상황을 효과적으로 처리하고 반응하는 데 사용되는 지식이나 기술과 관련이 있다. 스턴버그는 문제해결 기술과 인지 능력만을 측정하는 스피어만의 g요인과 현재의 IQ 검사를 비판한 사람으로, 사람들이 문제해결을 위해 사용하는 인지 단계를 분석함으로써 지능을 정의하는 정보처리 접근을 제안하였다. 스턴버그의 삼위일체 이론은 현재 사용되고 있는 지능검사에서 측정될 수 있는 분석적 지능 외에 창의적, 실제적 지능이 추가되었다는 점에서 그 장점을 찾을 수 있다. 그러나 이러한 세 유형의 지능을 측정하는 검사가 지금까지 소수에 불과하다는 단점을 가지고 있다.

(5) 분산지능

스피어만, 카텔, 가드너, 스턴버그의 이론은 지적행동이란 사람이 사물이나 주변인의 도움을 거의 받지 않는 상황에서 어떤 과제를 수행한다는 전제를 공통적으로 갖고 있다. 그러나 인간은 물리적·문화적·사회적 환경으로부터 지원을 받았을 때 훨씬 더 지적으로 사고하고 행동하는 경향이 있는데, 이것이 바로 분산지능(Distributed Intelligence)이다.

인간은 자신에게 도전적인 과제를 수행할 때 '분산(Distribute)'할 수 있다. 인간은 인지적 부담의 일부를 적어도 세 가지 방법으로 전가시키는 것으로 보인다. 첫째, 인간은 다량의 정보를 조작하고 처리하기 위해 공학적 도구와 같은 물리적 산물을 이용할 수 있다. 둘째, 인간은 단어, 차트, 도표, 수학 방정식 등과 같이 그 인간이 속한 문화의 다양한 상징체계와 다른 인지적 도구를 사용하여 자신들이 직면한 상황에 대해 표상하고 생각할 수 있다. 셋째, 인간은 타인과 함께 아이디어를 탐색하고 문제를 해결할 수 있다. 사실상, 인간은 복잡하고 도전감 있는 과제와 문제를 함께 해결할 때, 지적으로 사고하는 데 도움이 된다는 문제해결 전략과 사고방식을 공유하는 것이다.

이러한 분산지능의 관점에서 볼 때, 지능은 한 개인에 내재해 있는 특징이 아니고 쉽게 측정해서 검사 점수로 요약될 수 있는 것도 아니다. 대신에 지능은 적절한 환경적 지원이 이용 가능할 경우에 증가되는 매우 가치 있고 맥락-구체적인 능력이다.

3) 지능의 측정

(1) IQ 점수

지능검사(Intelligence Test)는 인지적 기능의 현재 수준에 대한 일반적인 특징을 측정함으로써 가까운 미래의 학업성취도를 예측하거나 측정 대상자의 다양한 인지 속성을 파악하는 데 사용되는 측정기법이다. 지능검사의 점수는 일정한 공식에 의해 계산되며, 이러한 점수를 '지능지수 점수' 또는 IQ 점수(IQ Score)라고 한다. IQ라는 용어를 여전히 사용하고 있기는 하지만 지능검사는 더 이상 예전의 공식을 사용하여 점수를 산출하지 않는다. 대신에 지능검사 점수는 개인의 수행이 동년배 집단에 포함된 타인의 수행과 비교되어 산출된다.

많은 심리학자의 연구들은 유전이 지능에 일부 영향을 준다고 말한다. 예를 들어, 일란성 쌍생아는 이란성 쌍생아보다 IQ점수가 유사한데, 이러한 현상은 이란성 쌍생아가 출생 직후 각기 다른 가정에 입양되어 다른 부모에 의해 양육되어도 그렇다. 그러나 이들이 지적 능력을 결정하는 단일한 IQ 유전자를 물려받았을 것이라는 의미는 아니다. 오히려 이들은 특정한 인지 능력과 재능에 영향을 미치는 여러 가지 다양한 특징을 물려받았을 것이다.

유전과 환경이 각기 얼마만큼 지능에 영향을 미치는지에 대해서는 오랜 기간의 논쟁이 있었다. 사실, 유전과 환경 요인은 결코 설명할 수 없는 방법으로 상호작용해서 인지발달과 지능에 영향을 미친다. 먼저, 유전자가 충분히 기능을 하기 위해서는 환경적 지원이 필요하다. 영양 부족이나 자극이 매우 제한된 상태와 같이 극도로 빈곤한 환경에서 유전적 요인은 아동의 지적 성장에 거의 영향을 미치지 못할 것이지만, 좋은 환경에서는 유전자가 유의미한 영향을 미칠 것이다. 또한 유전적 요인은 환경에 따라 영향을 미칠 수도 있고 그렇지 않을 수도 있다. 예를 들어, 유전적으로 언어에 장애가 있는 일부 장애인들은 독해 기술을 획득하기 위해 잘 짜여진 학습 환경이 필요하지만, 일반인들은 환경의 질에 크게 관계 없이 독해 기술을 습득할 수 있을 것이다. 마지막으로, 인간은 자신의 유전적 능력과 일치하는 환경적 조건을 찾는 경향이 있다. 예를 들어, 유전적으로 추론 능력이 매우 우수한 자는 고급수학 강좌를 신청할 것이고 그 강좌의 강의에 따라 그의 유전적 재능이 개발될 것이다. 그러나 평균적인 인간은 그러한 도전을 하지 아니할 것이고, 그에 따라 수학적 기술을 계발할 기회가 적어질 것이다.

(2) 지능에서의 문화와 인종의 다양성

역사적으로 유태인들은 지능검사에서 다른 인종 집단보다 평균적으로 더 좋은 수행을 보였다. 대부분의 전문가들은 IQ에서 그러한 집단 간의 차이는 환경적 차이, 좀 더 구체적으로 말하자면 출산 전후의 영양에 영향을 미치는 경제적 여건, 지적 발달을 자극하는 도서와 장난감의 이동 가능성, 교육적 기회의 접근성 등의 차이에 있을 것이라는 데 동의한다. 게다가 다양한 집단들 간에는 최근 IQ 점수가 평균적으로 비슷해지는 경향이 있는데, 이것은 환경적 여건이 다소 유사해지고 있다는 데서 원인을 찾아볼 수 있을 것이다.

그러나 인종 집단 간에는 지능에 대한 관점이 다소 다르며, 그에 따라 계발시키는 지능의 영역 역시 다르다는 사실에 유의해야 한다. 대부분의 유럽계 성인들은 지능이 인간의 학업성취와 성인의 직업적 성공에 영향을 미치는 주된 요인이라고 여긴다. 반면에 많은 아프리카계, 아시아계, 히스패닉계 그리고 북미 원주민들은 지능에는 학업 기술은 물론 조화로운 대인관계 유지하거나 도전적인 과제를 성취하기 위해 효과적으로 협력하기 등과 같은 사회적 기술도 포함된다고 여긴다. 아시아의 불교와 유교 사회에서는 강한 도덕적 가치 획득과 사회에 대한 의미 있는 기여를 지능에 포함시킨다.

지능이 반영된 행동에는 문화적 차이 역시 존재한다. 예를 들어, 전통적인 지능검사는 특정 검사 항목에 대한 속도를 중시한다. 정확하고 신속하게 반응한 아동이 높은 점수를 받는다. 그러나 일부 문화에서는 속도보다도 철저함에 가치를 두고 매우 신속하게 완성된 성취를 의심하는 경향이 있다. 또 다른 예로 주류 서구 문화에서는 우수한 언어 기술을 높은 지능으로 간주한다. 그러나 모든 문화에서 그렇게 생각하는 것은 아니다. 많은 일본인과 퀘벡 북부의 이누이트 사람들은 말을 많이 하는 것을 미성숙하거나 지능이 낮은 것으로 해석한다.

(3) 스탠포드-비네(Stanford-Binet)지능검사

1905년 비네(Binet)와 시몬(Simon)은 표준화된 지능검사인 Binet-Simon 지능검사를 개발하는 데 성공하였다. 비네는 나이가 많아질수록 지능이 증가한다고 가정하고, 연령이 높은 어린이는 연령이 낮은 어린이보다 더 많은 항목을 가져와야 한다고 주장하였다. 이 검사는 난이도에 따라 순서적으로 배열된 문항들로 구성되어 있다. 문항들은 어휘력, 기억, 일반 지식 그리고 기타 인지 능력을 측정한다. 초기 Binet-Simon 검사는 지적인 결함을 가진 아동들을 세 집단(idiots: 가장 심한 지적 결함을 가진 백치; imbeciles: 중간 정도의 지적 결함을 가진 천치; monons: 가장 미세한 결함을 가진 저능아)으로 분류하였으나 하나의 점수로 표현하는 방법을 취하지는 않았다. 이후 개정을 통해 정신연령(mental age)라는 개념이 도입되었다. 정신연령은 정상 아동이 특정 점수를 얻게 되는 평균 연령을 의미하는 것으로, 만약 6세 아동이 3세 아동에게 적절한 문제는 통과하지만, 그 이상 연령의 문제는 통과하지 못할 때 이 아동의 정신연령은 3세로 평가된다.

1916년 터만(Terman)은 Binet-Simon 검사를 개정하여 Stanford-Binet 검사를 출간하였으며, 정신 연령으로만 제시된 결과를 지능지수(IQ: intelligence quotient)로 변환하는 공식을 만들어 냈다. 지능지수는 지능검사에서 측정된 정신연령(Mental Age: MA)을 생활연령(CA: chronological age)으로 나누고 100을 곱함으로써 산출된다. 앞서 살펴본 3세의 정신연령을 가진 6세의 아동의 경우, 3(정신연령)/6(생활연령)×100=50의 결과에 따라 지능지수가 50으로 평가된다. 반면 자신의 생활연령과 동일한 정신연령을 갖게 되면 지능지수는 100이 되므로, 100이라는 점수가 평균 지능지수로 간주된다.

■ 비율 IQ(Ratio IQ)

$$IQ = \frac{\text{정신연령(MA)}}{\text{생활연령(CA)}} \times 100$$

* MA: Mental Age, CA: Chronological Age

(4) 웩슬러(Wechsler) 검사

1939년 뉴욕의 벨뷰(Bellevue) 병원에 근무하던 웩슬러(Wechsler)는 지능검사가 언어적 문항에만 의존한다는 제한점을 보완하여 언어성 척도와 비언어성(또는 동작성) 척도로 구성된 Wechsler-Bellevue 검사를 고안하였다. 이후 이 검사는 수정을 거쳐 1995년 웩슬러 성인 지능검사(WAIS)와 웩슬러 아동용 지능검사(WISC)로 명칭이 개정되었다. 언어성 척도에는 일반정보를 묻는 기본지식, 어휘를 평가하는 검사 등으로 구성되며, 동작성 척도는 그림을 의미 있는 순서로 배열하는 차례 맞추기, 숫자를 기호로 바꿔 표시하는 바꿔쓰기 검사 등으로 구분된다. 웩슬러는 IQ 점수를 분산시켜 중간 50%를 90~110까지의 '광범위한 평균 범위'로 정의하였다.

그러나 2008년 출간된 WAIS-IV부터는 언어성과 동작성 대신, 이를 세분화한 네 가지 지표(index)를 사용한다. 바로 언어이해(Vebal Comprehension Index: VCI), 작업기억(Working Memory Index: WMI), 지각적 추리(Perception Resoning Index: PRI), 처리속도(Prossing Speed Index: PSI)이다.

■ 편차 IQ(Deviation IQ)

웩슬러 지능검사는 총 11개의 소검사로 구성되어 있는데, 이 중 언어성 소검사가 6개, 동작성 소검사가 5개로 되어 있다. 각 소검사는 다음과 같다.

■ 언어성 소검사
- 기본 지식(information), 숫자 외우기(digit span), 어휘(vocabulary), 산수(arithmetic), 이해(comprehension), 공통성(similarities)

■ 동작성 소검사
- 빠진 곳 찾기(picture completion), 차례 맞추기(picture arrangement), 토막짜기(block design), 모양맞추기object assembly), 바꿔쓰기(digit symbol)

■ 환산점수와 IQ의 산출방법
① 소검사의 각 문항마다 정확하고 분명하게 점수를 기록한다.
② 시작점 이후로 일정한 문항을 맞추면 시작점 이전의 쉬운 문항은 맞춘 것으로 간주한다.

③ 빠른 수행에 대한 가산점수가 주어지는 문항은 기록용지의 해당란을 참조한다.

④ 기록용지 표지에 있는 검사점수 결과표에 각 소검사의 원점수를 옮겨 적는다.

⑤ 검사일과 생년월일을 확인하여 피검자의 연령을 계산한다.

⑥ 환산점수 산출표를 사용하여 각 소검사의 원점수를 환산점수로 전환하고, 환산점수의 합계를 구하여 IQ를 산출한다.

■ 환산점수 전환 방법

기록용지 표지의 검사의 결과표에 각 소검사의 원점수를 모두 기입한 후, 결과표 왼편에 있는 환산점수 산출표를 사용하여 원점수를 환산점수로 전환한다.

■ 소검사 환산점수 산출표(IQ 산출표)

환산점수 산출표는 16~17세, 18~19세, 20~24세, 25~34세, 35~44세, 45~54세, 55~64세의 7개의 연령집단별로 구분되어 있다.

■ 환산점수 합산

　－ 언어성 검사의 점수 = 6개의 소검사의 환산점수의 합

　－ 동작성 검사의 점수 = 5개의 소검사의 환산점수의 합

　－ 전체 검사 점수 = 언어성 검사의 합 + 동작성 검사의 합

　－ 소검사를 못한 항목에 대해서는 비례배분에 의해서 환산점수의 합을 구하고, IQ를 산출 하나 5개 미만의 언어성 검사나 4개 동작성 검사를 비례배분하는 것은 바람직하지 않다.

■ IQ의 산출

부록에서 해당되는 연령집단을 찾은 후 언어성, 동작성, 전체 검사 환산점수의 합에 해당하는 IQ 점수를 찾아 기록용지 표지의 해당란에 기입한다.

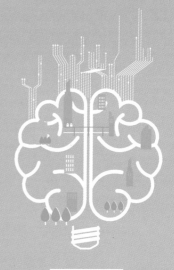

1. 발달의 개념

인간에게 있어서의 발달은 어린이가 제각기 타고난 소질과 항상 변화하는 생활환경을 상호 연결하면서, 눈에 띠게 급속한 변화의 과정을 밟으며 점차로 개성을 뚜렷하게 나타내 가는 모습으로, 개체와 환경의 여러 요인이 서로 작용해서 이루어진다. 이에 발달은 개체가 그 생명활동에 있어서 그 환경에 적응하여 가는 과정이라 말할 수도 있다. 인간의 발달은 "임신에서 죽음에 이르기까지의 전 생애(life-span)에 걸쳐 나타나는 모든 연령에서의 인간의 변화"(Woolfolk, 1993)다. 즉, 모든 변화의 양상과 그 과정이 양적 · 질적으로 성장 혹은 변화해 가는 과정이다. 질적인 변화는 조직과 구조의 변화를 말하며, 양적인 변화는 신장이나 체중의 증가와 같은 기능이 다원화 내지 정교화하는 과정이다.

인간 발달은 유전이나 환경에 영향을 받으며, 성장과 성숙의 변화에 이른다. 성장은 신장, 체중 및 골격 등의 변화를 말하며, 성숙은 인간을 구성하는 수많은 기능의 분화와 통합으로 일어나는 질적인 변화를 의미한다. 인간의 발달은 신체적인 면과 같은 성장의 좁은 의미와 전 생애 속에서 나타나는 신체적 · 정신적 · 지적 및 사회적인 면 등의 지속적인 변화 양상으로 복잡한 성숙까지도 포함하는 종합적인 개념이라고 할 수 있다.

1) 발달의 정의

발달이란 생명체가 신체적으로나 정신적으로 끊임없이 변화되어 가는 과정이다. 즉, 개체가 출생으로부터 성숙에 이르기까지 계속되는 적극적이고 진보적인 변화 전체를 말하는 것이다. 인간의 발달은 전 생애를 통하여 생명체가 수정에서 죽음에 이르기까지 변화가 이루어지는 과정의 양상을 말한다. 즉, 지구상에 수십 억 명의 사람들이 발달을 하지만 모두 각각 다 독특하다는 점이다. 따라서 인간 발달의 정의는 학자에 따라 다양하기 때문에 한마디로 정의하기는 어렵다. 인간의 발달은 생물학적인 관점에서 점차적으로 분화된 상태를 말하며, 심리학적인 관점에서 인간에게 일어나는 시간에 따른 신체구조, 사고, 행동의 변화를 의미한다. 따라서 발달이란 "인간의 발달이 시작되는 생명체의 수정 순간부터 죽음에 이르기까지의 전 생애를 통하여 나타나는 모든 변화의 양상과 그 과정"이라고 정의할 수 있다.

2) 발달의 원리

인간에게 있어서 발달이란 신체적인 면과 같은 양적인 변화와 심리적 정신적 면과 같은 질적인 변화 모두를 의미한다. 발달은 인생의 긴 과정에서 지속적으로 일어나는 변화이며 이 변화가 계획된 순서대로 체계적으로 일어나므로 예측할 수도 있다. 인간발달의 원리는 개체의 성장과 발달을 체계적인 관찰로 알 수 있으나 그 원리나 법칙에 대해서는 학자 간 다소 이견이 있을 수 있다. 여러 학자와 발달 연구의 결과를 개관하여 인간발달의 원리를 살펴보면 다음과 같다.

첫째, 발달에는 순서가 있으며, 이 순서는 일정하다. 유아들의 운동발달을 보면, 유아는 앉을 수 있게 된 다음에 비로소 설 수 있게 되며, 설 수 있게 된 다음에 걸을 수 있으며, 목표를 향해 손을 움직이기 시작한 후에야 비로소 목표하는 물건을 잡을 수 있게 된다. 이와 같이 운동발달은 상부에서 하부로, 즉 머리에서 발 방향으로 발달하며, 중심에서 말초방향으로, 전체활동에서부터 특수활동으로 발달한다.

둘째, 발달은 계속적인 과정이나, 발달의 속도는 항상 일정하지 않다. 신체의 발달은 유아기와 사춘기에 급격한 증가가 나타나나 그 이후에는 발달속도가 느리다. 즉, 신체의 각 부위에 따라, 또 정신 기능에 따라 발달의 속도가 각각 다르다. 또 특정한 측면의 발달에 있어서도 발달 단계에 따라 그 속도가 항상 일정하지 않다.

셋째, 발달은 성숙과 학습에 의존한다. 연령 증가에 따라서 나타나는 발달적 변화는 성숙과 학습의 소산이다. 성숙과 학습이 서로 상승적으로 작용하는 경우가 많다.

넷째, 인간의 발달에는 개인차가 있다. 모든 사람이 보편적인 순서에 따라 성장·발달해 간다. 그러나 개개인의 발달을 보면 개인차가 있음을 알 수 있다. 즉, 발달은 일정한 보편적 패턴을 밟으면서도 개인차를 나타낸다.

3) 발달의 원칙

인간의 발달은 여러 가지 복잡하고 많은 요인의 영향으로 뒤섞여 있음에도 불구하고, 몇 가지 기본적인 원리에 의해 지배되며 일련의 패턴을 따라 질서정연하게 이루어진다. 발달에는 몇 가지 원칙이 있는데 아래의 내용은 여러 학자들(강문희, 신현옥, 정옥환, 정정옥, 2004; 김옥경, 이선옥, 고태순, 이현아, 2005; 정옥분, 2002)의 주장을 정리한 것이다.

발달에는 일정한 순서가 있다. 첫째, 두미(cephalocaudal) 발달의 원칙이다. 둘째, 근원(proximodistal) 발달의 원칙이다. 셋째, 세분화(general to specific) 발달의 원칙이다. 발달에 이처럼 일정한 순서와 방향이 있다는 원리는 발달의 전 단계가 다음 단계의 기초가 된다는 것을 의미하며, 다음 단계로 이행한다는 것은 낮은 차원에서 보다 높은 차원으로 발달이 이루어진다는 것을 뜻하기 때문에 중요하다.

발달은 계속적인 과정이지만 발달의 속도는 일정하지 않다. 발달은 연속적이고 점진적이며 축적적인 과정이다. 발달은 일생을 통한 계속적인 과정이다. 그러나 발달의 속도는 각 영역이 동시에 일정하게 일어나지는 않는다. 인간의 신체는 다양한 기관과 신체부위로 이루어지며 각기 서로 다른 속도로 발달한다. 10세 이전에 이미 성인 수준에 도달하는 부분이 있는가 하면, 사춘기 때까지 거의 발달하지 않는 부분도 있다. 이러한 원리는 정신기능의 발달에도 적용되는데, 예를 들면 언어능력은 유아기에 급격히 발달하여 어휘 습득의 속도가 빠르지만, 고등정신기능인 추리력은 서서히 발달하여 아동기를 지나 청년기에 보다 완숙하게 된다. 이와 같이 성장의 비율과 시기에서 현저한 차이를 나타내는 '비동시적 성장(asynchronous growth)' 현상을 이 시기에 보여 준다.

발달에는 개인차가 있다. 발달을 이해할 때 가장 유념해야 할 점은 각각의 인간이 독특하며 똑같은 사람도 없다는 것이다. 그러나 대부분의 사람들은 발달의 규준(norm)에서 크게 벗어나지 않기 때문에 각 인간을 개별적으로 설명할 필요가 없다. 왜냐하면 각 개인은 독특하지만 서로 많은 유사점을 가지고 있고, 대략 95% 정도는 평균적으로 발달하기 때문이다.

발달에는 결정적 시기(critical period)가 있다. 이는 최적의 시기(optimal period)라고 하기도 하는데 동물생태학자인 로렌츠(Lorenz)에 의해 제안된 개념으로 아동의 특정 신체 기관이나 정신 기능의 발달이 급격히 진행되는 특정한 시기가 있다는 개념으로서, 이에 따라 발달의 효과나 영향력이 가장 큰 일정한 시기가 있다는 것이다. 그러나 최근에는 결정적 시기라는 개념보다는 민감기(sensitive period)라는 보다 광범위한 개념을 도입하여 발달을 설명하고 있다. 이는 결정적 시기라는 개념이 인간보다는 오리와 같은 하등동물에게서 찾아볼 수 있는 비교적 극단적인 개념이기 때문이다. 일반적으로 발달에서 결정적 시기는 학습이 이루어질 수 있는 최대의 가능성을 갖는 시기이기는 하나, 그 시기의 전후에도 학습의 가능성이 다소 감소된 형태라고 해도 학습은 이루어진다는 비교적 확대된 개념이 민감기라고 할 수 있다.

발달의 각 영역은 서로 밀접하게 연관되어 있다. 인간의 신체발달과 지적발달 및 성격 발달은 각기 독립적으로 이루어지는 것이 아니라 서로 밀접하게 연관되어 있다. 각 발달 영역은 상호 간의 발달을 촉진시키거나 저해할 수 있다.

4) 발달의 연구방법

발달 연구는 시간의 경과에 따른 인간특성의 변화과정에 관심을 갖고 있기 때문에 일반 심리학의 다른 방법에서와 마찬가지로, 발달심리학자들은 관찰, 실험, 조사 등과 같은 여러 방법을 사용하고 있다. 발달심리학자들은 효율적인 연구를 위한 구체적인 방법을 결정함과 동시에 연구 기간에 따라 세 가지 방법을 사용한다.

첫째, 종단적 접근법(longitudinal method)이다. 이 방법은 동일한 연구대상을 선정하여 일정한 시간 간격을 두고 추적하여 어떤 특성의 변화과정을 연구하는 방법이다. 장점은 연속적이고 진정한 발달과정을 알 수 있지만 단점은 시간과 경제적인 부담이 크며 추적하는 과정에서 대상이 탈락하게 되는 어려움이다.

둘째, 횡단적 접근법(cross method)이다. 이 방법은 연령이 다른 개인이나 집단을 동시에 연구하여 어떤 특성에 대한 자료를 얻고 그 결과를 연령 간 비교하여 발달적 변화과정을 추론해 보는 과정이다. 장점은 시간과 경비가 절감되나 단점으로는 각 연령층을 고정된 것으로 보기 때문에 발달과정을 일관성 있게 이해하는 데 어려움이 있다.

셋째, 단기종단적 접근법(short-term longitudinal method)이다. 이 방법은 종단적 접근법과 횡단적 접근법을 절충한 방법으로 대게 일정한 기간 동한 동일한 연구대상을 반복적으로 연구하는 방법이다.

이 밖에도 출생시대별로 같은 연령층을 비교해 보는 시대차이법(time lag method)이 있다.

2. 발달의 이론

1) Freud의 심리성적 발달이론

프로이트의 발달이론은 인간의 심리성적(psychosexual) 발달에 중점을 두고 있다. 그는 인간의 발달은 성적 에너지를 뜻하는 리비도(libido)가 일생 동안 정해진 일정한 순서에 따라 다른 신체 부위(body zone)에 집중된다고 보고 성격발달단계를 구분하였다.

(1) 구강기(oral stage: 0~1세)

이 단계의 성 본능은 구강, 입에 있으며 입을 통해 젖을 빠는 행위로부터 쾌감을 얻고자 한다. 이 시기에 영아는 자기에게 만족과 쾌감을 주는 대상에게 애착을 느끼게 된다.

그는 각 단계에서 욕구 충족이 충분히 되어야만 다음 단계로 발달이 이루어진다고 보았다. 다음 단계로 넘어가지 못하면 고착(fixation)이 형성된다고 보았다. 이 시기에 욕구가 적절히 충족되면 성인이 되어서도 낙천적이며 먹는 것을 즐기는 성격이 된다고 보았다. 그러나 이 시기에 구강 욕구가 과도하게 만족되거나 결핍되면 무절제하게 탐닉하는 구강고착적인 징후를 보이고 때로는 먹기를 거부하는 구강적 분노를 유발하기도 한다.

(2) 항문기(anal stage: 2~3세)

이 단계에 영아는 부모나 양육자로부터 자신의 쾌감을 지연하는 훈련을 받게 된다. 이 시기에 대소변 가리기를 엄격하게 훈련하면 고착현상을 보이게 되어 성인이 되어서도 지나치게 청결하고 정리정돈과 질서에 신경을 쓰는 항문기적 강박성격이 되고, 배변훈련이 항문기 욕구의 심각한 좌절을 일으키면 낭비하거나 어지럽히며 지저분한 성격의 소유자가 된다고 보았다. 그러나 적절한 배변훈련은 성장해서 생산적이고 창의적인 사람이 된다고 주장했다.

(3) 남근기(phallic stage: 3~5세)

이 단계에서는 유아는 최초로 자신의 성에 눈뜨게 된다. 이 남근기의 중요한 현상은 '오이디푸스 콤플렉스(Oedipus complex)'와 '엘렉트라 콤플렉스(Electra complex)'다. 오이디푸스 콤플렉스는, 남아는 사랑의 대상을 어머니에게서 찾으려 하며, 어머니를 감각적으로 사랑하며 질투의 대상인 아버지를 제거하려 한다는 것이다. 이때 우세한 아버지가 아동을 해치기 위해 성기를 없앨 것이라는 생각의 두려움인 거세불안(castration)과 적대감 대신에 아버지를 닮아 가려는 동일시(identification)가 나타난다고 보았다. 엘렉트라 콤플렉스는 여아의 경우 이성 부모인 아버지에 대해 성적 애착을 갖게 된다는 것이다. 여아는 남근이 없기 때문에 남근을 갖고 싶어 하는 감정인 남근섬망(penis envy)를 갖는 동시에 열등감을 갖게 된다고 주장하였다.

(4) 잠복기(latency stage: 6~11세)

이 시기에는 성적이며 공격적인 현상으로 나타나던 리비도의 표출양상은 대부분 잠복하게 된다. 이 시기의 아동은 자신을 둘러싼 외계에 대해 강한 지적 호기심을 보이고 탐색하며, 운동 등 보다 건전한 사회적 활동에 몰두하여 가치 있는 능력을 키우는 시기다. 그 결과 일반적으로 이 시기의 아동은 비교적 평온하고 침착하며 자기통제적인 성격과 논리적으로 사고하며 타인의 입장도 고려할 수 있게 된다.

(5) 생식기(genital stage: 11세 이후)

이 시기는 사춘기(puberty)와 더불어 2차 성징이 나타나며 강력한 성적 에너지가 분출된다. 사춘기 이후를 이성 애착(hetero sexualism)이라 명명하고, 이성 애착기까지 고착현상을 보이지 않고 원만한 발달을 이룬 사람은 이타적이고 성숙한 성격의 소유자가 된다. 이 시기를 원만하게 보내지 못한 경우에는 이성과 성숙한 사랑을 할 수 없고 원만한 관계를 가질 수 없게 된다고 주장하였다.

2) Piaget의 인지(cognitive) 발달이론

피아제는 유아는 단지 수동적 관찰자가 아니라 그들이 보고 발견한 것에 의미를 부여하는 일에 능동적으로 개입하는 존재라고 주장하였다. 능동적으로 개입한다는 것은 유아가 세계에 대해 자신의 추측이나 가설을 형성한다는 것을 의미한다. 피아제는 인간의 발달과정을 생물학적인 적응과정으로 보고, 환경으로부터 얻은 정보를 자신에게 맞도록 '동화(assimilation)'와 '조절(accommodation)'이라는 과정을 통해 적응한다고 하였다. 동화는 인간이 기존의 도식에 새로운 경험을 맞추려는 것을 의미하며, 조절은 이전의 사고와 행동방식의 요소를 수정하거나 더 적절한 새로운 방식으로 수정되어 가는 과정을 말한다. 피아제는 아동이 보는 인지구조의 질적 차이에 따라 인지발달단계를 다음과 같이 4단계로 나누고 있다.

(1) 감각운동기(sensory motor stage: 출생~2세)

이 단계의 유아는 감각 경험을 운동 행위와 관련시켜 환경과 상호작용하고 환경을 학습한다. 이 시기의 행동 특징은 빨기, 울기, 잡기로 환경을 느끼고 지각하게 되면서 경험을 범주화하고 구조화하기 시작한다. 이 시기에 유아는 대상이나 사상이 더 이상 들리거나 만져지거나 보이지 않더라도 계속 존재한다는 사실을 이해하는 대상의 영속성(object permanence)의 개념이 발달한다.

(2) 전조작기(preoperational stage: 2~7세)

이 시기에 유아는 환경과 상호작용하지만 자기중심적이다. 그래서 자신과 세상을 연결시키되 비논리적으로 연결시킨다. 이 시기의 행동특성은 유아들은 세상 모든 것에 생명이 있다고 생각하는 물활론(animism)적 사고를 하며, 어떤 수, 길이나 면적 등은 그 형태나 위치를 변화시키더라도 동일하다는 보존(consevation)개념, 오직 자신의 관점에서 세계를 보거나 사고하는 자기중심적 사고(egocentric thinking), 꿈과 현실이 섞여 있어 상상한 것과 현실의 것을 구분하지 못할 때의 꿈의 실재론(dream reality)과 넓은 컵에 있던 물을 깊은 컵에 옮겨 담았을 때 두 컵의 양이 같음을 인식 못하는 비가역성(nonreversibility)의 특징이 나타난다.

(3) 구체적 조작기(concrete stage: 7~11세)

이 단계의 특징은 사회성이 발달하고 논리력·추리력을 갖게 된다. 요인과의 관계를 인지하는 능력이 발달하며, 수, 무게, 면적 등의 보존 개념이 형성되고 분석과 통합, 조작의 가역성(reversibility)과 왼쪽, 오른쪽 개념이 생기고, 크기 무게 등의 양적 차원에 따라 나타나는 서열화(seriation)와 분류화 개념도 나타난다.

(4) 형식적 조작기(formal stage: 12세 이후)

이 시기의 특징은 가장 성숙한 인지적 조작 능력을 갖게 되며 논리적인 방법으로 추상적인 문제에 대해 생각하고 해결할 수 있는 능력을 발달시킨다. 또 문제를 해결하는 데 조합적 사고(combinational thinking)와 연역적 사고(deductive thinking) 및 삼단논법(syllogism)을 구사하게 된다. 그리고 포괄적이고 추상적 개념과 고차원적 조작을 하며 합리적이고 체계적이다.

3) Kohlberg의 도덕 발달이론

콜버그는 인간이 사회적 상황에서 도덕(moral)적 판단을 할 때 자연스럽게 단계를 거치고 있음을 증명하였다. 그는 인간의 행동에서 옳고 그름에 해당되는 도덕성이 어떻게 발달하는지에 대한 구체적인 이론을 제시하였다. 콜버그는 일련의 도덕적 갈등사태에 대한 개인의 판단과 추론 내용을 근거로 3수준 6단계로 구분하였다.

(1) 수준 Ⅰ. 전인습적 도덕성(preconventional morality)

이 수준의 아동은 도덕적 규칙이나 선악의 개념을 갖고 있으나 도덕적 준거는 도덕적 규칙을 강요하는 권위자의 힘이나 권력 또는 자신의 개인적 욕구를 충족시키는 것과 관련하여 해석한다.

• **1단계**: 처벌과 복종 지향(obedience and punishment orientation)

이 단계에서는 특정 행위의 결과가 지니는 가치나 의미를 도외시한 채 그 행위가 가져다주는 물리적 결과가 선·악 판단의 기준이 된다. 자신보다 강한 사람에 의한 신체적 처벌을 피하기 위해서 복종하고 행동한다. 이 단계에서는 처벌과 같은 외적 규제를 피하거나 또는 권위에 무조건 복종하는 도덕성을 보인다.

• **2단계**: 개인적 보상 지향(naively egoistic orientation)

이 단계는 자신이나 타인에게 이익이 되거나 필요를 충족시켜 주는 행위는 선이라고 판단하는 단계다. 즉, 개인 자신의 이득을 위해서만 규칙을 따르고 복종하며, 보상 때문에 발생한다. 이 단계에서는 서로 이익을 주고받는 일종의 교환관계로 인간관계를 이해하는 상대적 쾌락주의에 지배받게 된다.

(2) 수준 Ⅱ. 인습적 도덕성(conventional morality)

이 수준에서는 가정, 사회 등 진단의 기대를 따르는 것이 그 결과와 상관없이 가치를 지니는 것이라고 판단하며, 단순히 사회의 질서에 피동적으로 동화하는 것이 아니라 적극적으로 질서를 유지하고 정당화한다.

- **3단계**: 대인관계 조화 지향(good-boy orientation)

이 단계에서는 올바른 행위란 다른 사람을 기쁘게 하고 도와주며 그렇게 함으로서 다른 사람이 승인하는 행위다. 콜버그는 착한 소년/소녀 지향이라고도 지칭하였다.

- **4단계**: 권위와 사회 질서 유지 지향(authirity and social-order orientation)

이 단계는 의무를 행사하는 권위에 대한 존경심을 나타내며 사회질서 자체를 유지하고 타인의 기대를 중시하는 단계다. 이 단계에서는 사회질서의 유지의 중요성을 인식하고 법의 기능을 개념화한다.

(3) 수준 Ⅲ. 후인습적 도덕성(post–conventional morality)

이 수준에서는 가장 진보된 수준의 도덕성으로 도덕적 가치나 권위가 개인이나 집단의 권위와는 무관하게 그 자체로서의 타당성을 가지며 행위의 판단은 사회의 법 자체보다 인간으로서의 기본적 원리에 따른다.

- **5단계**: 계약 및 법률 지향(contractual or legalistic orientation)

이 단계는 계약에 의해 의무를 이행하고 타인의 의지나 권리에 위배되는 행동을 피하고 다수의 의지나 복지에 따라 행동하는 단계로 올바른 행동은 개인의 기본 권리와 사회 전체가 합의에 도달한 도덕 기준에 비추어 규정된다.

- **6단계**: 양심 및 원리 지향(conscience or principle orientation)

이 단계는 사회적 규칙에 의해서가 아니라 논리적 보편성과 일관성에 따라 선택하고 행동하며 상호 의존과 신뢰감으로 행하는 양심 지향 단계로 올바른 행위는 스스로 선택한 도덕 원리에 따른다.

4) Erikson의 심리사회 발달이론

에릭슨의 심리사회(psychosocial) 발달이론은 프로이트의 심리 성적 발달 단계에 비해 타인과의 사회적 관계에 초점을 두어 사회문화적 요소를 강조하여 발달을 체계화하였다. 개인의 발달은 내적 성숙적 요인과 사회문화적 요인들의 상호작용 결과로 이루어 지며, 사람의 행동과 사고는 생의 특정 시기에 질적 변화를 보이는데, 각 시기에 성취해야 할 심리적 발달과업이 있다. 에릭슨은 영아기에서 죽음까지 전 생애에 걸친 8단계 발달이론을 제시하였다.

(1) 1단계. 기본적 신뢰감 대 불신감(basic trust vs. mistrust: 0~1세)

이 시기의 유아는 사회적 관계로 주로 돌보아 주는 사람인 어머니(양육자)와의 관계에서 형성된다. 이 시기에 형성된 기본적 신뢰감은 생애 동안 타인과 사회에 대한 신뢰적인 태도의 토대가 되고, 모든 사회관계의 성공적 적응과 밀접한 관련이 있다. 이 단계에서 위기가 긍정적으로 해결되어 신뢰가 생성되면, 그 결과 자신감과 희망(hope)이 형성된다.

(2) 2단계. 자율성 대 수치심과 회의감(autonomy vs. shame and doubt: 2~3세)

이 시기의 자율성이란 생물학적 성숙에 근거하여 어떤 일을 하는 능력을 발달시킨다. 반면 이러한 행동에 사회의 기대와 압력을 의식함으로써 수치와 회의가 생성된다. 자율성과 회의감을 적절히 경험하여 해결한다면 아동은 의지(will)를 발달시키게 되며, 이것은 개인이 사회에서 기능하는 구성원이 되는 단초 역할을 한다.

(3) 3단계. 주도성 대 죄의식(initiative vs. guilt: 4~5세)

이 시기의 유아는 만약 부모가 아이의 행동을 점차적으로 그리고 확고하게 잡아 준다면 자율성(autonomy)과 자기 통제감이 발달하게 된다. 이때 나타나는 덕목은 의지(will)인데 이는 '자기 통제처럼 자유로운 선택권을 행사하기 위한 흔들리지 않는 결정', 즉 판단과 결정을 내리는 힘의 점진적인 증가가 된다.

(4) 4단계. 근면성 대 열등감(industry vs. inferiority: 6~11세)

이 시기의 성공적인 경험을 통해 아동은 근면감의 획득, 즉 유능감에 대한 감정을 발달시키도록 만든다. 반면 이 경험이 실패하면 자신의 부족함을 느끼고 열등감이 생긴다. 이 시기는 타인과의 관심으로 인해 아이들은 능력(competence)이라는 덕목을 발달시키게 되고, 이후 삶에서 아이들이 직업으로 가질 역할에 대한 건강한 준비를 할 수 있게 된다.

(5) 5단계. 정체감 대 역할 혼미(identity vs. role confusion: 12~18세)

이 시기에는 내가 누구이고 이 사회에서 나는 어떠한 위치를 가지고 있는가에 대한 개념, 즉 자아 정체감(ego identity)를 형성한다고 보았다. 즉, 수많은 가능성과 불분명한 역할이라는 역할 혼미(role confusion)의 위기를 통해 자신의 위치를 찾는 시기라는 것이다. 이 시기의 심리사회적 위기를 잘 극복하면 자아는 충실(fidelity)이라는 특질을 얻게 되지만 위기를 적절히 극복하지 못하면 익숙하지 않은 역할과 가치를 거부(repudiation)하게 된다.

(6) 6단계. 친밀감 대 고립감(intimacy vs. isolation: 19~24세)

이 단계의 발달 역시 친밀감과 고립감의 갈등을 통해 드러난다. 이 시기에 개인은 부모로부터 독립하게 되고 책임감 있는 성숙한 성인으로서 기능하기 시작한다. 타인과의 관계에서 친밀성, 밀접한 우정을 이룩하는 일이 중요 과업으로 된다. 이 시기에 친밀감과 생산성을 발달시키지 못한 사람은 고립(isolation)을 경험하게 되고 친밀감을 발달시킨 경우, 그 결과로 사랑(love)이라는 덕목이 생겨난다.

(7) 7단계. 생산성 대 침체성(generativity vs. stagnation: 25~54세)

사회에 의미 있는 기여를 못했다는 회의로 인해 침체를 경험하고 자신의 삶이 잘못된 것이라고 인식하여 소위 '중년의 위기'를 겪게 된다. 만약 생산성에 대한 성인의 능력이 침체보다 월등하게 높으면, 이 시기의 덕목으로 타인을 돌보는 능력인 배려(care)가 나타난다.

(8) 8단계. 통합감 대 절망감(integrity vs. despair: 54세 이후)

이 시기는 회상과 더불어 삶에 대한 진지한 반성을 하고, 삶의 기억들과 자신이 희망했던 꿈들을 돌아보며, 죽음이 다가오는 동안 자신의 삶의 의미를 다시금 생각해 보는 시기다. 개인이 충족감과 만족감으로 자신의 삶을 되돌아보고, 그가 인생의 성공과 실패에 잘 적응해 왔다면, 그는 자아통합을 하게 된다. 반대로, 만약 개인이 이제는 고칠 수 없는 실수에 대해 후회하고, 놓쳐 버린 기회에 대해 분노하고, 좌절감과 증오로 자신의 삶을 바라본다면, 그는 절망의 상태에 있는 것이다. 이 시기에 얻게 되는 지혜(wisdom)라는 덕목은 삶을 의미 있게 보낸 노인들에게서 엿볼 수 있는 것이다.

● 표 8-1 ● 에릭슨의 심리사회 발달이론 8단계

단계	심리 · 사회적 위기		주된 관계
	성공	실패	
1. 영아기	신뢰감: 애정욕구 충족	불신감: 애정 박탈	어머니
2. 유아기	자율성: 독립, 자율적 개체 인식	수치감: 방해	부모
3. 유희기	주도성: 현실도전, 경험	죄의식: 엄격	가족
4. 아동기	근면성: 과업 수행	열등감: 경쟁, 결함	이웃학교
5. 청년기	정체감: 동일시, 가치감	역할 혼미: 규준 불분명	교우 집단, 지도자의 모범
6. 성인 초기	친밀감: 연대의식, 공동의식	고립감: 형식적 인간관계	우정적 동료
7. 성인 중기	생산성: 창조성, 생산성	침체성: 자기중심적	직장
8. 성인 후기	통합성: 긍정감	절망감: 좌절, 의미 상실	인류 동포

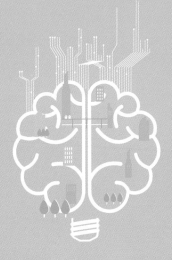

여러 성격 연구자가 성격을 정의하는 데 있어 공통적으로 강조하는 성격의 특성은 두 가지가 있다. 첫째, 행동의 독특성으로 성격은 한 개인이 다른 사람과는 구별되는 점을 일컫는 말이다. 둘째, 안정성과 일관성으로 성격은 시간과 공간의 변화에 따라 매 순간 바뀌는 것이 아니고, 어느 정도 안정적으로 일관되게 나타나야 한다. 성격이란 시간과 공간의 변화에도 불구하고 어느 정도 안정적이고 일관되게 나타나야 하는 특성 때문에 우리가 타인의 성격을 파악하기 위해서는 어느 정도의 시간이 요구된다. 그러나, 성격이 안정성과 일관성이 있어야 한다는 말의 의미가 결코 성격이 변화되지 않는다는 것을 의미하는 것은 아니다. 우리는 의식적으로 때로는 무의식적으로 성격의 변화를 시도하기도 한다. 이러한 변화가 결코 쉽게 이루어지지는 않지만 한번 변화된 성격은 또 일정 기간 안정적으로 그리고 일관되게 우리의 행동에 영향을 미치게 된다.

또한 성격과 관련된 이슈로 유전과 환경을 들 수 있다. 개인들 간에 존재하는 성격의 차이는 유전에 의한 것인가? 아니면 환경의 차이, 즉 개인에게 주어지는 환경자극의 차이에 기인하는 것인가? 현대 성격연구자들은 유전과 환경의 상호작용에 의해 성격이 형성된다고 생각한다.

1. 성격의 정의

성격(personality)이란 원래 그리스어 라틴어인 페르소나(persona)에서 유래되었다. 페르소나는 페르(per; through ~을 통하여)와 소나(sona; speak 말하다)의 합성어로 무대에서 배우가 쓰는 가면이나 탈을 의미한다. 이는 한 개인의 참모습이라기보다 배우가 가면을 쓰고 무대에서 연극하듯 사회장면 속에서 피상적으로 나타나는 일종의 사회적 이미지를 뜻한다. 이후 페르소나는 가면이라는 뜻에서 점차 변화하여 로마 시대에는 배우 그 자신, 즉 고귀한 성질을 가진 사람을 의미하는 말로 사용되었다. 그러나 오늘날에는 타인과 구별할 수 있는 인상 전체를 뜻하는 말로 사용하게 되었다. 성격은 한 사람을 다른 사람과 구별하는 합리적으로 안정된 감정, 동기 및 행동 패턴으로 말할 수 있으나 한마디로 정의하기란 어렵다. 성격은 개인이 가지고 있는 고유하고 독특한 성질이 포함되어 있으며, 이러한 개인의 독특성이 시간이 지나더라도 비교적 안정적으로 변함없이 나타나는 일관성을 가진다. 아울러 인지적인 부분뿐만 아니라 행동양식까지도 포함하고 있다. 성격을 정의할 때 이러한 독특성, 일관성 및 행동양식 모두를 고려할 필요가 있다.

2. 성격의 결정요인

성격을 결정하는 요인은 개인과 환경으로 나누어 볼 수 있다. 개인적 측면에서는 타고난 체형이나 유전적 영향 소인 등 생물학적 요인이 중요하게 고려되고, 환경적 측면은 개인이 속해 있는 가정과 사회, 성별 등에 따라 경험하고 타인과 가지는 관계에 영향을 받는다. 성격이 어느 요인에 영향을 받는지는 끝없이 논의되고 있다. 여기서는 성격의 결정요인에 대하여 생물학적, 환경적 및 생물학과 환경의 상호작용에 대하여 살펴보기로 하자.

첫째, 생물학적 요인은 성격발달에 영향을 미치는 요인으로 유전과 부모 체형, 어머니의 상태 등을 고려할 수 있다. 유전적 요인이 성격 형성에 영향을 준다는 쌍생아 연구에서 이란성 쌍생아보다 일란성 쌍생아가 정서적 반응이나 활동량, 적응성, 사회성 등에서 더 유사한 반응을 보인다(Weiten & Lloyd, 2003). 둘째, 환경적 요인은 사람의 성격이 유전적 요인에 의해 기초가 형성되지만 그러한 유전적 소인이 환경적 경험이나 자극의 양에 수정될 가능성이 많다. 셋째, 생물학과 환경의 상호작용 요인은 동일한 유전자를 타고난 쌍생아도 성장하면서 서로 성격이 다를 수 있고, 태어나서 동일한 환경에서 자란 형제도 성격이 다를 수 있다. 이는 성격이 생물학적 요인이나 환경적 요인 어느 하나에 절대적인 영향을 받지 않는다는 증거다.

3. 성격의 이론

성격의 이론은 그 사람의 현재의 성격 특성을 결정하게 된 원인이 무엇인지에 대해 답하는 틀이며, 어떤 사람이 보인 행동의 이유를 설명할 수 있어야 한다. 여기서는 단순히 성격을 유형에 따라 구분하기보다는 성격 형성 과정을 중심으로 한 여러 이론을 살펴보고자 한다.

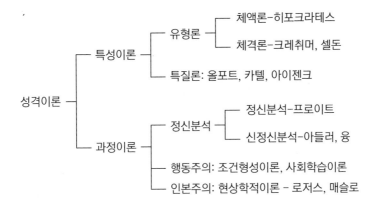

1) 정신역동이론

　프로이트의 성격의 구조는 직접 보거나 측정할 수 없지만 행동, 표현된 사고, 감정으로 확인할 수 있다. 프로이트는 세 가지 성격 구조로 원초아(id), 자아(ego), 초자아(superego)로 구성되어 있다는 이론을 주장하였다. 원초아는 출생과 함께 존재하고 생물학적 욕구를 나타내며 무의식적이다. 인간의 가장 기본적인 욕구인 배고픔, 배설, 성적·공격적 욕구들이 여기에 속한다. 만약 성격이 본능적인 갈망과 욕망만으로 구성되어 있다면 그것은 단지 하나의 요소, 즉 원초아만을 가지는 것이다. 원초아는 일차적 추동에 의해 일어난 긴장을 줄이는 것으로 이는 성격의 유전된 부분이다. 이런 추동은 정신 에너지(psychic energy) 혹은 리비도(libido)에 의해 충전된다. 이러한 원초아의 기능 양식을 일차과정(primary process)이라 한다. 원초아는 쾌락의 원리(pleasure principle)에 따라 작용하며, 그 목표는 즉각적인 긴장 감소와 만족의 극대화다.

　자아는 원초아의 쾌락추구와는 달리 현실을 추구한다. 자아는 원초아와 객관적 외부 세계의 현실 사이에서 완충 역할을 한다. 원초아의 쾌락 추구 성질과는 대조적으로, 자아는 **현실의 원리**(reality principle)에 따라 작용한다. 자아는 어떤 욕구를 어떤 방법으로 충족시키고, 때로는 어떻게 억제하고 지연할 것인지에 있어서 이차과정(secondary process)을 사용한다. 이는 성격의 집행부라 할 수 있으며, 의사결정을 내리고, 행동을 통제하며, 원초아보다 더 고차적인 수준에서 사고하고 문제를 해결하게 해 준다.

　초자아는 부모와 사회 구성원의 도덕적 기준과 사회적 가치를 통합함으로써 발전한다. 그리고 다른 중요한 사람들에 의해 전수받은 사회의 선과 악을 나타낸다. 이는 인간이 옳고 그른 것을 학습하고, 그들이 살고 있는 사회의 광범위한 도덕적 원리를 자신의 기준 속에 통합시키기 시작함에 따라 지속적으로 발달한다. 초자아는 실제로 두 가지 부분, 즉 **양심**(conscience)과 **자아이상**(ego-ideal)을 가진다. 양심은 우리로 하여금 도덕적으로 위배되는 것들을 하지 않도록 해 주는 반면, 자아이상은 도덕적으로 적절한 것을 행하도록 동기화시킨다.

그러나 이 이론은 이를 지지해 주는 과학적 자료가 부족하다는 제한점을 가지고 있다. 비록 특별한 사람에 대한 풍부한 경험적 평가가 이론을 지지해 주는 것으로 보일지라도, 프로이트가 주장한 성격의 구조와 그것의 작용에 관한 증거 자료는 부족하다. 또한 프로이트의 이론은 성인의 어떤 발달적 문제를 전혀 예측해 줄 수 없다.

2) 신프로이트 학파의 정신분석 이론

신프로이트 학파(neo-Freudians)는 프로이트보다 갈등과 방어에 대한 메커니즘이 포함되어 있으며 자아의 기능을 더 많이 강조하였다. 이는 자아가 원초아보다 일상의 활동을 더 많이 통제한다는 것을 시사하는 것이다. 이들은 성격발달에 미치는 사회적·문화적 영향에 큰 관심을 가졌다. 이에 대표적인 인물로 **칼 융**이 있다. 그는 분석 심리학을 개발하였다. 처음에는 무의식적 성 충동의 중요성을 강조한 프로이트의 생각에 동조하였다가 후에 무의식적 충동을 보다 긍정적인 측면에서 파악한 인물이다. 융은 우리에게 억압된 기억과 충동을 포함한 개인적인 무의식뿐만 아니라 과거 조상 때부터 축적되어 있는 종족의 역사를 반영하는 원형이라는 개념을 정립하여 **집단 무의식**(collective unconscious)이 있다고 믿었다. 이러한 집단 무의식은 모든 사람이 공유하고 있는 것으로 다양한 문화에서 공통적으로 나타나는 행동(예: 어머니의 사랑, 뱀에 대한 공포 등)에 의해 표출된다. 또한 이러한 무의식에는 특별한 대상 혹은 경험의 보편적 상징 표상인 **원형**(archetypes)이 포함되어 있다고 융은 주장하였다. 예를 들면, 어머니라는 인물을 통해 조상과의 관계성을 반영하는 어머니 원형은 예술, 종교, 문학, 신화의 주제로 많이 사용되고 있다.

신프로이트 학파의 또 다른 인물 중 한 사람은 **알프레드 아들러**다. 그는 기본적으로 열등감(inferiority complex)에 의해 동기가 부여된다고 믿었다. 그는 융과 마찬

가지로 지나친 성적 욕구를 강조한 프로이트의 이론을 거부한 대신, 인간의 일차적 동기는 **우월성**(superiority)의 추구라고 주장하였다. 우월성의 추구는 다른 사람을 지배하려는 것이 아니라, 자기 향상과 완벽을 이루려는 것이다. 아들러는 장애물을 극복하고 그 사람의 잠재력을 개발하기 위해 노력하는 인격의 자기 인식 측면인 창조적 자아(creative self)를 말했다. 각각의 사람들의 잠재력은 독특하기 때문에 아들러의 심리학을 개인 심리학이라 불러 왔다. 한편 **카렌 호나이**는 성격의 이면에 있는 사회적, 문화적 요인에 더욱 초점을 둔 인물 중 하나다. 그는 프로이트와 같이 어린 시절의 경험이 심리발달에 중요하다는 데 동의했다. 예컨대, 호나이는 성격발달은 사회적 관계성, 특히 부모와 아동 간의 관계성과 아동의 욕구가 충족되는 정도에 달려 있다고 주장하였다. 그녀는 여성이 남근 선망을 가진다는 프로이트의 주장을 거부하고 여성이 남성에 대해 선망하는 것은 여성에게 흔히 거부되는 독립성, 성공, 자유라고 주장하였다.

3) 특질 이론

특질(trait)은 행동에서 유추되는 상당히 안정적인 성격의 요소다. 특질이란 비교적 영속적이며, 개인의 독특성을 반영하는 성격 특성이다. 특질 이론가들에 따르면 이러한 특질이 특정 사람만이 가지고 있는 것이 아니라, 모든 사람이 가지고 있되, 그 정도에 차이가 있어 이를 수량화시킬 수 있다고 가정하였다. 특질 이론은 사람의 행동 일관성을 분명하고도 직접적으로 설명해 준다는 점, 더 나아가 특질은 한 사람을 다른 사람과 쉽게 비교할 수 있게 해 준다는 장점을 가지고 있다. 그러나 이론마다 기본 특질이 상이하다는 점과 일차 특질들이 성격을 명명해 줄지언정 행동을 설명해 주지는 못한다는 단점을 가지고 있다.

올포트(Gordon Allport)는 성격을 특징적인 사고와 행동을 결정짓는 개인의 정신 생리적 체계 내에 있는 조직화라고 정의하였다. 그는 성격을 기술하기 위해 사전에 제시된 단어들을 검토한 결과, 약 18,000개의 단어를 찾아냈다. 이 중 기본이 되는 것을 추출하기 위해 세 가지의 기본적인 특질 범주(기본 특질, 중심 특질, 이차 특질)를 제시하였다. **기본 특질**(cardinal trait)은 개인의 모든 사고와 행동을 특징지을 정도로 넓은 범위에 영향을 미치는 특성이다. 대부분의 사람들이 이런 기본 특질만을 발달시키지 않고, 성격의 핵심을 구성하는 **중심 특질**(central trait)도 발달시킨다. 중심특질은 기본 특질에 비해 덜 광범위하지만 사고와 행동에 상당한 영향을 미치는 특징이다. 정직, 사교성 등이 이러한 중심 특질이며, 사람들은 일반적으로 5개에서 많게는 10개 정도의 중심특질을 가진다. 마지막으로 **이차 특질**(secondary trait)은 특별한 상황에서 행동에 영향을 미치는 특성으로 개인의 행동과 사고의 제한된 부분에만 영향을 미친다. 이차 특질은 기본 특질이나 중심 특질보다는 영향력이 작다.

카텔은 실생활에서 관찰, 질문지, 심리검사 등의 과학적인 방법을 통해 성격특성에 대해 포괄적으로 연구한 사람이다. 그는 성격의 구조가 아닌 성격을 형성하는 요인으로 보고, 그 요인을 분석하여 특성을 표면특성(surface traits)과 원천특성(source traits)으로 분류하였다. 표면특성은 말 그대로 겉으로 드러내는 행동과 함께 나타난다. 원천특성은 개인의 생각이나 감정에 영향을 주는 성격의 핵심을 이루는 특성으로 표면특성에 비해 일관적이고 안정적이다. 그러나 이러한 표면특질은 사람들의 성격에 대한 지각과 표상에 기초되어 있기 때문에, 모든 행동의 근원이 되는 기저의 성격 차원을 가장 잘 기술해 주는 것은 아니다. 따라서 2차 요인분석을 실시하여 카텔은 16개의 기본 특질을 발견하였다. 이 기본 특질을 사용하여 그는 **16개 성격요인 검사**(sixteen personality factor questionnaire: 16PF)를 개발하였다.

아이젠크(Hans Eysenck)도 요인분석을 사용하여 특질 패턴을 확인하였으나, 성격의 본질에 대해 카텔과는 다른 결론에 도달하였다. 그는 성격이 단지 두 개의 주요 차원, 즉 **내향성-외향성**(introversion-extroversion)과 **신경증-안정성**(neuroticism-stability)에 의해 가장 잘 설명될 수 있다고 주장하였다. 내향성 차원에는 조용하고, 신중하며, 사려 깊고, 참을성이 있는 사람들이 위치하며, 외향성 차원에는 활발하고, 사교적이며, 적극적인 사람들이 해당된다. 이와는 독립적으로 신경증 차원에는 우울하고, 예민하며, 까다로운 사람들이 위치하고, 안정성 차원에는 침착하고, 신뢰성이 있으며, 차분한 사람들이 해당된다. 아이젠크는 이러한 두 차원에 따라 사람들을 평가함으로써, 다양한 상황에서의 개인의 행동을 정확하게 예측할 수 있었다.

'BIG FIVE' 모델(성격 5요인 모델)에 따르면 다섯 가지의 기본적인 요인이 있다고 주장하였다. 여기에는 아이젠크가 발견한 두 가지(외향성과 신경증)와 성실성, 우호성, 경험의 개방성이라는 요인이 추가된다.

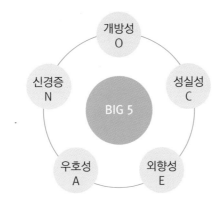

● 그림 9-1 ●   성격 5요인 모델

● 표 9-1 ●   성격 5요인과 특성

요인	특성
Ⅰ. 외향성(extraversion)	수다스러움, 독단적, 조용한 활동, 수동성 및 예비성과 대조
Ⅱ. 우호성(agreeableness)	진실, 신뢰, 적의를 가진 따뜻함, 이기심, 불신과 대조
Ⅲ. 성실성(conscientiousness)	부주의, 태만 및 무관심, 철저함, 신뢰할 수 없음과 대조
Ⅳ. 신경증(neuroticism)	대처 능력을 가진 신경 자극, 기분 전환 및 부정적인 자극에 대한 민감도와 대조
Ⅴ. 경험의 개방성(openness to experience)	상상력, 호기심, 창의성을 알고 지각력이 없는 것과 대조

4) 사회인지 이론

사회인지 이론은 관찰에 의한 학습과 개인의 차이점을 뒷받침하는 인지 과정에 초점을 맞춘다. 환경은 성격에 영향을 미칠 뿐만 아니라 개인의 행동과 성격은 피드백을 통해 환경을 수정하는 것으로 가정한다. 사실 **알버트 반두라**는 **상호적 결정주의**(reciprocal determinism)가 행동을 이해하는 열쇠라고 주장하였다. 반두라는 개인이 직접 경험하고 강화를 받은 행동뿐 아니라 다른 사람의 행동을 관찰하는 것을 통해서도 행동의 변화가 가능하다는 것을 관찰학습(observational learning) 또는 모델링(modeling)이라고 하였다. 또한 행동을 이해하려면 사람 내에서의 변수들(personal variables)도 고려해야 한다고 주장한다. 이는 개인과 환경의 상호작용의 중요성을 의미한다. 행동은 주로 외부 압력에 의해 조성된다는 결정주의는 사람들이 자신의 인생 여정을 통제, 관리할 수 있는 능력이 있다는 것을 인정하지 않는다는 점에서 비판을 받는다. 그럼에도 불구하고 사회학습 이론은 사람들의 관찰 가능한 특성과 그들이 살고 있는 환경에 초점을 맞춤으로써 성격을 보다 객관적 · 과학적으로 연구할 수 있도록 했다는 점에서 장점을 가지고 있다.

5) 인본주의 이론

인본주의 심리학자 로저스(Rogers)는 사람들이 자유로운 선택과 행동을 통해 스스로를 형성한다고 했다. 로저스는 자아를 경험의 중심으로 정의하면서 자기이론(self theory)을 주장하였다. 그는 인간의 행동을 개인이 지각한 현상학적인 장(field)에서 유기체가 지각한 욕구를 만족시키기 위한 목표지향적인 시도로 보았다. 그리고 이러한 시도는 자신을 성장시키고 향상시키는 긍정적인 방향으로 이루어진다고 보고 이러한 경향성을 실현가능성(actualizing tendency)이라고 불렀다. 그는 인간을 무의식적 압력(정신분석학), 안정된 특질의 집합(특질 이론), 혹은 강화와 처벌(학습 이론)에 의해 통제되는 존재로 보는 대신에, 인본주의 이론은 인간이 기본적으로 선하며 보다 높은 수준의 기능을 위해 성장하려는 경향성을 가진 존재라는 것을 강조한다. 또한 로저스는 사람들이 사랑과 존경을 받고 싶어 하는 보편적 요구를 반영하는 정적인 관심에 대한 요구를 가지고 있다고 주장하였다. 이에 해당하는 것이 바로 **무조건적인 긍정적 존중**(unconditioned positive regard)이다. 개인이 무엇을 말하거나 행하든 그것을 수용하고 존중하는 관찰자의 태도를 의미한다. 일상적으로 개인은 자신의 경험과 자아 개념(self-concept) 혹은 자아 이상 간에 어느 정도 불일치를 경험하게 된다. 이러한 불일치가 크면 불안경험과 같은 심리적 고통이 따르게 되므로 로저스는 이를 극복하는 방법으로 무조건적인 긍정적 존중을 제시하였다.

비록 인본주의 이론이 사람들에 대해 무조건적인 긍정적 존중의 가치를 중요시하였을지라도, 많은 성격 이론가는 이러한 무조건적인 긍정적 존중을 인정하지 않는다. 이러한 비판은 이론의 기본 가정을 확증하기 어렵다는 점과 무조건적인 긍정적 존중이 실제로 성격 적응을 이끄는지의 여부에 대해 의문이 집중되었다.

4. 성격의 측정

1) 객관적 검사

객관적 검사(objective tests)는 응답자에게 설문지 형식의 표준화된 검사항목을 제시한다. 검사 문항이 이미 정해져 있고 피검자의 반응에 대한 채점이나 검사실시 절차, 그리고 규준(norm)이 명확하게 정해져 있는 구조화된 검사다. 객관적 검사의 장점은 검사를 실시, 채점하고 해석하는 것이 간편하고 객관적이며, 신뢰도 및 타당도가 우수하다는 것이며 검사 수행 시 검사자나 상황 변인에 영향을 적게 받는다는 점이다. 단점으로는 방어적인 태도에 의해 검사 결과가 영향을 많이 받을 수 있으며, 내적인 갈등이나 무의식적 갈등을 평가하는 데 주된 제한점이 있을 수 있다.

(1) 16PF와 16PF II

16PF검사는 1949년 카텔과 그 동료들이 개발하였다. 16PF는 16가지 성격 특성을 양극성 요인구조(bipolar factor structures)로 표현하여 한 사람의 점수 프로파일을 제공해 준다. 이 검사는 총 187문항으로 구성되어 있다. 이 검사는 16개 요인, 즉 냉정성-온정성/ 낮은 지능-높은 지능/ 약한 자아강도-강한 자아강도/ 복종성-지배성/ 신중성-정열성/ 약한 도덕성-강한 도덕성/ 소심성-대담성/ 강인성-민감성/ 신뢰감-불신감/ 실제성-사변성/ 순진성-실리성/ 편안감-죄책감/ 보수성-진보성/ 집단의존성-자기충족성/ 약한 통제력-강한 통제력/ 이완감-불안감 요인으로 구성되어 있다.

16PF II는 카텔의 16PF의 이론을 토대로 표준화한 검사이며 요인분석법을 통하여 1차 요인 16가지 성격특성과 2차 요인으로 6가지 성격유형을 추출한 성격검사로써 일반적인 성격뿐 아니라 모든 범주의 성격특성은 물론 임상장면에서의 부적응 행동까지 변별해 주는 성격 검사이다. 이 검사 결과는 학생들의 성격 지도와 생활 지도는 물론 진로지도에도 필요한 자료를 제공해 주도록 제작된 것이다.

이 검사의 하위척도는 다음과 같다.

- **성격요인척도**(1차 요인): 다정성, 안정성, 지배성, 정열성, 대담성, 예민성, 공상

성, 사고력, 도덕성, 신뢰성, 실리성, 진보성, 자기결정성, 자기통제력, 우울감,
불안감
- **성격유형척도**(2차 요인): 정서안정성, 자립성, 성실성, 외향성, 민감성, 창의성
- **타당도척도**(점수가 65점 이상일 때 검사내용을 신뢰할 수 없음): 무작위척도, 동기
왜곡척도로 구성되어 있다.

(2) NEO-PI-R(NEO Personality Inventory-Revised)

NEO-PI-R은 1992년 코스타와 맥크레이(Costa & McCrae)에 의해 개발된 것이다.
CPI, MMPI, MBTI 등의 성격검사들을 결합요인분석(joint factor analysis)하여 공통
적으로 추출되는 요인을 발견하고자 한 결과의 산물이다. '5대 성격요인'이라는 용
어는 골드버그(Goldberg, 1981)가 "개인 차를 구조화하기 위한 모델은 **Big Five** 차원
을 어느 수준에서건 포함해야 할 것"이라고 제안하면서 사용되기 시작하였다. 코
스타와 맥크레이는 처음에는 신경증(N: Neuroticism), 외향성(E: Extraversion), 개방
성(O: Openness)-NEO-에 초점을 맞추어서 NEO-PI-Big Five 모델에서 수용성(A:
Agreeableness), 성실성(C: Conscientiousness)을 추가하였다. 5대 요인은 각각 6개의
하위 척도로 구분되며, 각 척도당 8문항씩 모두 240문항으로 구성되어 있다. Big
Five 요인의 6개 하위 척도는 다음과 같다.

- **신경증**(Neuroticism): 근심, 적개심, 우울, 자의식, 충동, 취약성
- **외향성**(Extraversion): 동정심, 사교성, 독단성, 활동성, 흥분성, 긍정적 감정
- **개방성**(Openness): 공상, 심미, 느낌, 행동, 사고, 가치
- **수용성**(Agreeableness): 신뢰, 정직성, 이타주의, 순종, 겸손, 연약한 마음
- **성실성**(Conscientiousness): 능력, 질서, 착실성, 성취, 자기훈련, 신중함

(3) MBTI(Myers-Briggs Type Indicator)

MBTI(Myers-Briggs Type Indicator)는 융의 성격이론을 근거로 마이어스(Myers)와
브릭스(Briggs) 두 사람에 의해서 만들어진 성격유형검사다. 이 결과는 외향성(E)-
내향성(I), 감각적(S)-직관적(N), 사고적(T)-감정적(F), 판단적(J)-인식적(P)의 지표
에 의해서 16개의 성격유형으로 구분된다.
MBTI의 선호 축은 다음과 같다.

- **외향**(E: Extraversion)-**내향**(I: Introversion): 주의집중의 방향과 에너지의 원천에 따라 구분됨. 외향성의 사람들은 주의집중의 방향이 주로 외적 세계를 지향하고 있고, 사람과 대상 등 외부세계로부터 에너지를 얻음. 내향성의 사람들은 주의집중의 방향이 주로 내적 세계를 지향하고 있고, 개념과 사상 등 자신의 내부세계에 초점을 두고 내부로부터 에너지를 얻음
- **감각**(S: Sensing)-**직관**(N: iNtuition): 정보수집(인식)기능에 따라 구분됨. 감각형을 선호하는 사람들은 감각(五感: 시각, 청각, 후각, 미각, 촉각)을 통하여 관찰되는 사실과 정보에 의존하며 직관형의 사람들은 오감에 의해 얻어진 사실적 정보의 차원을 넘는 가능성이나 의미, 관계 찾기를 좋아함(육감 활용)
- **사고**(T: Thinking)-**감정**(F: Feeling): 의사결정(판단)기능에 따라 구분됨. 사고형을 선호하는 사람들은 어떤 특별한 선택이나 행동에 대한 논리적인 결과들을 예측하여 의사를 결정함. 감정형의 사람들은 자신과 다른 사람에게 무엇이 중요한지에 초점을 두는데, 즉 인간중심의 가치에 기초를 둔 결정임
- **판단**(J: Judging)-**인식**(P: Perceiving): 행동(생활)양식에 따라 구분됨. 판단형을 선호하는 사람들은 생활을 조절하고 통제하기를 원하면서, 계획을 세우고 질서 있게 살아가는 경향이 있음. 인식형을 선호하는 사람들은 상황에 맞추어 적응하며, 자율적으로 살아가기를 원함

(4) MMPI-2

MMPI(The Minnesota Multiphasic Personality Inventory: 미네소타 다면적 인성검사)는 세계적으로 가장 널리 쓰이는 객관적 성격 검사로 1940년에 해서웨이(Starke Hathaway)와 맥킨리(Jovian Mckinley)가 제작·개발하여 여러 차례 수정을 거쳤으며, 현재 MMPI-2가 사용되고 있다. 총 567문항으로 구성되어 있으며, 기분을 묻는 문항(예: 나는 때때로 쓸모없다고 느낀다)에서부터 신체 및 심리적 건강을 묻는 문항(예: 나는 1주일에 수차례 위장병으로 고생한다, 나는 이상한 생각에 사로잡힌다)에 이르기까지 다양한 문제를 포괄하고 있다.

MMPI-2의 장점은, 첫째, 검사문항의 향상이다. 원판 MMPI에서 내용상 부적절하거나 성차별적인 문항 및 구식 표현은 삭제하였으며, 새로운 문항을 추가하여 주제나 문제의 영역을 확대하였다. 둘째, 동형(uniform) T점수의 사용이다. 원판 MMPI에서는, 예를 들어, Hs척도의 T점수 70과 D척도의 T점수 70점이 동일한 백분

위의 의미를 갖지 않았다. MMPI-2에서는 이러한 문제점을 해결하고자 동형 T점수를 사용하였다. 셋째, 타당도 척도의 추가다. MMPI-2에는 기존의 L, F, K척도에 더하여 VRIN, TRIN, F(B), F(P), S의 5개 타당도 척도가 추가되었으며, 이를 통해서 보다 체계적이고 정확하게 피검자의 수검 태도를 평가할 수 있다. 넷째, 재구성 임상 척도(Restructured Clinical Scales: RC)의 개발이다.

MMPI 임상 척도의 가장 큰 제한점은 척도 간의 높은 상관이다. 임상 척도를 개발할 때 경험적 문항 선정의 방법을 사용한 불가피한 결과이기는 하지만, 임상 척도 간의 높은 상관은 각 임상 척도의 해석과 예측이 차별적이기 힘들게 만든다. MMPI-2에서는 이러한 문제의 해결책으로 재구성 임상 척도가 개발되었다. RC척도는 각각의 임상 척도가 다른 척도와는 구분되는 핵심적인 임상적 특성을 측정한다는 가정하에 만들어졌다.

MMPI-2에서는 표준 척도 채점에 사용되지 않는 기존의 문항을 삭제하였으며, 이를 대체하여 자살, 약물 및 알코올 남용, Type A행동, 대인관계 등에 관한 새로운 문항을 추가하였다. 늘어난 문항 군집에 기초하여 개발된 MMPI-2의 내용 척도(15개)는 원판 MMPI의 Wiggins내용 척도(13개)와 척도명에서 유사성을 보이지만, 전혀 다른 문항 구성을 가진 새로운 내용 척도다. MMPI-2에는 성격병리 5요인(PSY-5)척도를 비롯하여, 중독 인정 척도(AAS), 중독 가능성 척도(APS), 남성적 성역할(GM) 척도, 여성적 성역할(GF) 척도, 결혼생활 부적응 척도(MDS) 등의 새로운 보충 척도들이 추가되었다.

MMPI-2의 임상 척도(Clinical Scales)는 건강염려증, 우울증 히스테리, 반사회성, 남성성-여성성 편집증, 강박증, 조현병, 경조증, 내향성이 있으며, 10개의 RC척도(재구성임상척도), 5개의 Psy-5(성격병리 5요인 척도), 15개의 내용 척도(Content Scales)와 14개의 보충 척도(Supplementary Scale)가 있다.

2) 투사적 검사

투사적 검사(projective tests)는 명확한 특정 해답을 가지고 있지 않다. 자극이 불분명하고 모호하며, 가능한 한 지시를 적게 주고 자유롭게 반응할 수 있도록 허용하여 피검자의 성격이나 무의식적 욕구, 갈등을 이해하는 데 유용한 검사다. 투사적 검사의 장점은 검사가 무엇을 평가하는지를 피검자가 알지 못하므로, 객관적 검사에 비해 방어하기가 어려우며, 무의식적 갈등의 평가 및 사고장애나 정서적 문제 등 정신병리를 진단하는 데 매우 유용하다. 단점으로는 객관적 검사에 비해 검사 반응을 수량화하고, 신뢰도, 타당도를 검증하기 어렵고, 해석에 어려움이 있다.

(1) 로샤 검사(Rorschach)

　로샤 검사는 스위스 정신과 의사인 헤르만 로르샤흐(Hermann Rorschach, 1951)가 프로이트의 무의식 개념과 성격에 대한 역동적 견해에 영향을 받아 제작한 대표적인 투사 검사로, 총 10장의 카드로 구성되어 있다. 이 검사는 검사에 대한 반응을 통해 무의식적 갈등을 이해하고 사고 및 정서 장애, 현실 검증력, 성격 및 대인관계 문제, 자아강도 등을 평가하고 진단할 수 있다.

　해석하는 방법은 학자들마다 다르고 다양한 해석체계가 있지만 반응영역(수검자의 반응이 카드의 어느 영역에서 이루어졌는가), 반응결정인(잉크반점의 어떤 특징이 그러한 반응을 하도록 결정했는가?), 반응내용(반응의 주 내용은 무엇인가), 평범성-독창성(일반적인 반응인가, 흔하지 않은 독특한 반응인가), 조직활동(특정반응이 반점의 여러 가지 지각적 특징을 얼마나 논리적으로 의미 있게 조직하였는가)을 근거로 해석하게 된다.

　우선 반응영역으로는 카드의 반점 중 일부를 보고 반응했는가(D 혹은 Dd), 전체를 보고 반응했는가(W), 아니면 공백반응을 보았는가(S)를 평가하고, 반응결정인은 그러한 반응을 하게 된 것이 형태(F) 때문인지, 움직이는 모습(M 또는 FM, m) 때문인지, 색채(C 또 C˙ 등) 때문인지, 음영이나 재질(T) 때문인지, 쌍반응과 반사반응(2) 때문인지를 분석하게 된다. 반응내용분석은 잉크반점이 무엇으로 보였는지 그 개념의 속성을 유형에 따라 분류하는데 주로 수검자의 흥미의 폭과 관심이나 집착내용 등을 평가하는 자료로 활용된다. 이 밖에도 반응이 얼마나 독창적인지, 관습적인 반응인지, 또는 논리적으로 적절한지, 부적절한지, 일탈된 언어표현을 하고 있는지 등을 통해 사고의 독창성과 융통성, 보수적인 경향, 사고의 현실성, 인지적 일탈 등을 유추할 수 있다.

(2) 주제통각검사(Thematic Apperception Test: TAT)

　TAT 검사는 욕구이론을 펼친 머레이(Murray)와 모간(Morgan)에 의해 1935년 개발되었다. 이 검사는 31장의 그림판이 있는데 모두 20매의 그림(11매는 공통, 성인 남자용 9매, 성인 여자용 9매, 소년용 9매, 소녀용 9매)을 성인 남녀와 소년 소녀의 조건에 따라 각각 달리 조합하여 19장의 그림과 1개의 공백카드가 제시된다. 대개의 그림에는 사람이 그려져 있으며 그 인물들의 행동이나 기분이 표현되는 정도가 다른데, 피검자는 그림을 보고 현재 어떤 일이 일어나고 있는지, 과거에는 어떠했고, 등장인물들은 어떻게 생각하고 느끼는지 앞으로 어떻게 될 것인지를 이야기하는 과정에서 자신의 생각이나 느낌을 투사하게 되고 주인공을 동일시할 것이라는 것을 가정한다. 즉, 이 검사는 개인은 모호한 상황을 자신의 과거 경험과 현재의 소망에 따라 해석하는 경향이 있고, 경험의 축적과 의식적·무의식적 감정과 욕구와 일치하는 방향으로 이야기를 만드는 경향이 있다는 가정하에, 개인에게 그림을 보여 주고 이야기를 만들도록 한다. 따라서 개인의 반응은 개인의 성격 가운데 주요 동기, 정서, 기분, 콤플렉스, 갈등 등의 다양한 요소를 반영하게 된다.

(3) BGT(Bender Gestalt Test)

벤더(Bender)가 1938년 개발한 것으로서 본래 Bender Visual-Motor Gestalt Test이던 것을 1940년에 BGT로 개칭하였다. 형태주의 심리학의 창시자인 베르타이머(Wertheimer)가 형태지각 실험에 사용한 여러 기하학적 도형 중 9개를 선택하였다.

이 검사는 9장의 자극그림이 그려진 카드를 보여 주고, 시각적 자극을 지각하고 자신의 운동 능력으로 그것을 묘사하는 과정에서 발생하는 행동적 미성숙을 탐지한다. 일차적으로 이런 기능을 수행하는 뇌 영역에 문제가 생길 경우에 제대로 된 모사가 불가능하고, 그 다음으로 개인이 '미성숙'한 자아를 갖고 있을 경우에 또한 모사가 어렵다는 전제를 따른다. 이 때문에 BGT는 개인의 심리적 문제를 판단하는 것 이외에도 뇌 손상 및 병변 환자들에 대한 신경심리평가 장면에서도 꽤 자주 볼 수 있다. 많은 임상가는 이 검사가 공격성, 적대감, 불안, 우울, 초조 등을 잘 탐지할 수 있다고 믿지만, 어떤 연구자들이나 임상가들은 이러한 종류의 투사적인 기법에 대해 의심하기 때문에 이것이 과연 얼마나 타당성 있는 정보를 줄 수 있을까에 대해서도 회의적이다.

(4) 집, 나무, 사람 검사(House, Tree, Person Drawing Test: HTP)

1948년 벅(Buck)에 의해 처음 제창되었으며, 1958년 햄머(Hammer)에 의해 크게 발전되었다. 내담자가 빈 여백 종이에 그림을 그리면, 상담자는 그림을 내담자의 내면을 이어 주는 매개체로 보고 그림에 대해 몇 가지 질문을 해서 내담자의 내면의 상태를 본다. 집, 나무, 사람은 누구에게나 친밀한 주제인데, 환경에 대한 적응적인 태도, 무의식적 감정과 갈등을 파악하려고 한다.

　HTP그림검사는 사용상의 여러 가지 이점이 있는데, 첫째, 실시가 쉽고(연필, 종이, 지우개), 둘째, 시간이 많이 걸리지 않으며(보통 20~30분), 셋째, 언어 표현이 어려운 사람(아동, 외국인, 문맹자들)도 실시 가능하며, 넷째, 그림 솜씨나 훈련이 성격 평가에 큰 영향을 주지 않는다.

　HTP그림의 해석은, 정신분석에서 밝혀진 상징에 대한 의미, 정신증 환자들이 보이는 방어기제와 강박적 사고, 강박적 행동, 공포와 불안 등의 여러 병리적 현상에서 나타나는 상징성을 연구하며 얻은 단서들을 해석에 적용해 왔다.

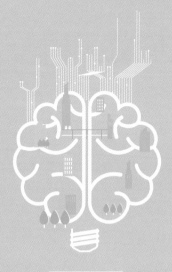

제10장

적응, 스트레스, 건강 및 행복심리

1. 적응

1) 적응이란?

적응(adjustment)이란 환경의 요청에 부응하여 스스로의 욕망을 조절함으로써 균형을 이루어 나가는 것, 즉 욕구와 가능성 간에 균형을 이루려는 노력이다. 유기체가 환경에 대해 만족한 관계를 갖는 것으로 생물학적으로는 실제의 요구에 대한 순응(adaptation)과 살아남는 것(survival)이 있다. 따라서 적응이란 심리학적으로는 개체 요구의 해소과정이며, 요구를 만족시키기 위해 장애를 극복하려고 하는 노력을 포함시키는 과정이라고 할 수 있다.

적응은 두 가지 과정이 있는데, 첫째, 소극적 과정으로 주어진 환경이나 여건에 자기 자신을 맞추어 가는 과정과, 둘째, 적극적 과정으로 자기의 욕구를 충족시키기 위해서 주변의 환경적 요인을 변화시키는 과정이 그것이다. 또한 어려운 상황에 대처하는 세 가지 방법이 있는데, 문제해결(problem-solving)의 방법, 주어진 상황을 그대로 받아들이는 수용의 방법 및 적응기제(또는 방어기제: defense mechanism)를 사용하는 방법이다. 따라서 적응이란 인간이 자기 자신의 욕구와 환경 사이에서 조화를 이루어 그 욕구를 충족시키는 과정이며 항상성(homeostasis) 유지를 위해 노력하는 일련의 과정이다. 반면, 부적응이란 개인이 주위 환경이나 사회의 요구를 적절히 수용하지 못하고 타인과의 관계에서 조화를 이루지 못함으로 인해 발생하는 불만이나 불안에 처한 것을 의미한다.

생물학적 측면에서 적응은 생물이 서식 환경에 보다 유리하도록 변화하는 과정을 나타내는 개념이다. 적응은 생물 생존의 가장 중요한 요인 가운데 하나로 꼽힌다. 다양한 생물 집단은 처해진 환경에 의해 발생하는 자연선택에 의해 생존에 적합한 개체만이 살아남은 결과 서식 환경에 적응하게 된다. 환경에 대한 생물의 적응은 시간을 두고 진행되는 진화의 과정이기 때문에 적응 과정은 연속적인 변화로서 관찰된다. 모든 생물은 적응의 과정을 통해 생태적 지위를 확보하여 생존한다. 적응의 결과 생물은 신체 구조, 행동, 생리 현상 등의 적응 형질을 획득한다.

적응은 한편으로는 개인의 욕구가, 다른 한편으로는 환경의 주장이 충분히 만족된 상태로 대상 혹은 사회환경과의 조화를 말한다. 따라서 적응은 이 조화로운 관계가 획득될 수 있는 과정이라고 정의하였다(Eysenck & Wurzburg, 1972). 건강한 적응의 특성으로는 융통성, 자발성, 창의성을 들 수 있으며, 효과적인 적응은 충동이나 목표를 통제하면서 사회적 규범(norms)에 맞추어 살아가는 것이며, 한편으로는 사회가 항상 옳지만은 않기 때문에, 때로는 적응을 거부하는 것이 건강한 성격이라고 볼 수 있다. 건강한 적응을 하는 사람의 특성은 동조와 비동조 그리고 자기 통제와 자발성 간의 균형을 유지하는 사람이라 할 수 있다. 또한 자신의 장점과 단점을 잘 알고, 자신들의 욕구와 적절히 조화되는 사회적 역할을 선택하며, 지나친 불안이나 좌절감 없이 위협적 상황에 잘 적응해 가는 사람이다.

2) 적응의 대처

적응의 대처 방법은 문제중심적 대처와 정서중심적 대처의 두 가지 방법이 있다.

(1) 문제중심적 대처

문제중심적 대처(problem-focused coping) 방법은 스트레스를 유발하는 문제행동이나 환경적인 조건을 변화시켜 스트레스를 해소하고자 하는 노력이다. 문제중심적 대처의 목표는 위협이나 문제 자체를 직접적으로 관리하는 것이다. 문제중심적 대처전략과 기술은, 첫째, 능동적 대처로 스트레스를 능동적으로 제거하거나 다루려고 시도하며, 그 영향을 제거하고자 함이다. 둘째, 계획하기로 스트레스원(stressor)을 어떻게 처리할 것인가에 관해 생각한다. 셋째, 도구적 지지 추구로 조언, 조력 및 정보를 구함이다. 넷째, 경쟁활동의 억압으로 스트레스원을 극복하기 위하여 다른 행위는 중지한다. 다섯째, 대처 억제로 적당한 시기까지 대처 행위를 잠시 미뤄 둔다.

(2) 정서중심적 대처

정서중심적 대처(emotion-focused coping) 방법은 스트레스에 의해 유발된 정서적 반응, 즉 불안이나 초조 등의 정서적 고통을 감소시키는 데 초점을 두는 방법이다. 스트레스의 원인을 회피하거나 스트레스 상황을 인지적으로 재구성하는 대처방식으로 정서중심적 대처의 목표는 정서적 균형을 이루는 것이다. 정서중심적 대처전략과 기술로는, 첫째, 정서적 지지 추구로 사기 진작, 공감 및 타인의 이해를 구한다. 둘째; 정서 분출하기로 괴로운 감정에 중점을 두어 그에 관해서 이야기한다. 셋째, 긍정적인 재해석·성장으로 긍정적인 방법으로 상황을 재해석한다. 넷째, 행동적 철회로 스트레스원을 줄이기 위한 노력을 줄인다. 다섯째, 정신적 철회로 스트레스원에 대한 생각을 분산시키기 위하여 다른 활동에 주의를 돌린다.

3) 적응기제/방어기제

인간은 해부학적 생물학적으로 적응이 유지되어 왔고, 안정유지, 욕구충족, 불안에 견디는 능력을 가지고 있다. 나비가 보호색을 띠는 이유는 주위환경에 적응하고 자신의 생명을 보호하기 위함이다. 방어기제(defense mechanism)는 스트레스 및 불안의 위협에서 자신을 보호하기 위해 실제적인 욕망을 무의식적으로 속이면서 대체하는 양식이다. 무엇이 위협적인지 분명치 않은 상황이나 자아개념을 위협하는 심미적 갈등이 있을 때 일어나며, 이성적이고 직접적인 방법으로 불안을 통제할 수 없을 때, 자아를 붕괴의 위험에서 보호하기 위해 무의식적으로 사용하는 사고 및 행동 수단이다.

방어기제의 종류는 다음과 같다.

(1) 억압(repression)

억압은 있었던 일을 없었던 것으로 여기는 심리태도다. 억압은 불안에 대한 일차적 방어기전이며, 갈등을 해결하기 위해 가장 흔히 사용되는 무의식적 정신기제다. 억압을 통해 자아는 위협적인 충동, 감정, 소원, 환상, 기억 등이 의식화되는 것을 막는다. 바람직하지 못한 충동이 의식으로 나오려는 것을 막을 때, 자아는 정신적 에너지를 사용하게 된다. 특히 죄책감이나 수치심 또는 자존심을 상하게 하는 경험일수록 억압되기 쉽다. 억압이 실패할 경우 자아는 더욱 복잡한 장어를 작동시키게 된다. 따라서 억압은 역동정신의학의 기본이 된다.

(2) 합리화(rationalization)

합리화는 그 행동 속에 숨어 있는 실제 원인 대신에 자아가 의식에서 용납할 수 있는 '그럴 듯한 이유', 즉 가장 경우에 맞고 합리적이며 의식에 부합하며 도덕 윤리관에 어긋나지 않는 이유를 대는 기제다. 어느 정도 가벼운 합리화는 체면유지 등에 도움을 주지만 심한 합리화는 망상을 형성하는 데 기여한다. 이는 무의식적인 과정으로서 본인은 합리화의 의도를 인식하지 못한다. 거짓말은 그 이유가 의식적인 허구에서 나온다는 사실을 알고 있다는 점에서 합리화와는 다르다.

(3) 동일시(identification)

동일시란 불안을 없애기 위해 불안의 원인이 되는 그 대상이나 사람과 같이 되려는 수단이다. 동일시는 충동이 용납되기 어려운 경우, 충동 그 자체는 부정되지만 그 충동을 갖고 있는 어떤 사람(그의 일면을 묶음으로써)과 동일시함으로써 받아들이는 과정을 말한다. 동일시란 부모, 형, 윗사람 등 주위의 중요 인물들의 태도와 행동을 닮는 것을 말하는데, 이는 단순한 흉내(imitation)와는 다르다. 동일시는 자아와 초자아의 건강한 성장을 결정하는 데 가장 중요한 정신기제다.

(4) 승화(sublimation)

승화는 성적 · 공격적 에너지를 사회적 · 개인적으로 유용하게 돌려쓰는 기제다. 승화는 용납되지 않는 충동을 억압으로 충분히 해결하지 못했을 때 사회적으로 용납되는 형태로 둔갑시켜 의식세계로 나가게 하는 것을 말한다. 따라서 가장 건강한 형태의 방어기제다. 승화는 각종 예술 문화 종교 과학 및 직업을 통해 나타난다.

(5) 투사(projection)

투사는 자아가 받아들일 수 없는 이드의 충동을 자기 것으로 인정하지 않고 다른 사람 때문이라고 남에게 전가시키는 것이다. 투사는 용납할 수 없는 자기 자신 내부의 문제나 결점이 자기 외부에 있는 것으로 생각하는 기제다. 즉, 자신이 무의식 속에서 품고 있는 공격적 계획과 충동을 남의 것이라고 하는 경우로 자신이 누구를 미워할 때 그가 자기를 몹시 미워하기 때문에 자신도 그를 미워한다고 생각하는 경우다. 남을 탓하는 경우가 그 흔한 예다.

(6) 저항(resistance)

저항이란 불안을 피하는 것이다. 저항은 억압된 자료들이 의식으로 나오는 것으로서 원치 않는 억압된 내용들이 의식화되는 것을 막고 싶은 욕구에 의해 생기는데 그것들이 의식화되면 너무 고통스럽기 때문이다. 이런 상황에서 그 사람은 대개 기억이 없다는 말을 한다.

(7) 합일화(incorporation)

합일화는 원하는 대상, 인물을 상징적으로 삼키는 것으로 자기 몸과 일체가 되는 것이다. 합일화는 보다 원시적 형태로 '자기'와 '자기가 아닌 것'을 전혀 분별하지 못하는 영아기에 일어나는 동일시를 뜻한다. 즉, 외계에 있는 대상을 상징적으로 삼켜 동화(assimilate)하여 자아의 형태를 변형 없이 그대로 자기 자아의 구조 속으로 들어오게 하는 원시적 방법의 동일시다.

(8) 반동형성(reaction formation)

반동형성은 무의식의 밑바닥에 흐르는 생각, 소원, 충동이 너무 받아들일 수 없는 것일 때 정반대 방향을 강조하는 것이다. 반동형성은 자기를 학대하는 대상인데도, 그 대상을 좋아하는 것처럼 보이는 행동이나, '미운 아이 떡 하나 더 준다'는 속담이 예가 되며 어떤 사람에 대해 공격적 증오심이라든지 죽게 되기를 원하는 그런 무의식적 욕구가 있을 때 그 반대로 매우 예의바르게 행동하고 걱정해 주고 관심을 주는 태도로 나타날 수 있다.

(9) 상징화(symbolization)

상징화는 중립적인 대상으로 금지된 것을 대신하는 과정이다. 상징화는 어떤 사람이나 사물에 부착된 감정적 가치를 어떤 상징적 표현으로 전치시키는 것이다. 개인의 고통스런 갈등적 욕구는 의식상의 인격에 고통을 주기 때문에 억제된다. 억제된 욕구는 거의 위장된 채 상징적 형태로 의식에 나타난다. 따라서 개인은 상징의 의미에 대해서는 알지 못하고 이를 현실로 인식하고 상징에 부여된 정서적 가치에 따라 행동한다.

(10) 상환(restitution)

상환이란 잃어버린(사별, 이별) 대상을 다른 대상으로 대치시키는 것이다. 상환이란 무의식에 있는 죄책감을 씻기 위해서 사서 고생하는 것 같은 행동을 하는 것이다. 즉, 상환행위는 죄책감으로부터 벗어나려는 기제다.

(11) 자신으로 향함(turning against the self)

자신으로 향함이란 존경하는 사람에게 공격적 행동은 있을 수 없는 일이므로 자기 스스로 해치는 것이다. 자신으로 향함은 어떤 대상에게 용납될 수 없는 공격적 충동이 생길 때 이를 자신에게 돌려 자신을 해치는 것을 말한다. 공격 대상을 내화하고 이를 처벌하는 것이다.

(12) 부정(denial)

부정(부인)은 의식적으로 참을 수 없는 생각이나 욕구 또는 현실의 존재가 무의식적으로 부정되는 과정이다. 의식화된다면 도저히 감당하지 못할 어떤 생각, 욕구, 현실적 존재를 무의식적으로 부정하는 것으로서, 즉 엄연히 존재하는 위험이나 불쾌한 현실을 부정함으로써 그로 인한 불안을 회피해서 편안한 상태를 유지하려는 방어기제다. 부정은 현실에서의 왜곡을 초래하기 때문에 부적응을 낳는 원인이 된다.

2. 스트레스

1) 스트레스의 개념

스트레스(stress)는 정신적 신체적 자극을 일으키는 심리적·신체적 반응으로서의 적응을 뜻한다. '스트레스'란 용어는 원래 물리학에서 '물체에 가해지는 물리적 힘'을 의미하는 말로 사용되다가 의학에 응용되어진 것이다. 스트레스란 신체적 심리적 평형상태에 동요를 일으키는 모든 자극을 가리키는 말이다. 적당한 스트레스는 우리에게 적절한 긴장감을 주어 문제해결이나 업무수행능력을 증진시켜 주지만, 스트레스가 너무 강하거나 만성화되면 오히려 수행능력을 저하시키고 정신건강뿐만 아니라 신체적으로도 유해한 결과를 초래하게 된다.

스트레스의 정의와 개념을 살펴보자. 첫째, 자극에 초점을 둔 정의로 스트레스는 높은 정도의 불쾌한 감정을 초래하고, 정상적 정보 흐름에 영향을 미치는 환경적인 변화로 정의한다(Janis & Mann, 1977). 이는 사람들이 스트레스 요인이라고 명명되는 환경적인 사건에 반응을 표시하는 육체적·심리적 반응을 포함하는 것이다. 둘째, 반응(response) 혹은 결과에 초점을 둔 정의로 유기체(organism)에 있어 심리적인 긴장적 반작용(strain reactions)이며, 환경적 자극으로 명명되는 다양한 스트레스 요인이 발생할 때 표출하는 것이다(Levi, 1967). 이는 개인적 특성과 심리적 과정에 의해 게재되는 적응적 반응이며 이는 외부적인 활동, 상황, 사건과 공간적, 물리적 환경과 심리적인 요구에 영향을 받는다. 셋째, 자극-반응(stimulus-response) 및 환경적인 상황에 초점을 둔 정의로 개인의 능력과 자원을 초월하여 위협적인 요구로 지각되는 환경적인 사건에서 발생하는 것이다(McGrath, 1978). 이는 개인과 조직상황의 요구에 의해 기인되며, 이들 요구를 관리하기 위한 자원(지식, 기술, 능력, 사회적 지지, 개인적 특성 등)과 불일치하여 발생하는 긴장이다.

　심리학 또는 생물학에서 스트레스는 스트레스 요인에 대해 경계하고 대항하려는 심신의 변화 과정을 의미한다. 이런 반응은 일반적으로 외부에서 위협당하거나 도전받을 때 신체를 보호하고자 일어난다. 외부에서 압력받으면 긴장, 흥분, 각성, 불안 같은 생리 반응이 일어나는데 이런 외부 압력을 스트레스 요인(stressor)이라고 칭하고 여기서 벗어나 원상 복귀하려는 반작용을 스트레스라고 칭한다. 엄밀한 의미에서 외부 압력인 스트레스 요인은 그 반작용인 스트레스와 뚜렷이 구별하여야 한다.

스트레스 요인의 **압력** － 스트레스 요인에 대한 **적응성** ＝ 스트레스에 대한 **영향**

2) 스트레스의 원인

　스트레스의 원인이 되는 인자를 스트레서(stressor)라고 부르는데, 여기에는 외적인 것과 내적인 것 모두 포함된다. 외적 요인으로는 소음, 강력한 빛, 열, 한정된 공간과 같은 물리적 환경, 무례함, 명령, 타인과의 격돌과 같은 사회적 관계, 규칙, 규정, 형식과 같은 조직사회, 친·인척의 죽음, 직업상실, 승진과 같은 생활의 큰 사건 등이 있다. 내적 요인으로는 카페인, 불충분한 잠, 과중한 스케줄과 같은 생활양식의 선택, 비관적인 생각, 자신 혹평, 과도한 분석과 같은 부정적인 생각, 비현실적인 기대, 독선적인 소유, 과장되고 경직된 사고, 완벽주의자, 일벌레 등이 있다.

　스트레스의 유발요인으로 좌절을 들 수 있다. 좌절이란 어떤 일이 자신의 뜻이나 기대대로 전개되지 않을 때 느끼는 감정이다. 또한 좌절감이란 원하는 목표가 지연되거나 차단될 때 경험하는 부정적인 정서상태다.

스트레스 유발요인의 또 다른 근원은 갈등(conflict)을 들 수 있다. 갈등이란 서로 상반된 동기로 인해 다른 방향으로 끌려가는 느낌으로 2개 이상의 대립하는 경향이 거의 같은 세기로 동시에 존재하여 행동 결정이 곤란한 상태를 의미한다. 갈등의 네 가지 유형을 살펴보면 다음과 같다. 첫째, 접근-접근 갈등(approach-approach conflict)으로 두 가지의 정적 유인가를 갖는 대상 중 하나를 선택해야 할 때 경험하는 갈등을 말한다. 이 갈등은 가장 스트레스가 적은 유형의 갈등이라고 한다. 둘째, 접근-회피 갈등(approach-avoidance conflict)으로 한 가지 대상에게 두 가지 유인가가 동시에 존재할 때 경험하는 갈등이다. 셋째, 회피-회피 갈등(avoidance-avoidance conflict)으로 두 가지 부정적인 것 중 하나를 선택할 때 경험하는 갈등이다. 넷째, 다중접근-회피 갈등(multiple approach-avoidance conflict)으로 행동의 몇 가지 대안 과정 중에 바람직하고 불쾌한 결과를 동시에 가진 두 가지 목표 사이에서 고민하게 될 때 일어난다. 가장 복잡한 갈등의 형태다.

스트레스 유발요인으로 성격의 A유형 행동 패턴(A-type)을 들 수 있다. A유형 행동은 시간에 대한 긴박감 및 경쟁과 적대감이 특징적인 행동으로 서두르고 압박감을 느끼며 시간에 집착한다. 이 유형은 약속을 잘 지킬 뿐만 아니라 종종 일찍 가기도 하며, 또한 빨리 먹고, 빨리 걷고, 말도 빠르다. A유형의 반대로 B유형은 좀 더 편히 쉬면서 삶의 질에 더 집중한다. B유형은 덜 야심적이고 덜 성급하며 스스로 속도를 조절한다.

3) 스트레스의 반응 및 증상

(1) 스트레스의 반응

스트레스의 반응으로 우선 신체·생리적 반응을 들 수 있다. 스트레스를 받으면 신체는 위급한 상황에 대처하면서 우리 몸을 보호하기 위해 신경계와 내분비계를 자극하여 전투태세를 갖추게 된다. 일상생활에서 스트레스를 지속적으로 받게 되면 두통이나 배탈 등의 증상과 혈압 상승과 심혈관계 질환 등이 생길 수 있다. 다음으로 심리적 반응으로 정서적으로 흥분하게 되면 포괄적으로 검토할 수 있는 능력이 현저하게 줄어들거나 새로운 해결 방법을 찾지 못하고 과거에 사용했던 해결 방법만을 고집하는 등 인지적 손상이 일어난다. 아울러 심한 스트레스는 주어진 과제를 효과적으로 수행하는 능력을 방해하는 과제 수행의 손상이 나타난다. 셋째로 정서적 반응으로 불안을 들 수 있다. 불안은 평소 의식하지 못하고 있는 성적, 공격적인 충동이 어떤 계기에 의해 의식적으로 표출되려고 할 때 느끼는 정서상태다. 또한 분노와 공격의 반응으로 분노는 공격행위로 발전하며, 공격적 행동을 가져온다.

　　스트레스의 또 다른 반응으로 사람의 몸은 스트레스에 직면하면 일련의 단계를 거쳐 반응하게 되는데, 실리(Hans Sylye, 1956)는 '일반적 증후군(general adaptation syndrome, 1974)'이라는 3단계를 거쳐 반응하게 된다고 주장하였다. 첫 번째 단계는 경고 단계로 스트레스에 대한 초기 적응 반응으로 어떤 상황을 위협으로 지각하여 투쟁 및 도피 반응이 유발되고 그에 따른 생리적 각성이 나타난다. 여기서는 다시 두 단계로 진행되는데, '충격기'로 심장박동의 가속화나 체온의 하강 등 증세가 나타난다, 특히, 시상하부의 흥분을 통해서 뇌하수체 전엽으로 하여금 부신피질 호르몬의 분비가 촉진된다. 다음은 '항충격기'로 불안이나 공포 등의 증상이 출현하며, 정서 충격이나 정서 혼미의 반응이 나타난다. 두 번째 단계는 저항 단계로 스트레스가 지속되면 경고 단계에서 저항 단계로 돌입하며 이 단계에서는 개인이 가진 자원과 에너지가 총동원되고 스트레스에 대한 적응 반응이 최고점에 도달하게 된다. 세 번째 단계는 소진 단계로 개인이 가지고 있는 자원은 고갈되고 스트레스에 대한 적응 반응은 아주 약해진다.

(2) 스트레스의 증상

　　스트레스의 증상은 다음과 같다. 신체적 증상으로 피로, 두통, 불면증, 근육통이나 경직(특히, 목, 어깨, 허리), 가슴 두근거림, 답답함, 위장장애, 울렁거림, 어지럼증, 땀, 입마름, 사지냉증 등이 있으며, 정신적 증상으로는 집중력 혹은 기억력의 감소, 우유부단, 혼란스러움 등이 있고, 감정적 증상으로는 불안, 불쾌, 짜증, 분노, 신경과민, 우울감, 좌절감, 근심, 걱정, 조급함, 인내심 부족 등이 있으며, 행동적 증상은 안절부절 못함, 다리 떨기, 우는 행동, 과격한 행동, 충동적인 행동 등이 있다.

　　스트레스를 경험하면 인체는 생리상 원상 복귀하고자 스트레스에 정면으로 투쟁하거나 스트레스에서 도망친다. 스트레스는 스트레스 요인에 대처해 평온한 상태(homeostasis)를 유지하려는 생리상 반응, 즉 '싸움-도주 반응(fight or flight)'을 하는 과정이다.

과도한 스트레스 조건에서는 주어진 문제를 해결하려는 동기 수준이 지나치게 높아서 주어진 문제를 관심하는 범위가 극도로 축소되어 몇 가지 제한된 문제 해결 단서에만 집착한다. 예컨대, 운동선수는 정신상 과도한 스트레스 상황에 처해 중요한 경기에서 자신의 기록에 못 미치는 결과를 나타낸다.

스트레스가 과도하면 불안을 일으키고 이런 불안은 신체가 떨리는 소위 생리상 불순의 자동 반응을 일으켜 문제 해결을 간접으로 방해하는 역할을 한다. 즉, 문제를 해결하기보다는 불안을 없애고자 하는 동기에만 집착하고 중대사나 매우 위험한 상태에 처해 있을 때 말을 더듬고 손발이 떨리는 듯이 감정상·방어상 대처 행동에 더 많은 관심을 갖는다.

스트레스 수준이 지나치게 높거나 낮아도 바람직하지 않으므로, 스트레스는 적당한 수준을 유지해야 한다.

4) 스트레스 예방 및 관리법

스트레스를 잘 다스리려면 스트레스 인자를 부적절한 위협으로 받아들이지 않도록 하는 적절한 인지 능력과 같은 스트레스 상황이라도 그에 대처할 수 있는 내적, 주변 대처 자원(coping resource)을 잘 갖추어 스트레스 내성을 키워야 한다. 아울러 스트레스 자극을 위협적인 상황으로 받아들이지 않도록 인지와 행동양식을 바꾸는 것도 스트레스 관리법이라고 할 수 있다.

(1) 스트레스 예방법
가. 생각 바꾸기를 통한 스트레스 예방법
스트레스 자극은 성격과 같은 내부적 요인 이외에 외부 인자들도 있어, 스트레스 자극을 줄이거나 완전히 없애는 것은 현실적으로 어려운 면이 있다. 따라서 개인에게서 닥치는 스트레스 상황에 대한 생각을 바꾸고, 좀 더 상대편 입장을 수용하면서 스트레스 자극을 느끼는, 역치를 올리는 방법이 현실적으로 가능한 스트레스 예방의 첫 단계다. 우리가 사는 세상에서의 모든 생각은 완전히 객관적인 경우는 없다고 해도 과언이 아니다. 개인에게 일어나는 일에 대한 생각은 개개인의 선입견, 책임감과 가치관, 지금까지 살아 온 경험에 따라 각색되어 개인마다 서로 다르게 인식하게 된다. 따라서 사람들 간의 관계의 스트레스를 예방하자면 우선 상대편이

나와는 다른 남이라는 사실을 확실히 인식하고, 상대를 존중하고 인정하면서 시작해야 하고, 나와는 다른 남이므로 모든 생각이나 행동이 나와는 차이가 있을 수 있다는 사실을 수용하면 스트레스 자극은 생기지 않게 된다.

나. 의사소통 방식의 변환

스트레스를 예방하기 위해서는 의사소통하는 행동방식에도 변화가 필요한데, 상대편과 생각이 다르다는 사실을 알게 될 때, 개인의 생각과 느낌을 감정을 섞지 않고 표현하는 것이 큰 스트레스 자극을 막는 두 번째 방법이다. 마음에 들지 않는 사실을 표현하지 않고 계속 마음에 두고 참다가 말을 하게 될 때는 누구나 감정이 악화된 상태에서 말을 해 관계에 문제를 일으켜, 스트레스 자극을 만들기 쉬워지기 때문이다.

다. 내적 자원 비축하기

사람에게 스트레스를 일으키는 가장 큰 이유 중 하나는 한 개체가 존중받지 못했다고 느낄 때인데, 이런 감정의 기저에는 자신감의 결여가 존재하는 경우가 있다. 즉, 스스로를 무가치하다고 생각하게 되면 자신감을 잃게 되면서, 불안, 우울 및 그에 따른 다양한 신체 증상을 느끼게 되는 것이다. 따라서 평상시 봉사와 선행을 통해 마음에 자신감과 여유, 배려를 축적해 내적 대처 자원을 확보하고 비축하면, 동일한 현상에 대한 대처 능력을 향상시킬 수 있게 된다. 사람은 스스로의 삶에 의미가 있다고 느낄 때 삶에 대한 만족감과 자신감을 갖게 되므로, 일상에서의 선행과 봉사를 통해 마음에 행복감을 비축하는 것이 또 다른 스트레스 대처법이다. 이는 실제로 연구에서도 증명되어 있는데, 오쿤 등(Okun et al., 1992) 등에 의하면, 타인을 위한 사회 활동에 참여하거나 봉사 활동에 참여하는 사람들은 그렇지 않은 사람에 비해 사망률이 24% 감소하였다. 이는 다른 사람들과 함께 느끼는 즐거움이나 소속감, 남에게 봉사하는 과정에서 생기는 배려의 마음이 우리 몸의 내분비계와 면역체계에 긍정적 영향을 미쳤기 때문으로 설명되므로, 선행과 봉사를 통한 마음의 내적 자원을 비축하는 것이 스트레스 자극에 대처할 수 있는 또 다른 방법이 된다.

라. 체력과 일의 균형 맞추기

관계의 문제 이외의 일과 성취에 있어서의 스트레스는 성격적인 면이 크게 작용하기 쉽다. 예를 들어, 남에게 인정받는 데 집착해, 몸의 요구를 무시하고 계속 일하게 되면 체력이 떨어지면서 조그만 자극에도 민감하게 반응하기 쉬워진다. 따라서 지나친 완벽주의를 지양하고, 일과 휴식의 균형을 맞추어 주는 것이 그 예방법인데, 지나친 성취욕으로 체력 소진을 만드는 경우 스트레스에 민감도가 증가하므로, 적절한 영양 및 운동, 휴식을 통해 체력의 균형을 맞추는 것이 스트레스 자극에 대한 대처자원을 확보하는 데 있어 기본이 된다.

마. 긍정적인 태도 유지하기

그밖에 처음 시도하는 일, 불확실한 일을 감당해야 할 때는 누구나 스트레스를 받기 쉽다. 이때는 가급적 긍정적으로 생각하고 행동하는 것이 불안을 없애고, 일의 수행능력을 향상시켜 스트레스를 줄여 준다. 실제로 긍정적으로 생각할 경우 몸이 변화함을 증명한 연구로 2001년 캐나다에서 파킨슨병 환자들에게 치료제가 아닌 가짜 약을 복용하게 했을 때 실제 치료약을 복용하였을 때와 비슷한 기능 상태의 호전과 뇌 영상의 생화학적인 변화를 나타냈다는 연구가 있다. 긍정적인 믿음을 가지고 최선을 다하면 스스로의 잠재력을 발휘해 기대한 대로 최선의 결과를 얻을 수 있다는 것을 보여 준 연구결과로, 이때 긍정의 힘이 결과를 만들어 내자면 반드시 노력이 뒷받침되어야 한다. 이렇게 생각을 바꾸도록 노력했음에도 스트레스를 예방할 수 없을 때는 다음의 정신 신체적인 스트레스 반응을 줄이는 방법을 시도해 보도록 한다.

(2) 스트레스 관리법

가. 운동 및 취미활동

스트레스를 경감시키기 위해 흔히 쉽게 시행해 볼 수 있는 것이 걷기, 달리기, 자전거 타기 등과 같은 유산소운동이다. 그런데 스트레스 상황에서는 운동에 참여하기 어려워, 운동과 스트레스 조절에 관련한 잘 설계된 연구가 적다. 하지만, 상대적으로 잘 고안된 두 개의 연구 중 하나에서, 학생을 대상으로 생활상의 중대 스트레스 상황에 노출되었을 때, 10~11주간의 걷기와 달리기를 시행한 후, 이완법과 비교하여 맥박을 떨어뜨리는 등의 스트레스 반응이 더 감소하였음을 보였다. 달리기뿐 아니라 자전거, 스키, 수영 등의 활동도 우울증상을 호전시켰으며, 특히 혼자 하는 운동보다는 함께하는 운동이 좀 더 효과적이었다. 평상시 좋아하고 몰두할 수 있는 취미활동을 해 둠으로써, 스트레스 상황에서 뇌와 몸의 갈등에 따른 몸의 반응을 줄이는 것도 가능하며, 흔히 미술치료, 작업 및 원예치료 등이 널리 적용되고 있다.

나. 점진적 근육 이완법

1920년대 시카고 내과 의사였던 에드먼드 제이콥슨(Edmund Jacobson)이 고안한 방법으로 몸을 몇 개의 근육근으로 나누어 긴장과 이완을 반복함으로써, 일상에서의 근육의 긴장과 이완을 더 잘 느끼도록 해 스트레스에 따른 근육 긴장을 줄이고 부교감신경 활성을 증가시켜 스트레스 반응을 줄여 주는 역할을 기대할 수 있다. 점진적 근육 이완법(progressive muscle relaxation)의 효과에 관한 연구는 소규모 연구가 대부분으로, 주로 임산부, 폐질환자, 고혈압 환자, 노인 인구에서의 연구결과가 있으며, 노인에게는 10주 동안 주 2~3회, 하루 15~20분 정도의 프로그램으로 불안, 근육긴장, 수면장애, 두통 등이 호전되었음을 보고하였고, 폐질환자에게서 우울과 불안 증상을 호전시키는 효과를 보여 주었다.

다. 명상법

마음챙김명상(mindfulness meditation)이라는 것은 판단 없이 순간에 집중해, 문제를 수용할 수 있는 마음가짐을 가지도록 수련하는 것을 말하며, 다양한 정신 신체 질환에 대한 대체요법으로 자리해 왔다. 우울, 불안, 통증과 감정적인 스트레스를 치료하는 한 방법으로 마음챙김명상법을 통한 스트레스 조절법, 마음챙김을 통한 인지치료, 선(Zen, 禪) 명상법 등이 연구되어 왔다. 연구들에 의하면 마음챙김을 통한 스트레스 관리나 인지치료는 항우울, 항불안, 스트레스를 감소시키는 효과가 있으며, 특히 인지치료는 우울증치료에 보조적으로 사용될 수 있다. 선 명상법과 마음챙김을 통한 스트레스 관리법은 통증치료에도 역할을 할 것으로 기대되고 있다. 마음챙김을 통한 스트레스 완화 프로그램(mindfulness based stress reduction)은 일주일에 한 번, 2시간 30분씩의 8주 세션과 하루 종일 프로그램으로 이루어져 있다.

라. 자율이완법

자율이완법(autogenic training)은 독일의 슐츠(Johannes Schultz)에 의해 개발된 방법으로 호흡과 혈압, 맥박 및 체온이 안정되도록 온몸의 이완을 학습하는 자율이완법이다. 이는 6가지 표준 운동법으로 이루어져 있으며, 사지의 온감, 중압감, 신체에 대한 상상법, 언어적 단서를 통해서 온몸을 따듯하게 이완하도록 하는 방법으로 보통 4~6개월의 기간이 소요된다. 메타분석에 의하면, 긴장성 두통, 편두통, 심혈관질환 천식 및 통증과 불안, 우울에 유용한 것으로 보고되고 있다.

마. Biofeedback

Biofeedback은 항상성과 인공두뇌학에서 유래한 개념으로 온몸 기관을 모니터링하면서 인위적으로 조정할 수 있다는 생각에서 시작되었다. 다양한 기구를 통해 뇌파, 심장 기능, 호흡, 근육 활성도, 피부 온도를 모니터링해서 사고와 감정, 행동에 따른 인체생리변화를 몸으로 느끼게 한 후 스트레스 자극에 따른 반응을 컨트롤하고자 하는 방법으로, 두통, 고혈압, 당뇨 및 심혈관질환과 관련된 증상을 호전시키는 효과가 있다.

3. 건강

1) 건강이란

건강(health)은 한마디로 정의하기는 힘드나, 과거에는 건강을 '질병이 없거나 허약하지 않은 상태'라고 흔히 생각하였다. 그러나 질병과 허약이 임상적으로 뚜렷이 나타나는 경우도 있겠지만 건강과 구별이 모호할 때가 많다. 따라서 임상적으로 질병이 발견되지 않았다고 해서 건강하다고 할 수 없으며, 현재 건강하다고 판단된 사람에서도 의학기술이 발전하면 이상이 발견될 수 있을 것이다.

1948년 세계 보건 기구(World Health Organization: WHO)는 헌장에서 건강에 대해 "단순히 질병이나 허약함이 없는 상태가 아니라 신체적·정신적·사회적으로 완전한 안녕 상태"라고 규정하였다.

따라서 건강은 생존의 추구라기보다는 일상생활에 잘 대처할 수 있는 능력을 말한다. 신체 역량뿐 아니라, 개인적·사회적 대처 능력을 강조하는 입체적이고 긍정적인 개념이다.

그러므로 건강하다고 하는 것은 다음과 같이 말할 수 있다.

첫째, 질병이 없는 상태를 말한다. 신체적으로 건강하여 일에 능률을 올릴 수 있는 상태를 말한다. 아무리 두뇌가 명석하고 체격이 건장하더라도 질병으로 고생을 하거나, 허약한 상태에 놓여 있다면 일에 능률을 올릴 수 없기 때문에 건강하다고 할 수 없다. 둘째, 정신적으로 건강하여 항상 명랑하고 쾌활한 상태이어야 한다. 가정이나 친구 간에 불화로 정신적인 고통이 머리에서 떠날 날이 없다면 아무리 즐거운 일이나 아름다운 꽃을 보더라도 감정이 메말라 항상 피로한 상태가 될 것이다. 셋째, 사회적으로 안정을 누릴 수 있어야 한다. 인간이 사회생활을 하는 데 있어서 신체나 정신상태가 건전하면 왕성한 활동력이 있어서 맡은 바 자신의 임무를 충분히 수행할 수가 있다. 그리고 조금 더 일을 하더라도 건강에 지장이 없으므로, 경제적으로 여유를 갖게 되고, 대인 관계도 원만해지기 때문에 사회적으로 안정을 누릴 수 있다.

이러한 개념들로부터 생각할 수 있는 건강은, 의학적 치료와 질병의 예방 그리고 건강 증진으로 세분할 수 있다. 의학적 치료는 아픈 사람에게 해당되는 것으로 그들을 살리기 위해 힘쓰고 건강을 회복시켜서 피해를 최소화하게 한다. 병의 예방은 건강을 위협하는 병이나 여러 가지 환경요인에 해당되는 것으로 이러한 위협에서 사람을 보호할 방법을 찾는 것이다. 건강 증진은 기본적으로 건강한 사람이 추구하는 것으로 건강한 상태를 유지하고 증진시키기 위한 생활형태의 개인적 · 사회적 방법을 찾는 것이다.

2) 안녕과 웰빙

안녕(wellness)은 개인이 최적의 건강을 향하여 성공적으로 도달하기 위하여 생활양식을 변화하도록 능동적으로 노력하는 과정이다(Hettler, 1980). 따라서 안녕이란 삶의 질 향상과 인간이 살아가는 데 필요한 정신적 · 사회적 · 지적 · 정서적 · 신체적인 균형을 조화롭게 만들어 가는 다차원적 활동이다. 또한 온전한 통합적 건강의 조화로움을 통하여 개인의 최상의 건강을 위한 잠재적 능력을 극대화시켜 삶의 질을 높이는 실천 운동이다.

안녕은 삶의 질 향상과 개인의 잠재력 능력을 극대화시키기 위한 행동에 관여하는 것으로 안녕의 구성요소는 신체적 · 감정적 · 정신적 · 지적 · 사회적 요소로 이루어져 있으며, 이는 개인의 가능성을 최대화하는 활동들에 영향을 주어 삶의 질을 향상시키는 것이다.

특히, 안스퍼 등(Anspaugh et al., 1991)은 안녕의 5가지 차원으로 신체적·사회적·정서적·지적 및 영적 차원을 주장하였고 개개인이 최적의 건강과 안녕에 도달하기 위해서는 각 차원 내의 요인들을 지녀야 한다고 하였다. 이들이 제시한 5가지 차원은 다음과 같다. 첫째, 신체적 안녕(physical wellness)으로 일상적인 업무 수행능력, 정상적인 신체적 기능력, 영양관리, 흡연 및 음주관리 그리고 전반적으로 긍정적인 생활습관의 실천능력이다. 둘째, 사회적 안녕(social wellness)으로 개인이 속한 환경 내의 사람들과의 성공적인 상호작용으로 타인과의 친밀감, 대인관계 및 다양한 견해의 신념을 지닌 사람들에 대한 수용 능력이다. 셋째, 정서적 안녕(emotional wellness)으로 상황 대처능력, 스트레스 관리 및 자신의 한계를 수용하는 능력이다. 넷째, 지적 안녕(intellectual wellness)으로 의료지식의 관심도, 자아개발과 지식 습득, 교육의 가치 등 필요한 정보를 효과적으로 배우고 이용하는 능력이다. 다섯째, 영적 안녕(spiritual wellness)으로 인간을 하나되게 하고 삶의 의미와 목적을 제공하는 자연, 과학, 종교 등에 대한 믿음이다.

웰빙(well-being)은 '안녕' '복지' 순수한 우리말로 '참살이'라고 부른다. 웰빙이란 육체적 정신적 건강의 조화를 통해 행복하고 아름다운 삶을 추구하는 삶의 유형이나 문화를 통틀어 일컫는다. 따라서 웰빙은 물질적인 풍요에 치우치는 첨단화된 산업 사회에서 육체와 정신의 건강하고 조화로운 결합을 추구하는 새로운 삶의 방식이나 문화 현상으로 볼 수 있다. 따라서 웰빙의 개념은, 첫째, 정신과 신체의 통합적인 건강을 강조한다. 둘째, 삶의 방식에 있어 자연에 순응한다. 셋째, 현대의 기계적 문명의 가치보다는 자기 자신과 인간 가치를 지향한다고 볼 수 있다.

3) 건강과 안녕모형

건강에 대한 정의와 개념은 매우 다양하고 복잡하다. 스미스(Smith, 1981)는 건강과 안녕에 대해 질병은 건강하지 않은 느낌으로 인해 사회적 역할과 업무를 수행하는 데 대해 무능함으로써 나타난다고 보고, 다음과 같은 건강모형을 주장하였다. 첫째, 임상모형(clinical model)에서 건강은 질병이나 손상의 증상 및 징후가 없는 형태이며 아프지 않은 상태를 의미한다. 이 모형에서는 인간을 기능을 지닌 생리적인 체계로 본다. 의사 등과 같은 의료인들은 임상적 모형에 근거하여 질병의 증상과 징후를 경감시키고 기능부전과 통증을 제거한다. 둘째, 역할수행모형(role performance model)에서는 건강은 사회적 역할을 수행하는 개인의 능력, 즉 업무를 수행하는 능력으로 결정된다. 즉, 질병은 자신의 역할을 수행하지 못하는 무능력을 의미한다. 이 모형에서는 임상적으로 병적 소견이 있을지라도 자신의 역할을 이행할 수 있는 사람이 건강한 사람이라고 한다. 셋째, 적응모형(adaptave model)에서는 건강은 창조적인 과정으로, 질병은 적응과정의 실패나 부적절한 적응으로 본다. 즉, 치료의 목적은 사람의 적응능력 또는 대처능력을 회복하게 하는 것이다. 넷째, 행복모형(eudaemonistic model)은 건강을 포괄적인 관점으로 보고, 건강은 개인의 잠재력을 실현한 상태이고, 질병은 자기실현을 방해하는 상태로 본다. 즉, 인간은 성취와 완전한 발달과 자아의 실현을 원한다고 보는 포괄적인 개념이다.

4) 건강신념모형

건강신념모형이란 1950년대 인간의 행위가, 개인이 그 목표에 대하여 생각하는 가치와 목표를 달성할 가능성에 대한 생각에 달려 있다고 가정하는 심리학과 행동이론을 기본으로 하여 발달하였다. 미국의 심리학자들이 개발하였고, 이후 로젠스톡(Rosenstock, 1986)과 베커(Becker, 1974)가 정교화시켰다.

1950년대 초기에 사회심리학회에서는 자극반응이론과 인지이론의 커다란 두 가지 이론에서 도출된 학습이론의 영향을 받아 인간행동을 이해하려는 접근이 시작되었다. 이 중 인지이론은 주관적 가설이나 주체가 생각하는 기대의 역할을 강조한다. 이 관점에서 행동은 결과물에 대한 주관적 가치와 주관적 가능성이나 기대에 의한 기능이며, 특별한 행동은 그 결과를 성취할 것으로 본다. 이를 일반적으로 가치기대이론이라고 부른다.

건강신념모형(health belief model)은 개인의 사회적 행동의 주요 결정 요인인 인지적 변수에 초점을 맞추기 때문에 사회인지모델로 분류된다. 사회인지모델은 건강행동을 수행하는 사람의 다양성을 이해하는 접근법을 제공한다. 이 모델은 건강을 개선하기 위해 건강행동변화를 위한 방법을 제안하기 때문에 유용하다. 건강신념모형은 개별 환자가 예방적 보건 서비스를 수락 또는 거절하거나 건강한 행동을 채택할 수 있는 이유를 설명한다. 건강신념모델은 다음 4가지 변화 조건이 존재할 때 사람들이 건강증진이나 질병예방에 관한 메시지에 가장 잘 반응할 것이라고 제안한다.

- 자신이 특정한 질환을 가질 위험이 있다고 생각한다.
- 위험이 심각하고 질환이 발병하는 결과가 바람직하지 않다고 믿는다.
- 특정 행동변화로 인해 위험이 감소한다고 생각한다.
- 행동변화에 대한 장벽이 극복되고 관리될 수 있다고 믿는다.

건강신념과 관련해서 계획행동이론(theory of planned behaviors)에 따르면 개인은 사회적 맥락에 두고 사회적 인지를 중시한다(Ajzen, 1985). 예를 들어, 흡연은 건강을 해친다는 것을 분명히 알고, 주위 사람들이 흡연을 좋지 않게 보며, 또한 금연에 성공할 자신이 있다고 하면 이러한 요소들이 결합하여 금연하고자 하는 의도가 확실해진다.

(1) 건강신념모형도

건강신념모형도는 다음 그림과 같으며, 지각된 민감성, 지각된 심각성, 지각된 유익성, 지각된 장애성 등으로 나타나는 네 가지 구성요인으로 설명된다. 또한 행동하는 데 방아쇠 역할을 하는 자극이 있을 때 행동의 계기가 되어 적절한 행위가 일어난다. 최근에는 자기효능의 개념이 추가되었다. 이는 행동을 성공적으로 수행할 능력에 대한 자신감이다.

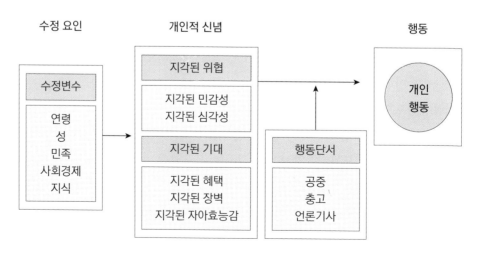

● 그림 10-1 ●   건강신념모형도

(2) 주요개념

건강신념모형은 처음에는 예방적 건강 조치를 취하는 사람의 가능성을 예측하고 건강 서비스를 찾는 것에 대한 사람의 동기와 의사결정을 이해하기 위해 개발되었다. 나중에 증상에 대한 환자의 반응 및 치료법 준수에 대한 것이다. 질병을 피하고자 하는 욕망이나 반대로 건강해질 수 있다는 기초 위에서, 심리 및 행동이론에서 파생되었다. 특정 건강 조치가 질병을 예방하거나 치료할 것이라는 믿음에 달려 있다. 모델의 구성 요소는 지각된 민감성, 지각된 심각성, 지각된 혜택, 지각된 장벽, 행동단서, 자아효능감과 수정 변수를 포함한다(Rosenstock, 1974).

- **지각된 민감성**(perceived susceptibility): 지각된 민감성은 어떤 건강상태가 될 것이라는 가능성에 대한 생각이다. 자신이 어떤 질병에 걸릴 위험이 있다고 지각하거나, 질병에 이미 걸린 경우 의료적 진단을 받아들이거나 재발할 위험성이 있다고 생각하는 등 일반적으로 질병에 민감하다고 믿는 것이다. 즉, 질병에 걸릴 위험에 있다는 주관적 지각이다. 질병에 대한 개인의 느낌에는 편차가 크다.

- **지각된 심각성**(perceived severity): 지각된 심각성은 질병에 걸렸을 경우나 치료를 하지 않았을 경우 어느 정도 심각하게 될 것인지에 대한 지각이다. 또는 이미 질병에 걸린 경우 이를 치료하지 않고 내버려 두었을 때 죽음, 장애 고통을 느끼거나 사회적으로 직업 상실, 가족생활과 사회관계에 문제가 생길 것 등에 대한 심각성이며, 민감성과 심각성의 조합은 지각된 위협감으로 나타난다. 즉, 질병에 걸린 또는 질병을 치료하지 않은 채로 남겨 두는 심각성에 대한 개인의 느낌이다. 개인의 심각성은 다양하며 심각성을 평가할 때 의학적 결과, 가족생활이나 사회적 관계를 고려한다.

- **지각된 유익성**(perceived benefits): 지각된 유익성은 특정 행위를 하게 될 경우 얻을 수 있는 혜택에 대한 지각이다. 어떤 상황에 대해 개인의 민감성이 위협감을 느껴 행동을 취할 때 그러한 행동의 과정은 특정한 행위의 효과가 질병의 위협을 감소시킬 수 있다고 여겨질 때 나타난다는 것이다. 즉, 사람들이 자신의 건강문제에 대해 민감하고 심각하게 느낄지라도 다양한 행위가 질병의 위험을 감소시키는 데 유용하다고 믿을 때, 즉 건강행위가 가능하고 효과적이라고 느낄 때 행동하게 된다는 것이다.

- **지각된 장벽**(perceived barrier): 지각된 장애성은 특정 건강행위에 대한 부정적 지각으로 어떤 행위를 하려고 할 때 그 건강행위에 잠재되어 있는 부정적인 측면이다. 어떤 행위를 취할 시에 거기에 들어가는 비용이나 위험성, 부작용, 고통, 불편함, 시간소비, 습관변화 등이 건강행위를 방해하게 된다는 것이다. 그러므로 민감성과 심각성이 적절한 조화를 이루는 것이 행동 에너지를 만들고, 장애를 덜 가져온다는 유익성의 지각이 행동을 하게 만드는 것이다. 즉, 권고한 건강 조치를 취하는 데 장애가 있는 사람의 느낌이다. 장벽에 대한 감정에는 폭 넓은 편차가 있어 비용/이익 분석으로 이어진다. 비싸고, 위험하고, 불쾌하고, 시간이 오래 걸리고, 불편하다는 인식을 평가한다.
- **행동단서**(cue to action): 뚜렷한 행동을 촉진하고 활성화하는 자극이다. 권고한 건강 조치를 수락하기 위해 의사결정 과정을 시작하는 데 필요한 자극이다. 이러한 단서는 내부(흉부 통증) 또는 외부(다른 사람의 조언, 가족의 질병, 신문 기사)일 수 있다.
- **자아효능감**(self-efficacy): 반두라가 정의한 자아효능감은 주어진 행위가 어떤 성과를 끌어낼 것이라는 개인의 기대를 정의한 것이다. 그중 효능기대감은 자신의 건강에 필요한 행위를 잘 해낼 수 있다는 확신으로 행위수행에 대한 훈련, 자신감 등이다. 로젠스톡이나 베커 등은 건강신념모형에 민감성, 심각성, 유익성, 장애성의 초기 개념과 분리된 구성요소로서 자아효능을 추가하였다.

행동을 성공적으로 수행할 수 있는 능력에 대한 자신감의 정도이다. 자아효능감은 사람이 원하는 행동을 수행하는지 여부와 직접 관련된다.

(3) 건강신념모형 적용

기본적으로 건강신념모형은 건강 관련 행위를 설명하는 데 유용하도록 개발되었다. '왜'를 탐구하며, 변화에 대한 지렛대를 확인하는 데 길잡이가 될 수도 있다. 건강신념모형에 대한 대부분의 적용은 개인이 건강한 행위를 하도록 메시지 개발을 돕는 것이다. 이 메시지는 교육자료 인쇄물, 대중매체, 일대일 상담을 통해 전달될 수 있다.

● 표 10-1 ●　건강신념모형의 핵심 개념

핵심 개념	정의	적용
지각된 민감성	상황변화에 대한 개인의 신념	• 위험 인구 집단이나 위험 수준 규정을 내림 • 개인의 특성이나 행동에 근거한 위험 요인의 개별화 • 개인의 실제 위험을 좀 더 일관성 있게 인지하도록 만들어 줌
지각된 심각성	상황을 위험하게 느끼는지에 대한 개인의 신념	• 위험요인과 상황결과를 세분화
지각된 유익성	결과의 심각성이나 위험을 감소시키기 위해 권고된 효능에 대한 개인의 믿음	• 언제, 어떻게 행동할지 규정 내림, 기대되는 긍정적 효과를 명확히 함
지각된 장애성	권고된 행동에 대해서 실제적이고 심리적인 비용의 개인 신념	• 잘못된 정보, 보상, 도움을 수정할 지각된 장애를 감소시켜 주거나 확인시켜 줌
자아효능	개인의 행동할 능력에 대한 신뢰	• 인지를 증진시킬 정보 제공 • 행동수행에 대한 훈련 및 안내 제공 • 추진력 있는 목표 설정 및 언어적 강화

4. 행복

1) 행복이란

행복(幸福, happiness)은 희망을 그리는 상태에서의 좋은 감정으로 심리적인 상태 및 이성적 경지 또는 자신이 원하는 욕구와 욕망이 충족되어 만족하거나 즐거움을 느끼는 상태, 불안감을 느끼지 않고 안심해 하는 것을 의미한다. 그 상태는 주관적일 수 있고 객관적으로 규정될 수 있다. 또한, 행복은 철학적으로 대단히 복잡하고 엄밀하며 금욕적인 삶을 행복으로 보기도 한다. 한편, 광의로 해석해, 사람뿐만 아니라 여러 생물에도 이에 상응하는 상태나 행동, 과정이 있을 수도 있다. 생물의 행복감에는 만족감의 요소가 가장 큰 비중을 차지하나 인간의 경우 만족감 외에도 다양한 요소가 행복감에 영향을 미친다.

행복은 사전적 의미로 "생활에서 충분한 만족과 기쁨을 느끼는 흐뭇한 상태", "심신욕구가 충족되어 만족감을 느끼는 정신상태" 등으로 정의된다(국립국어연구원, 1999). 그러나 행복에 대한 정의는 매우 다양하고(Veenhoven, 2007), 행복을 보는 시각에 있어서도 차이가 존재하고 있다. 행복은 개인의 전체 삶에 대한 주관적인 감정과 평가로 정의되기도 하며(Diener, 2007; Dolan, 2007; 현경자, 2004), 웰빙 또는 삶의 질과 비슷한 의미로 사용되기도 한다(Veenhoven, 2007; Donnelly, 2004). BBC 행복위원회 의원인 리처드 리브스(Richard Reeves)에 따르면 "행복한 삶은 지극한 만족감으로 충만한 상태가 아니다. 행복한 삶은 비극, 도전, 불행, 실패, 그리고 후회까지도 모두 껴안고 있다. 하지만 이런 상황에 우리가 어떻게 대처하느냐에 따라 불행해질 수도, 행복해질 수도 있다."고 행복을 설명하고 있다(서울시정개발연구원, 2006 재인용). 즉, 뚜렷한 정의로 표현할 수 있는 것이 아니라 개인의 가치관이나 인생관, 개인의 기대수준, 환경에 따라서 달라질 수 있다. 그렇다면 행복은 어떤 요인들에 의해 결정되는가? 이에 대해 학자들은 행복은 크게 두 가지 방향으로 설명될 수 있다고 제시하고 있다(Diener, 1984; Diener & Emmons, 1985). 하나는 객관적인 차원으로 삶의 다양한 물리적 구성요소, 즉 의식주, 건강, 성별, 연령, 소득, 교육, 보건, 여가와 같은 객관적 지표를 통해 파악되는 삶의 물질적 조건을 의미한다.

2) 행복지수

다른 하나는 흔히 안녕감(well-being)이라고 불리는 주관적인 차원으로 삶에 대한 행복감, 만족감, 자립감, 성취감, 문화적 풍요로움, 안전, 스트레스의 부재 등 주관적 평가 및 인지상태를 의미한다.

즉, 행복을 결정하는 요소들은 매우 다양하지만 일반적으로 물질적인 삶의 조건, 주관적 감정, 만족감 등에 의해서 결정된다고 볼 수 있다. 행복을 웰빙 또는 삶의 질과 유사한 의미로 삶의 물질적 조건과 더불어 개인들의 만족감에 의해서 결정되는 것으로 정의하고자 한다. 행복과 삶의 질이 동일한 의미를 갖는다고 할 수는 없지만, 행복을 객관적으로 측정하는 데 있어서 삶의 질과 유사한 의미를 갖는 것으로 사용하였다.

셀리그먼(Seligman) 교수가 추출한 행복 공식 'PERMA'를 좀 더 자세히 살펴보자.

① **긍정적 정서**(Positive emotion): 기쁨, 희열, 따뜻함, 자신감, 낙관성을 말한다.

② **몰입**(Engagement): 시간 가는 줄 모르는 것, 어떤 활동에 빠져든 동안 자각하지 못하는 것, 자발적으로 업무에 헌신하는 것을 말한다.

③ **관계**(Relationship): 타인과 함께하는 것을 말한다. 말할 수 없이 기뻤던 순간, 자신의 성취에 엄청난 자긍심을 느꼈을 때를 생각해 보면 거의 타인과 함께했을 때다.

④ **의미**(Meaning): 자신보다 더 중요하다고 믿는 어떤 것에 소속되고 거기에 기여하는 것에 기초한다.

⑤ **성취**(Accomplishment): 남을 이기기 위해서이거나 돈을 벌기 위해서가 아니라 성취 그 자체가 좋아서 추구하는 것을 말한다.

PERMA가 기존의 행복 이론과 다른 점은, 사람들이 특별한 이유 없이 '그 자체가 좋아서' 하는 행위들을 행복의 조건으로 포함한 데 있다.

셀리그먼과 더불어 2002년 영국의 직업심리학자 로스웰(Rothwell)과 인생 상담사 코언(Cohen)도 영국인 1,000여명을 대상으로 인터뷰한 결과를 토대로 행복공식을 발표했다.

행복의 계산법은 아래와 같으며 여기서 P(Personal)는 개인적 특성(인생관, 적응력, 탄력성), E(Existence)는 생존조건(건강, 인간관계, 재정상태), H(Higher oder)는 더 높은 수준의 조건(자존심, 기대, 야망)이다.

● 표 10-2 ● 행복도 계산방법

구분	문항	점수
P(Personal): 개인적 특성 (인생관, 적응력, 탄력성)	외향적이며 변화에 대해 유연한가?	각 항목에 1부터 10까지 점수를 매긴다.
	우울하거나 가라앉은 기분으로 회복이 빠르고 스스로를 잘 통제한다고 생각하는가?	
E(Existence): 생존조건 (건강, 인간관계, 재정상태)	건강, 재정, 안전, 자유 등의 조건에 만족하는가?	
H(Higher oder): 더 높은 수준의 조건 (자존심, 기대, 야망)	자신의 일에 몰두하며, 스스로의 기대치에 부응하고 자신이 설정한 목표를 위해 행동하는가?	

P+(5×E)+(3×H)=(　)점: 가장 행복하면 100점, 가장 불행하면 0점임.

3) 행복이론

긍정심리학에 의하면 행복한 삶은 삶의 세 가지 측면을 지니고 있다고 한다. 첫째, 즐거운 삶이다. 즐거운 삶은 일종의 기술이고 경험이다. 즐거운 경험을 자주하고 즐거운 경험을 잘할 수 있는 사람들은 일생을 살면서 긍정적인 경험을 더 자주하고, 따라서 행복해질 수 있는 가능성을 더 크게 가진다. 둘째, 관여하는 삶이다. 관여(engagement, involvement)란 무엇인가? 어떤 대상이나 일 혹은 사건에 몰입하는 것을 의미한다. 그런데 우리는 무언가에 몰입(flow, immersion)할 때 시간이 멈춤을 느낀다. 몰입을 경험한 사람은 지루함과 좌절이 아닌 생동감과 활력을 선물로 받는다. 그리고 단순히 즐거운 것이 아니라 도전과 기술의 향상을 위한 동기를 지니게 된다. 삶은 더욱 좋은 방향으로 나아갈 수 있다는 것이다. 셋째, 의미 있는 삶이다. 의미 있는 삶은 자신만의 강점을 인식한 뒤 그 강점을 사용하여 자신보다 더 큰 무엇인가에 속해 봉사하는 것을 말한다. 남을 위해 살아 본 경험이 거의 없음을 느낄 때마다 자신이 이룬 성취에도 불구하고 아쉬움을 느끼곤 한다. 왜일까? 한 사람의 인간으로 태어나서 자신만을 위해 산다는 것은 '보람'이라는 느낌을 가지기 힘들게 하기 때문이다.

그러면 행복의 이론에 대하여 살펴보기로 하자.

(1) 웰빙 이론(well-being theory)

웰빙(well-being)은 본래 복지나 행복의 정도를 의미하나 특정한 생활 방식을 가리키는 유행어로 사용되며, 건강에 좋다고 주장되는 제품에 붙는 수식어로도 널리 쓰이고 있다. 다만, 국립국어원에서는 웰빙의 순화어로 '참살이'로 정해서 쓰고 있도록 규정되어 있다. 따라서 웰빙이란 몸과 마음의 편안함과 행복을 추구하는 태도나 행동이라고 할 수 있다.

사람들이 살아가면서 경험하는 주관적 웰빙을 정서적 웰빙, 심리적 웰빙, 사회적 웰빙으로 구분하였다(Keyes & Waterman, 2003). 여기서 정서적 웰빙은 자신의 삶을 통해서 경험한 긍정적·부정적 경험의 균형상태로 자신의 삶에 대하여 느낀 행복감과 만족감이다. 심리적 웰빙은 삶의 과정에서 자신이 경험한 긍정적 경험을 의미한다. 사회적 웰빙은 보다 개인적 기준에 역점을 두고 있는 심리적 웰빙과는 대조적으로, 보다 공개적이고 사회적 기준에 역점을 둔다.

(2) 상향이론(bottom-up theory)과 하향이론(top-down theory)

상향이론은 행복이 생활 속에서 경험하는 여러 가지 즐거운 순간들의 총합에 의해서 결정된다는 것이다. 이 이론에 따르면 행복, 주관적 안녕, 삶의 만족 등은 삶 속에서 얼마나 많은 행복한 순간들을 경험하는가에 달려 있다. 하향이론은 행복이 개인의 유전적 기질, 성격, 정서 등에 의해 강력한 영향을 받는다는 것이다. 하향이론에서 행복은 개인이 처한 환경적 여건보다 삶의 태도에 의해서 더 강한 영향을 받는다.

(3) 바람충족이론(desire fulfillment theory)

바람충족이론에 의하면, 인간은 식욕, 성욕, 물욕 등 다양한 욕망을 지니고 있다고 보고, 이러한 욕망이 충족되었을 때 행복감을 느낀다고 한다(Diener, 1984). 이 이론에 의하면 인간의 동기는 목표지향적 행동을 유발하는 행동의 원인으로 작용, 조절 및 방향과 강도를 결정한다. 한편 욕구(needs)는 무엇을 얻고자 하거나 무슨 일을 하고자 하는 바람으로 욕망, 생존이나 안녕, 충족을 위한 물리적, 심리적, 경제적, 사회적인 필요를 의미한다.

(4) 목표이론(goal theory)

목표이론은 인간이 추구하는 목표를 달성하거나 목표를 향해 진전된다고 믿을 때 행복을 느낀다는 것이다. 이 이론에 따르면 인간은 목표설정, 목표를 향한 진전감, 그리고 목표 성취를 이룰 때 행복을 느낀다고 한다(Austin & Vancouver, 1996). 또한 일반적으로 추구하는 목표가 인간의 내적 동기와 잘 부합될 때 행복감이 증가한다고 한다.

(5) 비교이론(comparision theory)

비교이론은 행복을 비교의 결과로 보고, 인간은 매우 다양한 기준에 의해서 자신을 평가하지만 가장 주요한 비교기준은 다른 사람, 과거의 삶, 이상적 자기상, 지향하는 목표를 말한다. 이 이론에 따르면 개인은 자신의 현재 상태를 이러한 기준들과 비교했을 때 우월한 방향으로 차이가 클수록 행복감은 더 커진다고 한다.

(6) 적응 및 대처이론(adaptation & coping theory)

적응 및 대처이론은 인간은 아무리 긍정적인 환경과 행복감 속에 있더라도 그러한 상태가 지속되면 행복감이 저하된다는 것이다. 인간은 지속되는 긍정적 상태에 대해서 적응하기 때문이다. 여기서 적응이란 생물체가 환경의 변화에 맞게 자신의 상태나 구조를 끊임없이 변화시키는 과정으로 개체의 형태나 기능, 행동 등이 환경 조건이나 변화에 따라 생활하기 쉽도록 변화해 가는 과정 또는 그러한 개체의 성질을 말한다. 따라서 적응은 욕구를 느낄 때 시작되어 그것을 충족시켰을 때 끝난다. 대처란 어떤 정세나 사건에 대하여 적당한 조치를 취하는 것을 말한다. 대처는 자신의 자원에 부담을 주거나 자원을 압도하는 것으로 평가되는 요구를 처리하려는 끊임없이 변화하는 인지적 및 행동적인 노력이다.

4) 행복한 삶

행복한 삶이란 무엇일까? 예를 들어, 물컵에 물이 딱 절반이 차 있는데, 어떤 사람은 '물이 반이나 남았네', 그리고 어떤 사람은 '물이 반밖에 안 남았네'라고 말했을 때를 가정하여, 물 대신 행복으로 '아, 나는 행복해'와 '나는 행복하지 않아'라고 했을 때 어떤 사람이 더 행복한 삶을 살 수 있을까? 행복한 삶이란 '지금-여기'에서 주관적으로 느끼는 만족한 삶이 아닐까?

그러면 행복한 삶의 조건들을 몇 가지 살펴보자. 첫째, 행복한 사람은 자신만의 대표 강점이 있다는 것이다. 진정한 행복은 자신의 강점을 잘 찾아내어 계발하고 일과 사랑에 활용함으로서 발견된다고 보았다. 셀리그먼(2004)은 행복의 강점으로 '성격 강점과 덕목(character strength & virtues)'으로 지혜 및 지식, 인간미, 용기, 절제, 정의, 초월의 6개 핵심 덕목을 제시하였다. 둘째, 행복한 사람은 부정적인 정서보다 긍정적인 정서를 더 많이 경험하고 균형잡힌 정서를 이루고 있다고 본다. 셋째, 행복한 사람은 삶의 순간순간을 즐기며, 휴식이나 취미활동 등 긍정적 체험을 통하여 삶의 만족을 지니고 있다. 넷째, 행복한 사람은 가족, 친지나 친구관계에서 긍정적이고 친밀한 인간관계를 맺고 있는 사람이다. 행복한 사람은 자기 자신에 대한 긍정적인 평가와 우호적 태도의 자존감과 미래에 대해 긍정적인 기대와 전망을 하는 낙관적인 태도를 지니고 있다. 다섯째, 행복한 사람은 건강하며, 할 일이 있고, 다양한 긍정적인 경험을 하는 사람이다.

● 표 10-3 ● 행복을 얻기 위한 12가지 방법

1. 좋아하는 일을 하라.
2. 즐겁게 행동하라.
3. 가장 좋은 친구는 바로 자신이다.
4. 자신에게 작은 보상이나 선물을 함으로써 매일 현재를 살라.
5. 친구와 가족을 위해 시간과 노력을 투자하라.
6. 현재를 즐겨라.
7. 인생의 즐거움을 만끽하라.
8. 시간을 잘 관리하라.
9. 스트레스와 역경을 헤쳐 나갈 수 있는 나름의 방법을 준비하라.
10. 음악을 들으라.
11. 활동적인 취미를 가져라.
12. 자투리 시간을 생산적으로 활용하라.

출처: 천성문 외(2019).

행복한 삶을 위하여 다음의 방법을 실천해 보기 바란다.

첫째, 자신의 장점들을 찾아내고 스스로가 그것을 늘 알고 있는 것이 필요하다.
둘째, 낙관적인 태도가 필요하다.
셋째, 자신의 삶을 스스로 결정한다는 마음이 필요하다.
넷째, 세상에 대해 열린 마음이 필요하다.

이상의 방법을 통하여 긍정적인 삶의 변화와 낙관적인 태도 변화가 필요하다. 아울러 행복에 조금 더 가까이 가기 위해서는 자신의 삶에 에너지를 스스로 줄 필요가 있다.

1. 상담의 개념

1) 상담의 정의

상담(counseling)의 어원은 라틴어 'consulere'에서 유래되었으며, '고려하다', '반성하다', '조언을 구하다'의 의미를 내포하고 있다. 상담이란 심리적 문제를 가지고 도움을 필요로 하는 사람과 도움을 줄 수 있도록 훈련을 받은 사람 사이에 맺어지는 관계를 통하여 내담자에게 일어나는 변화라고 볼 수 있다. "상담이란 훈련과 기술, 신용으로써 상담자가 내담자의 적응 문제를 해결하는 면대면의 상태"라고 정의하고 있다(Williamson & Foley, 1949). 또한 로저스(1952)는 "상담이란 치료자와의 안전한 관계에서 자아의 구조가 이완되어 과거에는 부정했던 경험을 자각해서 새로운 자아로 통합하는 과정"이라고 정의하면서 상담의 과정적인 면을 강조하고 있다. 또한 상담은 내담자가 상담사와의 상호작용을 통해 자신과 환경을 이해하고 보다 효과적으로 처리하며, 더 만족스러운 방법으로 처신할 수 있게끔 정보와 반응을 제공하여 행동을 변화시키고 도와주는 과정이다(Lewis, 1970). 셔처와 스톤(Shertzer & Stone, 1980)은 "상담은 자기와 환경에 대한 의미 있는 이해를 촉진시키고, 장래행동의 목표와 가치관을 확립해서 명료화하도록 하는 상호작용의 과정"이라고 정의하고 자신과 환경에 대한 학습을 강조하고 있다. 이장호(1986)는 "상담이란 도움을 필요로 하는 사람(내담자)이 전문적 훈련을 받은 사람(상담자)과의 대면관계에서, 생활과제의 해결과 사고, 행동 및 감정측면의 인간적 성장을 위해 노력하는 학습과정이다" 라고 정의하고 있다. 이처럼 상담의 정의는 매우 다양하고 애매모호하다.

2) 상담의 목표

상담의 목표는, 첫째, 상담은 좀 더 생산적이고 행복한 생활을 하는 데 방해가 되는 행동을 감소시키거나 제거시키고 개인이 만족하고 성공적인 생각을 하는 데 도움이 되는 행동을 형성하거나 증가시키는 것을 목표로 한다. 둘째, 상담은 단순한 부적응 행동의 치료에 멈춘다기보다는 좀 더 적극적으로 정신건강을 촉진하는 것을 목표로 한다. 셋째, 내담자의 문제를 해결하는 것이며, 넷째, 내담자의 사고, 행동, 결정의 효율성을 증진하는 것이다. 다섯째, 내담자 스스로 어떤 결정을 내리도록 돕는 것을 그 목표로 하고 있다.

아버클(Arbuckle, 1975)은 상담의 목표를, 첫째, 내담자의 문제를 해결하고, 둘째, 내담자를 행복하게 하거나 만족하도록 하며, 셋째, 내담자와 더불어 사회를 행복하고 만족스럽게 하며, 넷째, 내담자로 하여금 옳다고 찬성하여 확실한 의사결정과 선택을 하도록 설득시키는 것이라고 하였다. 상담의 목표는 상담의 방향을 제시할 뿐만 아니라 상담의 효과를 평가하는 기초로서 필요하게 된다.

결국 상담의 목적은 한 가지 특별한 문제를 해결하는 것이 아니라 보다 나은 통합된 방식으로 현재에 당면하고 있는 문제와 미래의 문제에 대처할 수 있도록 개인을 돕는 것이다. 즉, 내담자의 성장을 도와주는 것이다(Rorgers, 1977).

3) 상담의 형태

상담의 형태는 내담자의 문제와 관심사에 따라 여러 유형으로 분류할 수 있다. 피에트로페사, 호프만과 스펠트(Pietrofesa, Hoffman & Splete, 1984)는 상담의 형태를 다음과 같이 분류하고 있다. 첫째, 위기상담으로 상담자가 거의 파멸상태에 있는 내담자를 대할 때 하게 되는 것이다. 둘째, 촉진상담은 청소년이 장래의 생업을 탐색하는 것과 같은 비교적 명백한 활동을 성취하도록 도와주는 것이다. 셋째, 예방상담으로 장차 일어나게 될 문제를 미리 방지하는 것이다. 넷째, 발달상담으로 개인의 전(全) 생애를 통해서 행해지는 상담으로 일생 동안 계속해서 일어나는 문제를 다루게 된다. 또한 상담 방식에 따라 대면상담과 통신상담, 상담자의 인원에 따라 개인상담, 집단상담과 가족상담, 그리고 상담기간에 따라 단기상담과 장기상담으로 구분된다.

4) 상담의 일반적 성격

상담은 개인이 자신과 환경을 이해하고 건전한 성장발달을 돕는 과정이기 때문에 상담의 기술과 원리는 대단한 중요성을 가지며 상담자의 인격이나 자질도 문제가 된다. 상담의 성격은, 첫째, 상담은 전문적 조력의 과정이다. 둘째, 상담은 문제를 가진 내담자와 그를 돕는 내담자와의 1대1관계이다. 셋째, 상담은 언어적 수단에 의한 역동적 상호작용이다. 넷째, 상담은 문제해결뿐만 아니라 인격의 성장과 통일을 주는 과정이다. 다섯째, 상담은 학습의 과정이다.

따라서 상담은 부드러운 사회관계 속에서 전문적 대화를 통하여 개인의 문제해결을 통한 성장을 기할 수 있도록 조력하는 계획적 · 임상적 · 전문적 과정이라 할 수 있다.

5) 상담 면접의 기법

상담 면접에서 면접의 기법은 다음과 같다. 첫째, 경청은 내담자의 말과 행동에 상담자가 선택적으로 주목하는 것을 뜻한다. 둘째, 반영은 내담자의 말과 행동에서 표현된 기본적인 감정 · 생각 및 태도를 상담자가 다른 참신한 말로 부연해 주는 것이다. 셋째, 수용은 상담자가 내담자의 말에 주의를 집중하고 있음을 나타내는 반응을 의미한다. 넷째, 명료화는 내담자의 말속에 내포되어 있는 것을 내담자에게 명확하게 해 주는 것을 뜻한다. 즉, 모호한 점을 확실히 해 준다. 다섯째, 직면은 내담자가 모르고 있거나 인정하기를 거부하는 생각과 느낌에 대해서 주목하도록 하는 것이다. 여섯째, 해석은 내담자에게 어떤 의미를 전달하고자 하는 상담자의 시도다. 즉, 가설의 제시다. 일곱째, 질문은 내담자에 대한 자료를 수집하고 내담자의 생각이나 감정을 탐색하기 위한 것이다. 여덟째 요약은 내담자가 말한 내용이 중요하거나, 길거나, 주제가 복합적일 때 한번에 이해하기 어려운 경우, 상담자가 그 요점을 간추려서 정리하여 정확하게 말해 주는 것이다.

6) 상담의 기본원리

도움을 필요로 하는 내담자와 도움을 주는 상담자와의 관계에서, 상담자는 전문지식과 기술을 갖추고 있어야 한다. 상담자가 고려해야 할 상담의 기본원리는 다음과 같다. 첫째, 개별화의 원리이다. 개별화 원리란 내담자가 개인으로서 처우 받고 싶은 욕구를 말한다. 둘째, 의도적 감정표현의 원리로 내담자가 감정을 표현하고 싶은 욕구를 말한다. 셋째, 통제된 정서관여의 원리로 내담자가 문제에 대한 공감을 얻고 싶은 욕구를 말한다. 넷째, 수용의 원리로 내담자가 가치 있는 한 개인으로 인정받고 싶은 욕구를 말한다. 다섯째, 비판적 태도의 원리로 내담자가 자신의 마음과 행동을 심판받지 않으려는 욕구를 말한다. 여섯째, 자기결정의 원리로 내담자 가 스스로 선택과 결정을 내리고 싶은 욕구를 말한다. 일곱째, 비밀보장의 원리로 내담자가 자신의 비밀을 간직하려는 욕구를 말한다.

7) 상담에서 라포(rapport)의 형성

라포는 "상담자와 내담자 사이에 서로 믿고 존경하는 감정의 교류에서 이루어지 는 조화적 인간관계이며 상호적인 책임이다."라고 정의할 수 있다. 그러므로 라포 는 친근하고 적극적이며 협동적인 관계이며 상담관계에 있어서는 꼭 필요한 것이 다. 라포를 형성하는 요인은 다음과 같다. 첫째, 상담자의 친절하고 따뜻하며 부드 러운 태도, 둘째, 내담자의 현실과 감정을 거부하지 않고 받아들이는 일, 셋째, 내 담자로 하여금 자유롭게 표현하고 행동할 수 있게 하는 허용적인 분위기의 조성, 넷째, 모든 개인은 가치가 있다는 견지에서 내담자를 존중하는 일, 다섯째, 내담자 의 표현이나 행동을 면박하거나 비판하지 않는 일, 여섯째, 내담자의 문제를 도덕 적인 문제와 결부시키거나 가치판단적 태도를 취하지 않는 일, 일곱째, 시종일관하 여 성의를 가지고 대함으로써 내담자로부터 신뢰감과 책임감을 발견하는 내담자의 태도, 여덟째, 내담자에게 은혜를 베푼다는 인상을 주지 않는 일이다.

8) 상담의 과정

상담의 과정은 상담자의 이론적 배경과 철학에 따라 조금씩 달라질 수 있다. 브 래머(Brammer, 1972)는 상담과정을 8단계로 제시하였다. 1단계는 준비와 시작, 2단 계는 명료화, 3단계는 구조화, 4단계는 심화, 5단계는 탐색, 6단계는 견고화, 7단계 는 계획 수립 및 검토, 8단계는 종료단계다. 일반적으로 상담과정은 다음의 4단계 를 거친다. 첫째, 접수단계로 내담자가 상담실을 방문하여 가정 먼저 이루어지는 접수면접이다. 이 단계에서는 내담자의 기본정보, 외모 및 행동, 주요 호소 문제, 현재 및 최근의 기능과 스트레스원을 파악한다. 둘째, 초기단계로 내담자와 처음 만나서 상담을 시작하는 단계이다. 이 단계에서는 최초 면접, 내담자 문제 이해, 상 담의 목표 및 진행 방식 합의, 촉진적 상담관계 형성, 상담 참여의 동기 유발을 다 루어야 한다. 셋째, 중기단계로 상담이 본격적으로 진행되는 단계다. 이 단계에서는 상담전략과 기법, 총체적 경험, 변화된 행동, 대안행동 등이 이루어진다. 넷째, 종결단계로 상담이 완전히 종결됨을 의미한다. 이 단계에서는 상담 목표 달성에 대한 평가, 종결에 합의하기, 내담자의 불안 다루기, 상담자에 대한 의존성 극복 및 추수접촉이나 지도에 대한 안내가 이루어진다.

2. 상담의 이론

상담의 이론은 매우 다양하다. 여기에서는 지시적 상담, 비지시적 상담, 정신분석학적 상담, 행동주의적 상담, 인지행동적 상담, 인간중심적 상담, 게슈탈트적 상담, 실존주의적 상담, 현실주의적 상담 및 집단상담에 대하여 살펴보기로 하자.

1) 지시적 상담

지시적 상담은 상담자의 적극적인 암시나 정보제공이 있으며 내담자를 일정한 방향으로 인도하는 인상이 있는 상담기술이다(Williamson, 1962). 즉, 상담자가 내담자에게 인생과 장래에 대한 해석을 내려 주고 정보를 주며 조언이나 충고를 하는 상담으로서 비행자에 대한 상담방법으로 많이 활용한다.

지시적 상담의 특징은 특성이론에 근거를 두고 있으며, 문제해결의 지적과정과 상담자의 적극적인 지시나 정보제공이 있다. 지시적 상담의 절차는, 첫째, 내담자에 관한 자료를 수집하고 분석하며, 둘째, 분석에서 얻은 자료를 체계적이고 조직적으로 정리하고, 셋째, 문제 원인의 발견과 문제의 성질에 대해 결론을 내리며, 넷째, 내담자 문제의 발전을 예측하고, 다섯째, 상담으로 치료하며, 여섯째, 상담 효과를 평가하여 재발 효과에 대해서는 추수 지도를 통해 계속 조언한다.

따라서 지시적 상담의 기술은 환경에 타협할 것을 강요하고, 내담자가 지닌 문제의 원인을 제거하며, 내담자 환경 중에서 개성이나 성격의 특성에 알맞은 것을 선택하도록 돕고, 내담자의 문제 원인이 되는 결함을 극복하는 방법으로 직접 그 결함의 해결에 필요한 기능이나 기술을 학습시키며, 내담자의 심리적 변화를 꾀한다.

2) 비지시적 상담

비지시적 상담은 상담의 진행 과정을 내담자 중심으로 하고, 내담자의 모든 부정적 또는 긍정적 감정을 상담자는 그대로 받아들이고 내담자로 하여금 자기통찰과 자기수용의 발전을 기하여 문제를 해결하게 하는 방법이다(Rogers, 1942).

비지시적 상담의 특징은, 첫째, 자아이론에 근거를 하고 있으며, 둘째, 내담자의 정서적 상태에 중점을 두고 있으며, 셋째, 내담자가 주도적 역할을 하고, 넷째, 진단을 배제하고, 다섯째, 상담과정에 대한 책임을 내담자가 진다. 여섯째, 성장원리, 자기실현에 초점을 둔다.

따라서 비지시적 상담은 내담자가 조력 신청, 상담 상황의 정의, 내담자 자신의 문제에 관한 감정을 자유롭게 표현하도록 격려, 부정적 감정의 수용, 정리, 긍정적 감정도 인정, 자기이해, 통찰, 통합행동을 통해 종결을 한다.

3) 정신분석적 상담

정신분석적 상담은 프로이트에 의해 주창된 이론으로, 심리문제가 주로 아동기의 억압된 추동과 갈등으로부터 기인한다는 가정에 기초하고 있다. 따라서 정신분석 상담자는 내담자의 억압된 내용들을 의식화하는 데 치료의 초점을 둔다. 성격구조의 측면에서는 원초아의 억압된 부분을 새롭게 의식화하기 위하여 자아를 강하게 하고 초자아에 덜 의존적이게 하며, 자아의 지각의 장을 확대하여 자아의 조직을 복구·증축하는 것이 목표다.

(1) 인간관

정신분석에서의 인간관은 심리적 결정론이며 환원적이다. 프로이트는 인간의 모든 행동은 원인 없이 일어나지 않는다고 보았다. 그는 인간의 행동이 무의식적 동기와 생물학적 욕구 및 충동, 그리고 생후 약 5년간의 생활경험에 의해 결정된다고 보았다. 즉, 본능적 충동에 의해 결정된다.

(2) 상담의 목표

정신분석 상담의 목표는 무의식의 내용을 의식수준으로 끌어올려 무의식적인 영향을 이해하고 이를 각성하는 것이다. 즉, 무의식적 강박이나 갈등을 부각시킴으로 서 심리적 증상들을 해결하려는 것이다. 또한 무의식을 의식화하고 자아를 강하게 하여 행동이 본능의 욕구나 비합리적인 죄책감보다는 현실에 바탕을 두도록 하는 것이다. 아울러 문제행동의 원인을 통찰하고 새로운 행동을 가능하게 해 주는 것이다.

(3) 주요 개념

정신분석 상담은 의식을 증가시키고 증상의 의미를 이해하도록 하는 것이다. 정신분석 상담의 기법은 다음과 같다. 첫째, 분석적 틀의 유지다. 이는 상담자의 상대적 익명성, 만남의 규칙성과 일관성, 정한 시간에 시작하고 마치는 것과 같은 절차적이고 형식적인 요인들을 의미한다. 둘째, 자유연상으로 내담자로 하여금 마음속에 떠오르는 것을 의식의 검열을 거치지 않고 자유롭게 이야기하도록 하는 방법이다. 셋째, 해석으로 상담자가 꿈, 자유연상, 저항, 상담관계 자체에서 나타나는 행동의 의미를 내담자에게 지적하고 설명하고 가르치는 것이다. 넷째, 저항의 분석과 해석으로 저항은 상담의 진행을 방해하고 현 상태의 변화를 막는 모든 생각, 태도, 감정, 행동을 말한다. 내담자가 저항을 해결할 수 있도록 하기 위해서는 상담자가 내담자가 보이는 저항의 이유를 먼저 인식하도록 도와주어야 한다. 다섯째, 전이의 분석과 해석으로 내담자가 과거의 중요한 인물에 대해 느꼈던 감정을 상담자에게 투사하는 것을 말한다. 전이는 내담자가 접근할 수 없었던 다양한 감정을 재경험할 수 있도록 해 주기 때문에 치료적 가치가 있다. 여섯째, 꿈의 분석과 해석으로 내담자의 무의식 세계에 접근할 수 있는 방법이다. 꿈은 내담자의 방어기제가 약화되어 억압된 욕망과 갈등이 의식 표면에 떠오르는 것으로, 상담자는 내담자의 꿈을 분석하고 해석하여 내담자로 하여금 자신이 가진 심리적 갈등을 통찰하게 해 준다. 일곱째, 역전이, 통찰, 훈습으로 역전이는 상담자가 내담자에게 갖는 무의식적인 반응을 뜻한다. 통찰은 상담자가 전이 해석을 통해 내담자가 현실과 환상, 과거와 현재를 구분하도록 해 주며, 아동기의 무의식적이고 환상적인 소망의 힘을 통찰하도록 한다. 훈습은 내담자가 상담과정에서 느낀 통찰을 현실생활에서 실제로 적용하여 내담자의 변화를 일으키는 것이다.

(4) 상담의 과정

정신분석 상담은 크게 4단계로 나누어 볼 수 있다. 첫 번째 단계는 전이단계로 상담자와 내담자는 신뢰관계를 형성하고 이를 바탕으로 자유연상, 꿈의 분석 등을 통해 내담자의 심리적 문제에 대한 윤곽이 드러나면 상담자는 내담자와 치료동맹을 맺는다. 두 번째 단계는 전이단계로 내담자는 과거 어릴 때 중요한 사람과의 관계에서 가졌던 유아기적 욕구와 감정을 상담자와의 관계에서 반복하려고 한다. 세번째 단계는 통찰단계로 신뢰 있는 분위기 속에서 내담자는 자신의 의존이나 사랑 욕구의 좌절 때문에 생기는 적개심을 상담자에게 표현하는 모험을 하게 된다. 네번째는 훈습단계로 내담자가 통찰한 것을 실제생활로 옮겨 가는 과정이 바로 훈습단계다. 상담자는 내담자가 상담을 통해 획득한 통찰을 현실에 적용하도록 돕고, 이런 노력에 대해 적절한 강화를 해 주어야 한다.

4) 개인심리적 상담

개인심리학적 이론은 아들러에 의해 창안된 것으로, 아들러는 사회적 요인을 강조하고 인간의 근본적 동기는 유능감의 추구에 있다고 보았다.

(1) 인간관

개인심리학은 다음 다섯 가지의 가정에 기초하고 있다. 첫째, 목적성으로 인간은 목표지향적 존재이며 인간의 모든 행동은 목적성을 가지고 있다. 둘째, 열등감으로 인간은 열등감을 극복하고 우월감을 추구하려는 동기가 있다고 본다. 셋째, 주관적 인식으로 인간은 경험하는 모든 것을 개인적이고 주관적인 방식으로 해석하려는 창조적인 힘을 가지고 있다. 넷째, 사회적 관심으로 인간이 사회적 존재라는 것을 강조한다. 다섯째, 통합적 존재로 인간은 통합적으로 움직이는 존재로 보았다.

(2) 상담의 목표

개인심리적 상담의 목표는 내담자의 생활양식을 이해하고 부적응적인 목표와 신념을 파악하여 사회적 관심을 증가시키고 좀 더 적응적인 목표와 생활양식으로 변화시키는 것이다. 개인심리적 상담이 지향하는 목표는 내담자의 사회적 관심을 증가시키고, 좌절감과 열등감을 극복하도록 도와주고, 인생목표와 생활양식을 변화시키고, 잘못된 동기를 변화시키고, 사회에 기여하는 구성원이 되도록 돕는 데 있다.

(3) 주요 개념

인간은 누구나 나름대로의 독특한 생활양식을 가지고 있다. 아들러는 개인이 지니는 독특한 생활양식을 삶의 방식이라 불렀다. 개인주의적 상담의 기법은 다음과 같다. 첫째, 생활양식으로 이는 개인이 자신과 타인 그리고 세상에 대해서 지니는 나름대로의 독특한 신념체계뿐만 아니라 일상적인 생활로 이끌어 가는 사고, 감정, 행동방식을 의미한다. 생활양식은 4가지 유형이 있는데, 지배형은 부모가 힘을 통해 자녀를 지배하고 통제할 때이고, 의존형은 부모가 자녀를 지나치게 과잉보호할 때이고, 회피형은 부모가 자녀교육을 할 때 자녀의 기를 꺾어 버리는 경우이고, 사회적 공헌형은 높은 사회적 관심과 높은 활동성을 가지고 있는 사람이다. 둘째, 가상적인 최종목표로 인간은 누구나 자신의 인생에서 실현하고자 하는 궁극적인 목표를 지니고 있다. 셋째, 사회적 관심으로 사람에 대한 공동체감 또는 공동체의식을 말한다. 넷째, 열등감과 보상, 우월감의 추구로 인간은 누구나 열등감을 가지고 있다. 이러한 열등감을 어떻게 극복하고 지배하느냐에 따라 심리적 건강이 달라지며, 열등감을 극복하고 보상하려는 노력을 통해 자기 성장과 발전의 원동력이 될 수 있다고 하였다. 또한 열등감에 대한 보상의 노력은 우월감의 추구와 밀접하게 관련이 있는데, 우월감의 추구는 적극적인 자기 향상과 완성으로 나아가는 것을 의미한다. 다섯째, 성격과 출생순서로 어린 시절의 가족 경험과 출생순서가 개인의 성격형성에 지대한 영향을 미친다고 보았다. 그러나 출생서열에 따라 나타나는 전형적인 특징들이 존재하지만, 이러한 특성들은 고정불변적인 것이 아니라는 점을 유의해야 한다.

(4) 상담 과정

개인심리적 상담은 내담자로 하여금 자신의 목표와 생활양식을 깨닫게 하는 것, 즉, 깨달음이 변화의 핵심이다. 이를 위한 상담과정은 다음의 4단계를 거친다. 첫째, 1단계로 상담관계의 수립이다. 이 단계에서는 내담자와 상담자 사이의 따뜻하고 배려하는 공감적 관계를 형성한다. 둘째, 2단계로 내담자에 대한 평가 및 분석이다. 이 단계에서는 초기 기억, 가족 구조, 꿈의 분석, 기본적 오류를 통해 내담자의 역동성을 탐색한다. 여기서 기본적 오류란 과잉일반화, 삶과 삶의 요구에 대한 잘못된 지각 및 잘못된 가치관을 의미한다. 셋째, 3단계로 내담자의 진술에 대한 해석과 통찰의 발달이다. 이 단계에서 해석은 생활양식과 관련이 있다. 해석을 바탕으로 내담자로 하여금 자신의 잘못된 목표와 오류, 현재 행동과의 상관관계를 일깨워서 자기 패배적 행동에 대한 통찰을 발달시킨다. 이를 통해 내담자 삶의 방향과 목표에 대한 자각을 일깨워 준다. 넷째, 4단계로 새로운 방향의 선택이다. 이 단계는 재교육이라고도 하는데 3단계에서 도출된 통찰을 바탕으로 이전에 가졌던 비효율적인 신념과 행동에 대해 대안적인 방안을 찾도록 도와준다. 특히 내담자의 목표, 생활양식, 인생의 의미를 재구성할 수 있도록 재교육한다.

5) 행동주의적 상담

행동주의적 상담은 인간의 행동이 일정한 법칙성을 지니고 있다고 가정하고, 관찰이 가능하고 측정이 가능한 행동에 초점을 둔다. 행동주의적 상담에서 행동수정은 '모든 행동은 그 행동에 앞서서 또는 뒤이어서 일어나는 사상들의 영향을 받아 유발된다.'는 기본원리에 기초하여, 행동을 직접 변화시키기보다는 그 행동에 선행하는 조건 또는 후속하는 조건을 변화시킴으로서 행동의 맥락을 변화시키고자 하는 것이다. 행동주의적 상담은 과거나 미래보다 현재의 구체적인 행동을 강조하므로 성격의 구조나 발달, 역동성보다는 학습원리에 기초한 행동의 변화 촉진에 관심이 있다.

(1) 인간관

행동주의적 인간관은 크게 4가지로 살펴볼 수 있다. 첫째, 인간은 동물에게서 진화되어 온 존재이기 때문에 신체적·정신적·행동적 원리가 동물과 동일하다는 것이다. 따라서 동물을 대상으로 실험하여 나온 학습원리를 인간에게 적용 가능하다고 본다. 둘째, 인간의 본성은 악하지도 않고 선하지도 않은 존재로 본다. 이것은 경험론의 백지설(tabula rasa)에 해당한다. 인간이 악한 존재가 되느냐 선한 존재가 되느냐는 환경과의 상호작용 결과이며 유전적 요인보다는 환경적 요인에 의해 더 많이 결정된다는 것이다. 셋째, 인간행동의 대부분이 학습에 의한 것으로 본다. 넷째, 인간의 특성을 행동의 관점에서 바라본다는 것이다.

(2) 상담의 목표

행동주의적 상담목표는 내담자의 성격변화나 인격적 성장과 같은 거창한 목표를 추구하는 것이 아니라 내담자의 문제행동을 제거 내지는 수정하고 긍정적 행동 또는 기술을 습득시킴으로써 내담자의 적응을 도와주는 데 있다. 상담을 통한 행동변화의 촉진, 즉 행동수정을 위한 방법에는 두 가지가 있다. 첫째, 내적 행동변화다. 이는 자극을 내적(마음, 심리)으로 제공해서 행동을 변화시키는 것이다. 여기에는 체계적 둔감법, 사고중지법, 근육이완훈련 및 인지적 재구조화가 있다. 둘째, 외적 행동변화다. 이는 자극을 외부로부터 주어(강화, 물질보상) 행동을 변화시키는 것이다. 여기에는 토큰경제, 자기주장훈련, 행동계약, 혐오치료 및 바이오피드백이 있다.

(3) 주요 개념

행동주의적 상담에 주로 사용되는 기법으로는 고전적 조건화, 조작적 조건화 및 사회학습에 기초한 방법들이 있다. 여기서는 고전적 조건화와 조작적 조건화에 대하여 살펴보기로 하자. 고전적 조건형성은 파블로프의 고전적 조건형성 원리에 따르는 것으로 어떤 특정한 반응을 인출시키는 데 자극의 중요성을 강조한 원리에 기초하고 있다. 고전적 조건형성의 원리는 앞 제6장에서 제시하였다. 고전적 조건형성의 주요 개념은 다음과 같다. 첫째, 소거(extinction)이다. 이는 조건 반응이 존재하는 것은 무조건자극에 의존한다. 조건자극이 더 이상 조건반응을 인출하지 못할 때 소거가 일어난다. 즉, 조건자극만 제시하고 그에 대해 강화가 따라오지 않으면 소거가 일어난다. 둘째, 자발적 회복(spontaneous recovery)이다. 소거가 일어난 다음 일정한 기간이 지난 후에 조건자극을 제시하면 조건반응이 일시적으로 나타나는데 이를 자발적 회복이라 한다. 셋째, 일반화(generalization)이다. 일반화는 조건형성 되었을 때의 조건과 비슷한 자극에도 조건반응이 일어나는 현상을 말한다. 넷째, 자극변별(stimulus discrimination)이다. 자극변별은 한 자극은 무조건 자극과 제시되고, 변별되는 다른 자극은 무조건 자극과 함께 제시 되지 않을 때 일어난다. 다섯째, 고차적 조건화(high-order conditioning)이다. 이는 조건 자극을 무조건 자극과 여러 번 짝 지은 다음, 조건 자극을 무조건 자극처럼 아주 비슷하게 사용하는 것을 말한다. 여섯째, 흥분(excitation)과 제지(inhibition)이다. 신경계, 특히 대뇌피질의 흥분과 제지는 항상 동시에 존재하지만, 그 비율은 순간마다 달라서 어떤 때는 흥분과정이, 어떤 때는 제지 과정이 우세하게 작용한다. 따라서 대뇌피질은 유기체가 무엇을 경험하느냐에 따라 흥분되기도 하고 제지되기도 한다.

다음으로, 조작적 조건형성은 스키너에 의해 체계적으로 연구되었다. 스키너는 손다이크의 영향을 받았는데, 그는 행동과 그 결과의 관계성을 밝히고자 문제상자 (puzzle box)를 만들었다. 문제상자는 고양이를 넣었을 때 고양이가 나무 페달을 밟아 문을 열 수 있도록 고안되었다. 고양이는 시행을 거듭할수록 문제상자를 빠져나오는 데 걸리는 시간이 점점 단축되는 것을 시행착오학습(trial and error learning)이라 하고, 만족스런 결과를 가져오게 하는 행동은 강해지고 불만족스러운 결과를 가져오는 행동은 약해지는 현상을 효과의 법칙(law of effect)이라 불렀다. 또한 스키너는 스키너 상자(Skinner box)라고 불리는 실험상자 안에 배고픈 쥐를 넣고 행동을 관찰했다. 실험상자 안에서 지렛대를 누르면 먹이가 나오도록 고안되었다. 여기서 행동은 그 결과에 따라 증가되거나 감소되는 결과가 나왔다. 즉, 보상이 뒤따르는 행동은 증가하고, 처벌이 주어지는 행동은 감소된다는 것이 조작적 조건형성의 원리다. 조작적 조건형성의 주요개념은 다음과 같다. 첫째, 강화(reinforcement)다. 이는 행동 후 어떤 자극을 주거나 철회(제거)함으로써 행동의 재현확률을 증가시키는 것을 말한다. 강화물(reinforcer)은 행동의 빈도를 증가시키는 역할을 한 자극을 말하며, 강화에는 정적 강화(positive reinforcement)와 부적 강화(negative reinforcement)가 있다. 정적 강화란 어떤 특정한 행동이 나오고 그 뒤에 즉각적으로 주어지는 자극의 제시에 의해 이후 행동의 빈도가 증가되는 것을 말한다. 부적 강화란 행동의 결과로 학습자가 불쾌하게 여기는 어떤 자극을 제거시켜 줌으로써 행동의 빈도를 증가시키는 것을 말한다. 둘째, 처벌(punishment)이다. 처벌은 특정 행동에 즉각적으로 뒤따라오는 자극의 변화에 의해 이후의 행동빈도가 감소하는 과정을 말한다. 처벌에는 정적 처벌(positive punishment)과 부적 처벌(negative punishment)이 있다. 정적 처벌은 학습자가 어떤 바람직하지 못한 행동을 했을 때 싫어하는 자극을 주는 것이다. 부적 처벌은 학습자가 어떤 바람직하지 못한 행동을 했을 때 그가 좋아하는 것을 철회하는 것을 말한다. 셋째, 강화물(reinforcers)이 있다. 정적 강화 및 부적 강화에서 행동의 빈도를 증가시켜 주는 역할을 하는 강화물에는 1차적 강화물(primary reinforcers)과 2차적 강화물(secondary reinforcers)이 있다. 1차적 강화물은 유기체의 어떤 특별한 경험 없이도 행동을 증가시키는 역할을 하는 강화물이다. 여기에는 음식이나 물 등이 해당된다. 2차적 강화물은 행동의 빈

도를 증가시키는 효과가 1차적 강화물과 연합됨으로써 생기는 것이다. 여기에는
쿠폰이나 상장 등이 해당된다. 넷째, 강화계획(schedule of reinforcement)이다. 강화
계획은 강화물을 얼마나 많이, 얼마나 자주, 그리고 언제 사용하는가의 문제를 계
획하는 것을 말한다(〈표 11-1〉 강화계획).

● 표 11-1 ● **강화계획**

계속적 강화	행동의 횟수나 시간에 상관없이 기대하는 행동이 나타날 때마다 지급하는 강화		
간헐적 강화	간격계획	고정간격	정해진 시간마다 한 번씩 지급하는 강화
		변동간격	시간의 평균마다 한 번씩 지급하는 강화
	비율계획	고정비율	일정한 반응 횟수를 채울 때 지급하는 강화
		변동비율	평균적인 반응 횟수에 의해 지급하는 강화

(4) 상담의 과정

행동주의적 상담과정은 다양한 학습원리를 이용해서 부적응적인 문제행동을 수
정하는 행동수정 또는 행동치료 기법을 말한다. 일반적으로 행동주의적 상담의 과
정은 다음과 같다. 첫째, 1단계로 상담구조화 및 라포의 형성이다. 이 단계에서는
내담자와 라포가 충분히 형성된 후에 목표행동을 바꾸기 위한 상담기술을 적용해
야 한다. 둘째, 2단계로 문제행동의 규명이다. 이 단계에서 상담자는 내담자 스스
로 자신의 문제를 확실히 이해할 수 있도록 도와주어야 한다. 셋째, 3단계로 현재
의 상태파악이다. 이 단계에서 상담자는 내담자의 현재 상태를 파악하여 내담자가
나타내는 행동수준이나 문제행동과 연관된 현재의 장면적 특징에서 문제행동을 기
술해야 한다. 넷째, 4단계로 상담목표의 선정이다. 이 단계에서는 상담목표는 학습
의 방향, 즉 행동표적의 수정이라는 상담의 방향을 제시해야 한다. 다섯째, 5단계
로 상담기법의 적용이다. 상담자는 내담자가 희망하는 구체적인 환경에서 내담자
의 행동수정을 도울 수 있는 상담기술을 구성해야 한다. 여섯째, 6단계로 상담결과
의 평가다. 이 단계에서는 상담자는 상담과정 및 상담기술의 효과성 여부를 파악해
야 한다. 일곱째, 7단계로 상담의 종료다. 이 단계에서는 추가적인 상담이 필요한
내담자에 대해 탐색의 기회를 제공하고 목표행동이 내담자의 다른 행동의 변화에
도 전이될 수 있도록 도와주는 데 초점을 두어야 한다.

6) 인지행동적(합리적 정서·행동) 상담

인지행동적 상담은 인지 · 정서 · 행동이 서로 영향을 주고, 상호 인과관계를 가진다는 가정하에 엘리스(Ellis)에 의해 주장된 이론으로 인지행동치료(Cognitive Behavior Therapy: CBT)라고도 한다. 인지행동적 상담은 내담자의 문제행동을 만들어 내는 비합리적이고 자기패배적인 신념을 극소화하고, 삶에 대하여 보다 현실적이고 합리적인 가치관을 갖게 하는 것이다.

(1) 인간관

엘리스는 인간의 합리적인 삶을 강조하는 인지적 관점과 함께 실존적 존재를 그대로 수용하는 것을 강조하는 인본주의적 관점을 취했다. 특히, 인간의 여러 측면 중에서 인지, 즉 사고(생각)가 중요하다고 믿었다. 인지행동적 상담은 인간이 합리적 사고와 비합리적 사고를 모두 할 수 있는 가능성을 가지고 태어난다고 본다. 엘리스는 사고의 중요성을 강조하며 인간이 합리적일 수도 있고 비합리적일 수도 있다고 주장한다.

(2) 상담 목표

인지행동적 상담의 목표는 행복감을 증가시키고 고통을 감소하는 것이다. 첫 번째 목표는 정서적으로 왜곡된 내담자에게 비합리적인 신념이나 태도가 어떻게 역기능적인 결과를 초래하는지를 보여 주는 것이다. 두 번째는 내담자에게 자신의 비합리적인 신념을 논박하거나 무너뜨려서 합리적인 사고로 대치하는 방법을 직접적이고 인지적으로 가르치는 것이다. 따라서 상담의 목표는 내담자가 좀 더 현실적이고 실현 가능한 인생철학을 습득하게 함으로써 정서장애와 자기패배적 행동들을 최소화하고, 실패에 대해 자신과 타인을 비난하는 경향을 감소시키며, 미래의 문제를 잘 다룰 수 있는 방법을 학습하는 것이다.

(3) 주요 개념

엘리스는 ABCDE 모형을 통해 선행 사건이 부적절한 정서와 행동 또는 반대로 적절한 정서와 행동으로 변화되는 과정을 제시하였다.

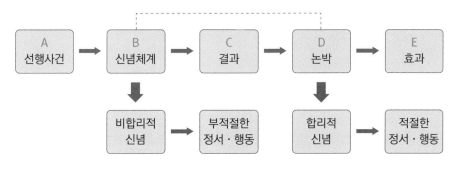

● 그림 11-1 ●　ABCDE 모형

　이 모형에 따르면 비합리적인 신념으로 인해 부적응적인 정서와 행동을 보이는 개인이 합리적 정서치료에 의해 변화되는 과정을 설명하는 모형으로, 해고당했거나 어떤 시험에 불합격했을 때 개인의 정서를 유발하는 어떤 사건이나 행위를 선행사건(Activating event: A)이라 한다. 어떤 사건이나 행위 등과 같은 환경적 자극에 대해서 개인이 갖게 되는 태도나 사고방식을 가리키는 것이 신념체계(Belief system: B)이며, 여기에는 합리적인 신념(rational Belief: rB)과 비합리적인 신념(irrational Belief: iB)이 있다. 어떤 선행사건에 접했을 때 비합리적인 신념체계를 가지고 그 사건을 해석함으로서 느끼게 되는 것이 정서적 결과(Consequence: C)인데 여기에는 불안, 원망, 또는 죄책감 등이 있다.

　여기에는 치료자가 개입하여 내담자가 가지고 있는 비합리적인 신념이나 사고에 대해서 도전해 보고 검토하도록 도와주는데, 치료자는 내담자가 자신의 비합리적인 신념을 논박(Dispute: D)할 수 있게 해 준다. 내담자가 비합리적인 신념으로 대처한 다음에 느끼는 자기수용적 태도와 긍정적인 감정을 효과(Effect: E)로 본다.

(4) 상담 과정

　인지행동적 상담은 인지적 기법, 정서적 기법 및 행동적 기법으로 구분할 수 있다. 첫째, 인지적 기법은 비합리적 신념을 포착하여 논박하기, 대처진술 숙달시키기, 내담자의 언어를 변화시키기, 대리적 모델링이 있다. 정서적 기법은 합리적 정서 상상, 합리적 역할극, 수치심 깨뜨리기 연습, 정서적 고통에 둔감화하기 등이 있다. 행동적 기법은 기술훈련과 행동 연습하기가 있다.

3. 상담의 실제 및 유형

1) 교육 및 학습상담

학습에 대한 일치된 정의는 없지만, 이전 장(제6장)에서 **학습**(learning)은 '경험이나 연습에 의해 개인의 지식이나 행동에 일어나는 비교적 영속적인 행동의 변화'라고 정의한 바 있다. 또한 '경험이나 공부를 통해서 지식, 이해 또는 완전 습득을 얻게 되는 것'이라고 정의하고 있다(American Heritage Dictionary). 따라서 학습은 무엇인가를 배워서 관찰 가능한 행동의 변화가 온다는 것이다. 상담학에서 학습상담(academic counseling)은 '학습과 관련된 과제를 이행하고 수행하여 사회의 적응을 도와주는 활동'이라고 정의하고 있다. 따라서 학습상담이란 학습부진 및 학습문제의 원인을 진단하여 내담자가 스스로 학습에 책임감을 느끼고 전념하도록 돕고, 부모 자녀관계, 대인관계 문제, 진로문제, 학교 부적응 문제 및 정신건강문제 등을 예방하도록 도와주어 개인을 성장, 변화, 학습하도록 하는 활동의 의미가 있다.

학습상담의 목표는 학교과제에서의 성공경험과 성취감, 규칙적인 생활 습관 형성, 효율적인 학습방법 습득, 놀이와 학습의 조화를 이루도록 도와주는 것이다. 학습상담의 주요 개념을 살펴보면 다음과 같다. 첫째, 인지적 요인으로 지능, 학습전략, 주의집중 능력, 학습기초능력과 선행학습 수준 등 학습성취와 관련이 있다. 따라서 학습전략으로 정보의 획득, 저장 및 활용과 주의집중능력, 학습기초능력 및 선행학습의 부진을 도와주는 것이다. 둘째, 정서적 요인으로 학습동기, 성취동기, 성취목표, 자기효능감 등이 있다. 따라서 학습동기로 흥미, 의욕, 욕구 또는 방향을 정해 주어서 특정한 행동을 반복 · 지속시키는 힘과, 도전적이고 어려운 과제를 성취함으로써 만족감을 얻게 하는 성취동기, 개인이 어떤 과제를 수행할 때 달성하고자 하는 성취목표 및 과제의 완수나 목표 달성을 통해 신념이나 기대를 갖게 하는 자기 효능감의 향상이다. 셋째, 환경적 요인으로 부모와의 관계, 동년배 집단, 교사 역할 등도 학습과 관련이 있다. 따라서 부모의 양육방식, 친구와의 어울림, 교사의 수업형태도 학습성취에 영향을 주기 때문에 상담의 장면에 적극 활용할 필요가 있다.

2) 성격문제와 상담

성격(personality)에 대한 일치된 정의는 없지만, 이전 장(제9장)에서 성격이란 '개인이 가지고 있는 고유하고 독특한 성질이 포함되어 있으며, 이러한 개인의 독특성이 시간이 지나더라도 비교적 안정적으로 변함없이 나타나는 일관성'이라고 정의한 바 있다. 성격이란 개인이 자신과 환경에 대해서 지각하고 생각하는 방식, 환경과 관계 맺는 방식 등을 의미하는데, 이런 사고방식, 지각방식, 행동방식이 그가 접하는 다양한 사회환경이나 개인적 상황에서 지속적이고 일관성 있게 나타날 때 성격이라 부를 수 있다. 이러한 성격문제와 상담에는 성격에 대한 불만, 성격장애, 분노조절 및 충동조절 등이 있다.

성격문제와 상담의 목표는, 첫째, 대인상황에서 뚜렷하게 체험되는 자기주장 또는 자기표현(self-assertion)의 문제, 대인불안 및 열등감이 있다. 자기주장 표현의 문제는 자기의 권리가 침해되었거나 혹은 그럴 가능성이 있을 때 자기의 권리를 주장하여 정당한 결과를 획득하는 행동을 습득하는 훈련이다. 열등감과 관련해서는, 타인과의 우월비교를 통해 생기는 우월의식을 감소시키는 훈련과 수줍어함, 비사교성, 내·외향적 성격, 대인공포 등의 문제는 대인기술 연습, 긴장이완연습, 불안상황 직면, 인지요법 등을 통해 상담이 필요하다. 둘째, 성격장애와 관련된 문제의 상담이다. 이는 다음 장(제12장)에서 언급될 DSM-5의 정신장애 분류체계에 따른 성격장애 A 군집(편집성, 분열성, 분열형 성격장애), B 군집(반사회성, 연극성, 자기애성, 경계성 성격장애), C 군집(강박성, 의존성, 회피성 성격장애)에 따른 성격특성이 비적응적이고 유연성이 없어서 그의 기능 수행에 심각한 손상을 주거나 심적 고통을 심하게 줄 때를 의미한다. 이러한 성격장애의 상담에는 인간관계, 생활방식, 행동패턴 및 친구와의 관계에 대해서 성격 문제의 자각, 어려움을 극복하는 데 도움을 주어야 한다. 셋째, 분노 및 충동통제의 문제로 분노가 제어되지 못하고 공격적인 행동으로, 부적절하게 표출되는 문제인 '간헐적 분노폭발 장애', 훔치는 충동이 생기면 고도의 긴장감을 느끼며 훔치는 행위 도중과 직후에 강한 만족과 이완을 경험하는 '도벽', 막대한 재산, 직업, 가정의 손실과 피해에도 불구하고 도박을 자주하는 '병리적 도박'이다. 이는 분노조절 프로그램이나 도박 중독 프로그램과 연계하여 상담이 필요하다.

3) 사이버 및 인터넷 중독 상담

상담에 대한 일치된 정의는 없지만, "상담은 자기와 환경에 대한 의미 있는 이해를 촉진시키고, 장래행동의 목표와 가치관을 확립해서 명료화하도록 하는 상호작용의 과정"이라고 정의하고 자신과 환경에 대한 학습을 강조하며, "상담이란 도움을 필요로 하는 사람(내담자)이 전문적 훈련을 받은 사람(상담자)과의 대면관계에서, 생활과제의 해결과 사고, 행동 및 감정측면의 인간적 성장을 위해 노력하는 학습과정"이라고 이 장의 상담의 정의에서 언급하였다. 사이버(cyber)란 위너(Wiener, 1947)가 '동물과 기계가 보여 주는 제어와 커뮤니케이션에 대한 학문'이라는 용어를 처음 사용하면서 일반 대중들에게 사용되고 있다. 사이버 상담(cyber counseling)은 상담자와 내담자가 직접 대면하지 않고 사이버 공간에서 간접적으로 만나며, 말(음성)이 아닌 주로 글(문자)을 매개로 한 상호작용의 형태로 변화된 인간관계의 형태가 상담에 접목된 것이라 할 수 있다. 인터넷(internet)은 우리 삶에서 없어서는 안될 존재가 되었다. 인터넷 사용이 몸과 마음에 해가 될 것임을 잘 알면서도 내성, 금단증상, 강박적 사용으로 인해 '인터넷 사용장애'가 초래된 경우를 인터넷중독(internet addiction)이라고 한다.

사이버 상담은 전자우편(E-mail)을 통한 상담과 상담자와 내담자가 컴퓨터 화면을 통해 직접 글로 실시간 대화를 주고받는 상담이다. 사이버 상담은 내담자와 상담자가 직접 만나 얼굴을 맞대는 대면접촉의 과정을 생략함으로써 내담자 자신이 원하는 시간에 어느 장소에서든 편리하게 상담 서비스를 이용할 수 있는 장점이 있다. 인터넷 중독의 상담 목표는 인터넷에 대한 내성, 금단증상, 강박적 사용이라는 악순환을 풀어 주어 내담자의 건강한 삶을 회복시켜 주는 것이다. 즉, 인터넷 사용이 내담자를 조정하는 것이 아니라 내담자가 인터넷 사용을 조정할 수 있도록 해주는 것이다. 인터넷 중독의 상담과정은 인터넷 사용에 대한 자기 인식력 증진, 자신의 생활 및 시간 관리, 대안활동 탐색 등의 과정을 거쳐 도움을 주어야 한다.

상담자의 윤리 강령(자세한 내용은 「한국상담학회 윤리강령」 2016년 4월 4일부터 시행 내용 참조)

1) 전문가로서의 태도
   가. 전문적 능력
   나. 성실성
   다. 상담심리사 교육과 연수
   라. 자격증명서

2) 사회적 책임
   가. 사회와의 관계
   나. 고용 기관과의 관계
   다. 상담 기관 운영자
   라. 다른 전문직과의 관계
   마. 자문
   바. 홍보

3) 인간권리와 존엄성에 대한 존중
   가. 내담자 복지
   나. 다양성 존중
   다. 내담자의 권리

4) 상담관계
   가. 이중 관계
   나. 성적 관계
   다. 여러 명의 내담자와의 관계

5) 정보의 보호
   가. 사생활과 비밀보호
   나. 기록
   다. 비밀보호의 한계
   라. 집단상담과 가족상담
   마. 기타 목적을 위한 내담자 정보의 사용
   바. 전자 정보의 비밀보호

6) 상담연구
   가. 연구계획
   나. 책임
   다. 연구 대상자의 참여 및 동의
   라. 연구결과 및 보고

7) 심리검사

　　가. 기본 사항

　　나. 검사를 사용하고 해석하는 능력

　　다. 사전 동의

　　라. 유능한 전문가에게 정보 공개하기

　　마. 검사의 선택

　　바. 검사 시행의 조건

　　아. 검사의 안전성

8) 윤리문제 해결

　　가. 윤리위원회와 협력

　　나. 위반

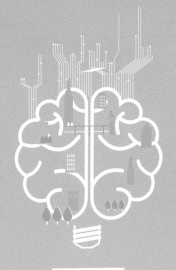

1. 이상심리

1) 정상과 이상의 문제

많은 정신건강 전문가는 어떤 사람의 정신 상태를 논할 때, 그 사람이 정신장애를 가지고 있는지 그 여부를 결정하려고 한다. **정신장애**(mental disorder)란 일반적으로 만족스런 삶을 살아가고 사회에서 적절히 기능할 수 있는 개인의 능력을 심각하게 방해하는 장기적이거나 반복적인 문제다. 그러나 비정상적이라고 하는 것에 관여되는 요인들은 너무 많기 때문에 어떤 사람이 정신장애를 가지고 있는지의 여부를 결정하는 것은 어렵다. 그럼에도 불구하고 오랜 시간에 걸쳐서 정상(normal)과 이상(abnormal)을 정의하는 접근들이 생성되고 변화되어 왔다. 이를 요약해 보면 위 접근들에 대체적으로 다음의 세 기준이 적용된다.

(1) 평균에서 벗어남

정상과 이상을 구분하는 가장 명확한 기준 중 하나는 평균에서 벗어났는지의 여부다. 우리는 평균을 가장 보편적이며 대표적인 가치로 생각한다. 그렇기 때문에 우리의 특정한 행동에도 평균이 존재하고, 이를 벗어나면 보편성에서 벗어난 것, 즉 이상으로 정의한다는 것이다. 하지만 이 기준에 따라 보편적이지 않고 매우 드문 행동을 보인다고 해서 다 이상행동으로 분류할 수 없는 경우도 많다. 예를 들면, 기네스북에 등재되어 있는 사람들은 매우 특이한 행동을 보이는 사람들이 대부분이지만, 이들을 이상행동의 소유자로 정의하지는 않는다. 또한 지능지수(IQ)가 매우 높은 사람들도 극히 드문데도 불구하고 이들을 이상이라고 명명하지는 않는다. 따라서 평균에서 벗어난다는 기준에만 의존하여 이상행동을 구분하는 것은 충분하지 못하다.

(2) 사회적 규준에서 벗어남

이상행동을 구분하는 또 다른 기준은 행동이 사회적 기준, 가치 혹은 규준으로부터 벗어나는지의 여부이다. 이러한 접근은 우리 사회 구성원들의 판단에 비추어 볼 때, 사회적 기준에서 크게 벗어나는 행동이라면 그 행동을 이상행동으로 규정할 수 있다. 그러나 사회적 규준이라는 것이 한 시대의 문화를 반영하는 것이기 때문에 시간의 흐름에 따라 변한다는 단점을 가지고 있다. 예를 들어, 20년 전에는 남자가 귀걸이를 하는 것이 사회적인 관점에서 많이 벗어난 행동으로 분류되었지만, 최근에는 이러한 행동이 패션 감각의 일부로 자리잡고 있다는 것이다. 따라서 사회적 규준에 기초하여 이상을 구분하는 것은 위험할 수 있다.

(3) 부적응 행동

평균과 사회적 규준에서 벗어나는 것으로 이상행동을 구분하는 것은 어떤 특별한 행동이 심리적으로 손상되었는지 혹은 부적응적인 것인지의 여부를 명확하게 제시해 주지 못한다는 문제를 가지고 있다. 따라서 대부분의 정신건강 전문가들은 이상을 적응 여부에 근거하여 명명하고 있다. 이처럼 행동으로 말미암은 심리적 결과에 초점을 맞추게 되면, 한 사람에게 고통, 불안, 죄책감을 일으키거나, 어떤 식으로든 다른 사람에게 해를 끼치는 행동은 모두 이상행동으로 여겨질 수 있다. 예를 들면, 비행기를 타는 것에 심각한 공포를 느끼거나, 살인을 하고 사체를 먹는 등의 행동은 모두 부적응적인 것으로 고려되어 이상행동으로 정의될 수 있다.

2) 이상행동의 접근 모형

이상행동의 역사적 배경을 살펴보면, 18세기 말 이전에는 이상행동을 미신적인 힘 또는 악마의 영혼 등과 관련된 것으로 생각하였다. 따라서 이상행동을 보이는 사람들은 악령이 깃들었다고 비난을 받았으며, 이를 치료한다는 명분하에 화형을 시키거나, 내장을 제거하는 등의 다양한 고문들이 가해지기도 했다. 18세기 후반에 들어서면서 이상행동에 대한 이러한 생각이 변화하면서 이상행동을 보이는 사람들은 질병을 가진 아픈 사람들이라는 의학적 접근을 필두로, 이상행동에 대한 현대적인 접근들이 생겨나기 시작했다.

(1) 의학적 접근 모형

어떤 사람이 암에 걸렸다면, 우리는 일반적으로 그 사람의 신체 조직에서 암 세포를 발견하고자 한다. 이와 마찬가지로 이상행동의 의학적 접근 모형은 어떤 사람이 이상행동의 증상을 보일 때, 그 사람의 생물학적인 측면(예: 호르몬의 불균형)을 검사함으로써 그 근원을 찾고자 하는 것이다. 이러한 의학적 접근 모형은 사실 미신에 기초하여 이상행동을 설명한 것과 비교해 볼 때 큰 진전을 이룬 결과다. 그러나 생물학적인 원인이 확인되지 않는 많은 이상행동이 존재하기 때문에, 의학적 접근 모형의 기본 가정이 심각한 타격을 받은 것은 분명한 사실이다.

(2) 정신분석적 접근 모형

의학적 접근 모형이 이상행동의 원인을 생물학적인 것에서 찾았다면, 정신분석적 접근 모형은 이상행동이 아동기 때 성 또는 공격성과 관련된 상반된 욕망에 대한 갈등으로부터 나타난다고 가정하였다. 프로이트는 아동기의 이러한 갈등이 성공적으로 해결되지 않는다면, 이러한 갈등이 무의식 속에 해결되지 않은 채 남게 되어 결국 성인기에 이상행동으로 나타난다고 보았다. 따라서 정신분석적 접근 모형은 이상행동의 근원을 이해하기 위해서 그 사람의 초기 인생의 역사를 면밀히 살피는 작업에서 시작된다. 그러나 정신분석적 접근 모형은 인생의 초기 경험과 이후의 이상행동 간에 직접적인 관계성을 증명하기가 어렵다는 비판을 받았지만, 그럼에도 불구하고 이 접근 모형은 이전의 경험이 현재의 심리적 기능에 큰 영향을 미칠 수 있다는 점을 시사하였다.

(3) 행동 접근 모형

의학적 접근 모형과 정신분석적 접근 모형이 이상행동을 어떤 근본적인 문제의 증상으로 보는 것과는 대조적으로, 행동 접근 모형은 행동 자체를 문제로 삼는다. 따라서 이 접근 모형은 이상행동을 넘어서 과거를 포함한 다른 어떤 것을 살필 필요가 없으며, 행동 자체를 이해하고 변화시킬 수 있으면 된다는 점을 강조한다. 즉, 이 접근 모형은 이상행동이 어떻게 학습되었는지를 분석하고 그러한 이상행동이 왜 일어나는지를 설명하기 위해 그런 행동이 나타나는 환경을 관찰한다. 예를 들면, 행동 접근 모형은 낯선 사람들과 대면하는 것을 피하는 개인의 행동을 효과적인 사회 기술의 부족에 기인한 것으로 설명하고, 따라서 이러한 행동은 대화를 주도하고, 적절한 얼굴 표정을 사용하며, 효과적인 청취자가 되는 기법을 훈련함으로써 치유될 수 있다고 보는 것이다.

(4) 인지적 접근 모형

행동 접근 모형은 사람들의 행동을 자신의 통제 밖에 있는 요인들에 의해서 일어나는 것으로 보았지만, 사람들이 자신의 행동에 영향을 미치는 복잡하고 관찰되지 않는 내적 사고를 가지고 있다는 사실은 무시할 수 없는 부분 중 하나다. 따라서 이러한 부분에 초점을 둔 인지적 접근 모형이 대두되었다. 이 모형은 인지(사고와 신념)가 이상행동의 핵심이 되는 요인이라고 가정하고, 치료과정으로 새로운 인지를 학습시키고자 하였다. 인지적 접근 모형이 학습을 중요한 요소로 포함하고 있기 때문에 종종 인지행동 접근 모형이라 불리기도 한다. 예를 들면, 한 학생이 '시험은 나의 장래에 매우 중요하다'는 식의 인지를 가지고 있다면, 시험을 볼 때마다 수행에 부정적인 영향을 미치는 불안을 지속적으로 경험하게 될 것이다. 따라서 이 학생에게 보다 현실적이며 대안적인 사고, 즉 '나의 미래가 이 시험으로 결정되지는 않는다'는 식의 인지를 가지도록 지도하는 것이다. 비록 학습 이론의 기본 원리가 사용될지라도 행동변화의 목표물은 인지의 수정이다.

(5) 인본주의적 접근 모형

인간을 완전히 자신의 행동을 통제할 수 있는 존재로 가정하는 인본주의적 접근 모형은 행동을 통제할 수 있는 인간의 능력과 책임감을 강조한다. 다시 말하면, 개인과 세계의 관계성, 즉 사람들이 다른 사람과 관련하여 자신을 바라보고, 철학적인 의미에서 세계 속의 자신의 위치를 살피는 방식에 초점을 맞추고 있다. 따라서 이 모형에서 이상행동은 인간으로서의 욕구와 능력을 충족시킬 수 없는 상태에 있음을 알려 주는 신호에 해당된다. 또한 사람들은 다른 사람에게 해를 입히거나 고통을 느끼지 않는 범위에서 스스로 행동을 선택할 수 있는 자유를 가지고 있기 때문에 자신의 행동을 교정할 필요가 있다고 느낀다면 스스로 그러한 행동을 수정할 책임감을 가지게 된다고 보았다. 이처럼 인본주의적 접근 모형은 이전에 논의된 다른 모형들에 비해 더 긍정적인 조망에서 이상행동을 고려한다. 즉, 사람들의 어떤 것이 잘못되었다고 가정하는 대신에 이상행동을 사람들의 일상생활에서 언제든지 일어날 수 있는 환경에 대한 반응으로 본다. 그러나 인본주의적 접근 모형은 비과학적이고 검증할 수 없는 정보와 애매성(예: 인간으로서의 추구, 인간의 욕구 충족 등 주로 철학적인 개념)을 가정하고 있다는 비판을 받는다.

(6) 사회문화적 접근 모형

이상행동의 사회문화적 접근 모형은 사람들의 행동이 가족, 사회, 그리고 그들이 살고 있는 문화에 의해 조성된다고 가정한다. 우리는 모두 가족, 친구, 지인, 낯선 사람들로 이루어진 사회 네트워크의 일부분이며, 다른 사람과 발전시킨 관계성의 종류는 이상행동을 회복시키는 데 도움이 되거나, 반대로 이상행동을 일으킬 수도 있다. 사회문화적 접근 모형에 따르면 스트레스와 갈등(무의식적 과정이 아닌 환경과의 일상적인 상호작용의 부분으로서)의 종류는 이상행동을 촉진시키고 유지시킬 수 있다.

3) 증상학과 정신병리학

세계보건기구(WHO)는 건강이란 '육체적 · 정신적 및 사회적인 안녕 상태가 유지될 때'를 건강한 상태라고 정의하였다. 증상(symptom)은 환자가 병이나 상처를 지닐 때 나타나는 상태나 모양을 가리키며, 곧 질병 따위의 존재를 인식하는 상태다. 증상에 대한 학문을 증상학(symptomatology)이라 한다. 정신장애의 증상들에는 사고장애, 정동장애, 지각장애 및 행동장애가 있다. 정신병리학(psychopathology)은 정신 질환 환자에서 나타나는 병적인 정신 현상을 연구하는 정신의학의 분과 학문이다. 생물학적 병인론뿐 아니라 정신사회적 병인론, 신경과학적 병인론을 종합적으로 검토해 정신 질환의 병리를 연구한다. 다음 증상학에서는 이들 각각의 증상을 통괄하고, 상호관계를 이해하며, 각 증상의 하나하나가 환자의 전체적인 정신현상의 어떤 문제를 반영하는지를 살펴보고자 한다.

● 표 12-1 ● **정신병리의 범주와 유형**

범주	유형
1. 사고장애(disorder of thought)	가. 사고 형태 장애(disorder of thought form) • 자폐적 사고(autistic or dereistic thinking), 마술적 사고(magical thinking), 일차 사고과정(primary process thinking), 구체적 사고(concrete thinking), 강박관념(obsession), 집착(preoccupation), 사고전파(thought broadcasting), 사고주입(thought insertion), 사고유출(thought leakage), 사고탈취(deprivation of thought) 나. 사고 진행 장애(disorder of progression of thought)

	• 사고의 비약(flight of idea), 사고의 우회증(circumstantiality), 사고의 이탈(tangentiality), 사고의 지연(retardation of thought), 사고의 단절(blocking), 사고의 박탈(deprivation of thought), 사고의 이완(loosening of association or derailment), 사고의 지리멸렬(incoherent thinking), 말비빔(word salad), 부적절한 사고(irrelevant thinking), 보속증(perseveration)
	다. 사고 내용 장애(disorder of thought content)
	• 망상(delusion), 의심증(suspiciousness), 피해망상(persecutory delusion), 과대망상(grandiose delusion), 관계망상(delusion of reference), 신체망상(somatic delusion), 색정망상(erotic delusion), 빈곤망상(delusion of poverty), 죄책망상(delusion of sin), 자기기소망상(delusion of accusation), 허무망상(nihilistic delusion), 종교망상(religious delusion)
2. 기분장애(disorder of mood)	다행감(euphoria), 의기양양(elation), 기고만장(exaltation), 황홀감(ecstasy), 우울(depression), 정동의 둔마(blunted affect), 무감동(apathy), 무쾌감증(anhedonia), 불안정한 정동(labile affect), 부적합한 정동(inappropriate affect), 정서적 위축(emotional withdrawal), 불쾌한 기분(dysphoric mood), 이자극성(irritability), 양가감정(ambivalence), 병적 분노(morbid anger), 불안(anxiety), 초조(agitation), 긴장(tension), 공황상태(panic state)
3. 지각장애(disorder of perception)	가. 인지불능증(agnosia) 나. 착각(illusion) • 거시증(macropsia), 미시증(micropsia), 공감각(synesthesia), 이인증(depersonalization), 비현실감(derealization) 다. 환각(hallucination) • 환청(auditory hallucination), 환시(visual hallucination), 환촉(tactile hallucination), 환후(olfactory hallucination), 환미(gustatory hallucination), 운동환각(kinesthetic hallucination), 신체환각(somatic hallucination)
4. 행동장애(disorder of bahavior)	가. 과잉 활동(hyperactivity) 나. 저하된 활동(decreased activity) 다. 반복행동(repetitious activity) • 상동증(stereotypy), 기행증(mannerism), 틱(tic), 음송증(verbigeration), 보속증(perseveration), 강직증(catalepsy), 납굴증(wax flexibility), 자동증(automatic obedience), 거부증(negativism) 바. 강박행동(compulsion)

5. 기억장애(disorder of memory)	가. 기억과잉(hypermnesia) 나. 기억상실(amnesia) 다. 기억착오(paramnesia) 라. 작화증(confabulation) 마. 회상성 조작(retrospective falsification) 바. 기시현상(deja vu) 사. 미시현상(jamais vu)
6. 의식장애(disorder of consciousness)	가. 혼돈(confusion) 나. 의식의 혼탁(clouding of consciousness) 다. 섬망(delirium) 라. 혼미(stupor) 마. 혼수(coma)

(1) 지능장애

가. 지능(intellingence)

새로운 대상이나 상황에 부딪혀 그 의미를 이해하고 합리적인 적응 방법을 알아내는 지적 활동의 능력으로 정의할 수 있다. 즉, 한 개인이 경험을 통하여 배우고 판단을 내리고 어떤 개념을 사용하여 과거와 현재를 통찰하고 미래를 예측하여 환경에 맞게 자신의 행동을 조절하고 미래를 계획하며 적절하게 새로운 상황에 적응해 낼 수 있는 능력을 말한다.

나. 지능장애

① 지적발달장애(intellectual disability)

지적발달장애란 선천적 및 후천적 요인에 의하여 지능의 발달이 비지적 장애인보다 뒤처져 있는 발달장애의 한 부분이다. 즉, 어떤 이유에서건 개체의 발달과정에서 지능의 발육이 제대로 이루어지지 않아서 평균적인 일반인의 지능보다 낮아져 있는 상태를 말한다.

② 치매(dementia)

치매란 인지 기능의 장애로 인해 일상생활을 스스로 유지하지 못하는 상태다. 일단 정상평균의 지능까지 발육되었다가 어떤 이유, 예컨대 뇌의 외상, 영양장애, 감염, 산소부족, 독성물질의 중독, 퇴화 현상 등으로 인하여 영구적으로 지능상태가 평균치 이하로 절하되어 있는 상태를 말한다.

(2) 지각장애

가. 지각

지각(perception)이란 환경의 물리적 속성이 감각기관을 통하여 정신현상으로 나타나는 과정이다. 즉, 지각은 감각에 의존하여 사물을 인지하는 과정으로 인지의 가장 기본적인 과정이다.

나. 지각장애

지각의 장애는 들어온 자극을 과소평가하거나 과대평가하는 단순한 장애에서부터 자극을 잘못 판단하는 착시(illusion) 또는 없는 자극을 있는 것처럼 지각하는 환각(hallucination)에 이르기까지 다양하다.

① 환청(auditory hallucination)

환청이란 외부에서 아무런 소리가 없는데도 자신은 소리를 듣는 경우를 말하고 조현병 증상 중에서 가장 많이 나타나는 증상이다. 환청은 단순하게는 잘 구별되지 않는 소음들에서 뚜렷한 내용이 있는 특정한 사람의 말소리가 들리는 것까지 그 내용이 다양하다. 일반인에서도 수면 부족이나 감각 박탈 등의 경우에 발생할 수 있다.

② 환시(visual hallucination)

정신증의 증상 중 하나인 환각의 일종으로 환시는 실재하지 않는 것을 시각으로 느끼는 증상이다.

환시는 시각적인 환각의 경우 신경계의 기질적 손상에 의한 경우가 많기 때문에 유발하는 병이나 상태에 따라 환자에게 보이는 대상은 다양하다.

③ 환촉(tactile hallucination)

환촉은 실제로는 접촉이 없는 대상과 접촉이 있다고 느끼거나 느꼈다고 착각하는 촉각적 환각이다. 이는 단순히 위험하다고 보기는 애매한 게, 환촉의 경우에는 충돌 회피 가능성을 높이기 때문에 사고 확률 또한 내려간다. 즉, 잘못된 촉감을 느끼는 것이다.

④ 환미(qustatory hallucination)

환미는 실제가 아닌 맛을 느끼거나 느꼈다고 착각하는 미각적 환각이다. 주로 환후와 같이 온다. 그 예로, 누군가가 물에 독을 탔다든가, 음식에 수면제가 들었다든가 하는 경우가 이에 해당한다.

⑤ 환후(olfactory hallucination)

환후는 실제로는 나지 않는 냄새를 맡거나 맡았다고 느끼는 후각적 환각이다. 환청, 환시에 비해 위험하진 않지만 두통, 불안감 등을 동반해 문제가 된다. 즉, 대개 기분 나쁜 냄새를 맡는 것으로 나타난다. 자기 몸에서 이상한 냄새가 나서 남들이 자기를 피한다는 망상이 같이 나타나는 수가 많다.

(3) 사고장애
가. 사고

사고(thinking)란 정보에 주의를 기울이고 정신적으로 표현하고 정보를 추론하며 판단과 결정을 하는 것을 의미한다. 또한 사고(thought)란 어떤 자극이 있을 때 그의 온갖 정신기능, 즉 정서, 지각, 상상, 기억능력을 총 동원하여 그 자극을 해석하고 판단하고 종합할 수 있게 되고 이를 기초로 하여 다른 새로운 개념을 유추해 내는 기능이다.

나. 사고 진행의 장애
① 사고의 비약(flight of idea)

어떠한 관념에서 통상적인 연상 과정을 거치지 않고 생각이 원래의 주제에서 벗어나 그 과정 중의 지엽적인 내용을 따라 다른 방향으로 발전하는 것을 말한다.

② 사고의 지연(retardation of thought)

사고과정에서 연상의 속도가 느리고 따라서 전체적인 사고 진행이 느려지거나 때로는 연상이 거의 이루어지지 않아서 어떤 결론에 도저히 이르지 못하는 경우를 말한다.

③ 사고의 차단(bloching)

사고의 흐름이 갑자기 멈추게 되는 현상을 말한다.

④ 사고의 우회(circumstantiality)

사고가 어떤 관념에서 출발해서 결론에 도달하기는 하지만 여러 가지 연상이 가지를 치면서 빙빙 돌다가 엉뚱한 방향으로 진행되다가 결론에 이르게 된다.

⑤ 사고의 보속증(perseveration)

사고를 진행시키는 노력과 외부에서 부단히 새로운 자극이 들어오는 데도 불구하고 사고의 진행이 제자리에서 맴돌고 한 개 또는 몇 개의 단어나 문장에서 벗어나지 못하고 계속 같은 말을 반복하게 되는 경우를 말한다.

⑥ 신어 조작증(neologism)

자기만이 아는 의미를 가진 새로운 말을 새롭게 만들어 내는 현상을 말하는데 두 가지 이상의 말을 합쳐서 새로운 말을 만들기도 한다.

⑦ 사고의 지리멸렬함(incoherence)

사고가 조리 있거나 일관성이 없이 말이 서로 연결이 되지 않고 토막토막 끊어지는 경우 또는 도무지 줄거리를 알 수 없는 애기를 계속하는 경우다.

다. 사고내용의 장애

① 편집성 또는 피해적 망상(paranoid or persecutory delusion)

타인이 자신을 해치거나 해롭게 하기 위하여 어떤 모의를 하고 있다고 믿는 망상이다. '누군가 나를 미행한다.' '나를 죽이려고 음식에 독을 탔다.' 등의 피해적 망상은 자신의 결함, 적개심, 불만 등이 투사되어서 오히려 남이 자신을 해할 것이라 뒤집어씌우는 과정에서 나타난다.

② 과대망상(delusion of grandeur, grandiose delusion)

자신을 실제보다 더욱 위대한 사람으로 믿는 망상이다. '나는 초능력을 갖고 있다.' '나는 예수 또는 부처다.' 등 사실과는 다른 과장된 믿음을 갖고 있는 상태다.

③ 우울성 망상(depressive delusion)

우울상태에 많이 나타나는 망상이다. '나는 너무나 큰 죄를 지어 죽어야만 한다.' '나는 몹쓸 병에 걸려 곧 죽을 것이다.' 등 존재 가치가 없다든지 이 세상은 이미 자신에게는 아무 의미도 없다든지 하는 허무망상 등이 이에 속한다.

④ 색정적 망상(erotic delusion)

색정적 망상에는 자신은 모든 이성으로부터 사랑을 받고 있다든가 자신은 모든 이성을 사랑해야 할 권리 또는 의무가 있다는 과대적인 내용과 함께 배우자를 의심하는 부정망상 또는 질투망상과 같은 피해적인 내용이 있다.

(4) 기억장애

가. 기억

기억(memory)이란 시간 경과에 따른 세 가지 기본단계, 즉 부호화, 저장 그리고 인출을 통해 획득된 정보의 보유 능력을 말한다. 즉, 기억이란 개체의 정서활동에 필요한 정보를 받아들여서 뇌 속에 기록하고 필요한 기간 동안 파지(retention)를 저장했다가 필요한 때에 의식 체계로 꺼내어 적당하게 사용할 수 있는 능력을 말한다.

나. 기억의 장애

기억장애란 기억력에 장애가 생겨 새로운 정보를 기억하지 못하거나, 금방 잊어버리거나, 일부 또는 어떤 일정한 시기 이전의 일을 기억하지 못하는 증상을 말한다. 주관적 기억장애란 이런 기억장애를 호소하지만 인지기능 검사는 정상이며, 일상생활의 장애가 없는 경우를 말한다.

① 완전성 기억상실

완전성 기억상실은 기억 자체가 불가능한 것을 일컫는다. 신체적이기보다 정신적인 문제로 생기기 쉽다. 완전 기억상실이 될 만큼 뇌가 손상되었다면 생존이 어려울 정도로 심각한 것이다.

② 부분성 기억상실

부분성 기억상실은 장기 기억상실과 단기 기억상실이 있다. 장기 기억상실은 옛날 기억을 잃어버리는 것으로 부분적으로 기억을 잃는다. 단기 기억상실은 바로 전에 일어났던 일을 기억하지 못하는 것으로 가장 흔한 기억상실증이다.

③ 역행성 기억상실

역행성 기억상실은 원인 전에(대부분 외상으로 인해 발생한다) 일어난 일을 기억 못하는 것이다. 생존에 위협을 느낄 정도로 치명적이진 않으나 일상생활에 차질이 생긴다. 급작스럽게 회복될 수 있다. 예로, 역행성 기억상실에 걸린 사람이 야구 경기를 보다가 야구공에 맞는 사고가 발생했고, 그 사고 뒤에는 기억이 돌아왔다고 한다.

④ 순행성 기억상실

순행성 기억상실은 역행성 기억상실과 반대로 원인 제공 뒤의 일을 기억 못하는 것이다. 대부분 기억을 못하는 기간이 있으며, 몇 시간부터 몇 달이 되는 경우 등 그 기간은 다양하다.

(5) 행동장애

가. 행동

행동(behavior)이란 미세한 감정의 움직임에서부터 적극적인 운동까지 인간이 표현할 수 있는 모든 행위를 포함한다.

나. 행동장애

① 과잉행동(overactivity or increased activities)

필요 이상으로 지나치게 많은 활동을 하는 경우다. 겉으로 보기에는 굉장히 바쁜 것 같으면서도 실제 이루어 놓은 일이 거의 없는 경우가 많다.

② 저하된 행동(decreased activities)

욕구가 저하된 상태에서는 사람의 행동은 저하된다. 이렇게 저하된 행동을 정신운동성 저하(decreased psychomotor activity) 또는 지체 (pshchomotor retardation)라고 하는데 가볍게는 동작이 느리고 일을 시작하기가 힘든 정도에서 거의 운동이 없는 상태까지 그 정도가 다양하다.

③ 반복적 행동(repetitious activities)

다른 사람이 보기에는 이유가 없는 것 같은데도 같은 행동을 계속적으로 반복하는 경우, 이를 상동증이라고 한다. 상동증이 행동의 반복인데 비하여 의미 있는 단어나 짧은 문장을 이유 없이 반복하는 경우, 이를 음송증(verbigeration)이라고 한다.

④ 자동증(automatism)

거부증과 반대의 형태로 나타나는 행동장애의 하나가 자동증이다. 자신의 의지는 하나도 없다는 듯이 남의 요구대로 자동적으로 움직이는 행동을 자동복종이라고 하고, 남의 말을 따라서 하는 행동을 반향언어라고 한다.

⑤ 거부증(negativism)

이는 자동증과는 반대로 상대방이 요구하는 것을 묵살하거나 반대방향으로 행동하는 경우를 말한다. 질문에 대하여 대꾸하지 않는 함구증, 밥 먹으라는 소리에 배가 고프면서도 굶는 거식증 등이 이에 속한다.

⑥ 강박증적 행동(compulsive acts)

스스로 자신의 행동이 무의미하다든가 불필요하다는 것을 알면서도 그런 행동을 반복하지 않고는 견디지 못하는 병적인 상태의 행동이다.

⑦ 충동적 행동(impulsive acts)

순간적인 감정의 지배에 따라 예기치 않게 폭발적으로 일으키는 현상이다.

(6) 정동장애

행동으로 그 사람의 감정 상태를 알 수 있는 것이다. 감정의 부적절성(inappropriate affect)은 개인의 사고 내용과 감정이 맞지 않는 상태이다.

4) 정신장애 분류 체계: DSM-5를 중심으로

(1) DSM-5의 분류체계 특징

미국정신의학회에서 발간한 『정신장애의 진단 및 통계 편람』(Diagnostic and Statistical Manual of Mental Disorders: DSM)은 5번째 개정판으로, DSM-5는 2013년에 출간되었다. DSM-IV에 비해 DSM-5에서는 변화된 점이 많이 있다. DSM-5에서는 DSM-IV에서 사용했던 다축 진단체계가 임상적으로 유용성과 타당성이 부족하다는 이유로 폐기되었다. 또한 진단명에 '달리 분류되지 않는 범주(NOS)'를 사용하는 대신 '달리 분류된 장애(other specified disorder)'와 '분류되지 않은 장애(unspecified disorder)'라는 용어를 사용하게 되었다. 아울러 DSM-5에는 '차원적 평가(dimensional evaluation)'가 도입되었다.

DSM-5는 정신장애를 20개의 주요한 범주로 구분하고 그 하위범주로 300여 개 이상의 장애를 포함하고 있다. DSM-5에 포함된 주요 정신장애의 범주를 살펴보면 다음과 같다.

DSM-5에 포함된 주요 정신장애의 범주

1) 신경발달장애(Neuorodevelopmental Disorders)
2) 정신분열 스펙트럼 및 기타 정신증적 장애(Schizophrenia Spectrum and Other Psychic Disorders)
3) 양극성 및 관련 장애(Bipolar and Related Disorders)
4) 우울장애(Depressive Disorders)
5) 불안장애(Anxiety Disorders)
6) 강박 및 관련 장애(Obsessive-Compulsive and Related Disorders)
7) 외상 및 스트레스 관련 장애(Trauma- and Stress-related Disorders)
8) 해리장애 (Dissociative Disorders)
9) 신체증상 및 관련장애(Somatic Symptoms and Related Disorders)
10) 급식 및 섭식장애(Feeding and Eating Disorders)
11) 배설장애 (Elimination Disorders)
12) 수면-각성장애(Sleep-Awake Disorders)
13) 성기능부전(Sexual Dysfunctions)
14) 성 불편증(Gender Dysphoria)
15) 파괴적, 충동통제 및 품행장애(Disruptive, Impulse-Control, and Conduct Disorders)

16) 물질-관련 및 중독 장애(Substance-Related and Addictive Disorders)

17) 신경인지장애(Neurocognitive Disorders)

18) 성격장애(Personality Disorders)

19) 성도착 장애(Paraphilic Disorders)

20) 기타 정신장애(Other Mental Disorders)

21) 약물치료로 유발된 운동장애 및 약물치료의 기타 부작용(Medication-Induced Movement Disorders and Other adverse Effects of Mediccation)

22) 임상적 주의의 초점이 될 수 있는 기타의 상태(Other Conditions That May a Focus of Clinical Attention)

(2) 정신장애의 유형

① 신경발달장애

신경발달장애(Neuorodevelopmental Disorders)는 중추신경계, 즉 뇌의 발달 지연 또는 뇌 손상과 관련된 것으로 알려진 장애를 포함하고 있다. 여기에 속하는 장애로는 지적 장애(Intellectual Disability), 의사소통장애(Communication Disorders), 자폐스펙트럼장애(Autism Spectrum Disorders), 주의력결핍과잉행동장애(ADHD), 특정학습장애(Specific Learning Disorder), 운동장애(Motor Disorders), 기타 신경 발달 장애가 있다.

② 조현병 스펙트럼 및 기타 정신병적 장애

조현병 스펙트럼 및 기타 정신병적 장애(Schizophrenia Spectrum and Other Psychic Disorders)는 모두 정신병적 증상을 가지고 있는 것이 특징이다. 여기에는 조현형 성격장애(Schizotypal Personality Disorder), 망상장애(Delusional Disorder), 단기 정신증적 장애(Brief Psychotic Disorder), 조현형 장애(Schizophreniform Disorder), 조현병(Schizophrenia), 조현정동장애 (Schizoaffective Disorder), 긴장성 강직증(Catatonia)이 있다.

③ 양극성 및 관련 장애

양극성 및 관련 장애(Bipolar and Related Disorders)는 우울한 기분 상태와 고양된 기분 상태가 번갈아 나타나는 장애다. 여기에는 제I형 양극성장애(Bipolar I Disorder), 제II형 양극성장애(Bipolar II Disorder), 순환감정장애(Cyclothymic

Disorder)가 있다.

④ 우울장애

우울장애(Depressive Disorders)는 우울 증상의 심한 정도나 기간에 따라 구분된다. 여기에는 주요 우울장애(Major Depressive Disorder), 지속성 우울장애(Persistent Depressive Disorder), 월경전기 불쾌장애(Premenstrual Dysphoric Disorder), 파괴적 기분조절곤란장애(Dysruptive Mood Regulation Disorder)가 있다.

⑤ 불안장애

불안장애(Anxiety Disorders)는 어떤 유형의 불안을 핵심 장애로 갖고 있는 경우다. 여기에는 분리불안장애(Separation Anxiety Disorder), 선택적 무언증(Selective Mutism), 특정공포증(Specific Phobia), 사회불안장애(Social Anxiety Disorder), 공황장애(Panic Disorder), 광장공포증(Agoraphobia), 범불안장애(Generalized Anxiety Disorder)가 있다.

⑥ 강박 및 관련 장애

강박 및 관련 장애(Obsessive-Compulsive and Related Disorders)는 특정 생각이나 충동이 반복적으로 떠올라 그것에 집착하게 되어 관련 행동을 반복하게 되는 장애를 말한다. 여기에는 강박장애(Obsessive-Compulsive Disorder), 신체변형장애(Body Dysmorphic Disorder), 저장장애(Hoarding Disorder), 모발뽑기장애(Trichotillomania, Hair-Pulling Disorder), 피부벗기기장애(Excoriation, Skin-Picking Disorder)가 있다.

⑦ 외상 및 스트레스 관련 장애

외상 및 스트레스 관련 장애(Trauma-and Stress-related Disorders)는 개인에게 주어진 환경적인 스트레스 사건에 관한 개인의 부적응 반응을 나타내는 경우의 장애를 말한다. 여기에는 반응성 애착장애(Reactive Attachment Disorder), 탈억제 사회관여장애(Disinhibited Social Engagement Disorder), 외상후 스트레스장애(Posttraumatic Stress Disorder), 급성 스트레스장애(Acute Stress Disorder), 적응장애(Adjustment Disorder)가 있다.

⑧ 해리장애

해리장애(Dissociative Disorders)는 의식, 기억, 정체감 등이 통합적인 기능에서 붕괴가 일어나는 장애를 말한다. 여기에는 해리성 정체감장애(Dissociative Identity Disorder), 해리성 기억상실증(Dissociative Amnesia), 이인증 /비현실감 장애(Depersonalization/Derealization Disorder)가 있다.

⑨ 신체증상 및 관련장애

신체증상 및 관련장애(Somatic Symptoms and Related Disorders)는 일반적인 의학적 상태를 시사하는 신체증상이 나타나는 장애를 말한다. 여기에는 신체증상장애(Somatic Symptom Disorder), 질병불안장애(Illness Anxiety Disorder), 전환장애(Conversion Disorder), 허위성장애 (Factitious Disorder)가 있다.

⑩ 급식 및 섭식장애

급식 및 섭식장애(Feeding and Eating Disorders)는 섭식 행위에 현저한 장애가 있는 경우를 말한다. 여기에는 신경성 거식증(Anorexia Nervosa), 신경성 폭식증(Bulimia Nervosa), 이식증(Pica), 반추장애(Rumination Disorder), 회피적/제한적 음식섭취장애(Avoidant/Restrictive Food Intake Disorder), 과잉섭취장애(Binge-Eating Disorder)가 있다.

⑪ 배설장애

배설장애(Elimination Disorders)는 대소변을 충분히 가릴 수 있는 나이가 되었음에도 나이에 맞지 않게 적절하지 못한 곳에서 배설하는 경우를 말한다. 여기에는 유뇨증(Enuresis)과 유분증(Encopresis)이 있다.

⑫ 수면-각성장애

수면-각성장애(Sleep-Awake Disorders)는 수면-각성 주기의 변화로 인해 과도한 졸음이나 불면이 반복되는 경우를 말한다. 여기에는 불면장애(Insomnia Disorder), 과다수면장애(Hypersomnolence Disorder), 수면발작(Narcolepsy), 호흡관련 수면장애(Breathing-Related Sleep Disorders)가 있다.

⑬ 성기능부전

성기능부전(Sexual Dysfunctions)은 성반응 주기를 특징짓는 성적 과정에서의 장애, 성교에서 동반되는 동통이 특징으로 나타나는 경우를 말한다. 여기에는 사정지연장애(Delayed Ejaculation), 발기장애(Erectile Disorder), 남성 성욕감퇴장애(Male Hypoactive Sexual Desire Disorder), 조기사정장애(Premature Ejaculation), 여성 절정감장애(Female Orgasm Disorder), 여성 성적 관심 /흥분장애(Female Sexual Interest/Arousal Disorder), 성교통증장애(Genito-Pelvic Pain/Penetration Disorder)가 있다.

⑭ 성 불편증

성 불편증(Gender Dysphoria)은 스스로의 생물학적인 성에 대해 불쾌감을 느끼는 경우에 해당된다. 여기에는 성 불편증(Gender Dysphoria)과 비특정 성별 불쾌감(Unspecified Gender Dysphoria)이 있다.

⑮ 파괴적, 충동통제 및 품행장애

파괴적, 충동통제 및 품행장애(Disruptive, Impulse-Control, and Conduct Disorders)는 행동이 부적절하고 통제되지 않은 경우를 말한다. 여기에는 적대적 반항장애(Oppositional Defiant Disorder), 간헐적 폭발장애(Intermittent Explosive Disorder), 품행장애(Conduct Disorder), 반사회성 성격장애(Antisocial Personality Disorder), 방화광(Pyromania), 도벽광(Kleptomania)이 있다.

⑯ 물질-관련 및 중독 장애

물질-관련 및 중독 장애(Substance-Related and Addictive Disorders)는 중독성 물질의 섭취와 관련 장애, 투약의 부작용과 관련되는 장애, 독소 노출과 관련되는 장애 모두를 포함한다. 여기에는 물질-관련장애(Substance-Related Disorder), 물질사용 장애(Substance Use Disorder), 물질 유도성 장애(Substance-Induced Disorder), 물질 중독(Substance Intoxication), 물질 금단(Substance Withdrawal), 도박장애(Gambling Disorder)가 있다.

⑰ 신경인지장애

신경인지장애(Neurocognitive Disorders)는 병전 기능 수준에 비해 인지 또는 기억에 임상적으로 심각한 결손(deficit)이 있는 경우를 말한다. 여기에는 주요 신경인지장애(Major Neurocognitive Disorders), 경도 신경인지장애(Minor Neurocognitive Disorders), 섬망(Delirium)이 있다.

⑱ 성격장애

성격장애(Personality Disorders)는 개인이 문화적 기대에서 심하게 벗어나 지속적인 내적 경험과 행동양식을 보이는 경우를 말한다. 여기에는 군집A(cluster A) 성격장애에 편집성(Paranoid), 조현성(Schizoid), 조현형(Schizotypal)이 있고, 군집B(cluster B) 성격장애에 반사회성(Antisocial), 경계선(Borderline), 연극성(Histrionic), 자기애성(Narcissistic)이 있고, 군집C(cluster C) 성격장애에는 회피성(Avoidant), 의존성(Dependent), 강박성(Obsessive-Compulsive)이 해당한다.

⑲ 성도착 장애

성도착 장애(Paraphilic Disorders)는 비정상적인 대상, 행위 및 상황, 반복적이고 강한 성적 충동, 성적 환상 및 성적 행동으로 특징지어 나타나는 경우를 말한다. 여기에는 관음증(Voyeuristic isorder), 노출증(Exhibitionistic Disorder), 마찰음란증(Frotteuristic Disorder), 성적피학증(Sexual Masochism Disorder), 성적가학증(Sexual Sadism Disorder), 소아기호증(Pedophilic Disorder), 물품음란증(Fetishistic Disorder), 복장도착증(Transvestic Disorder)이 있다.

⑳ 기타 정신장애

기타 정신장애(Other Mental Disorders)는 다른 곳에 분류되지 않는 일반적인 의학적 상태로 인한 정신질환이 포함되는데, 여기에는 다른 의학적 상태로 명시되지 않는 정신질환 등이 포함된다.

㉑ 약물치료로 유발된 운동장애 및 약물치료의 기타 부작용

약물치료로 유발된 운동장애 및 약물치료의 기타 부작용(Medication-Induced Movement Disorders and Other adverse Effects of Mediccation)은 약물 유발성 운동장애 등이 포함되는데, 여기에는 파킨슨병(Neuroroleptic-Induced Parkinsonism)과 자연성 운동 이상(Tardrive Dyskinetic) 등이 해당한다.

㉒ 임상적 주의의 초점이 될 수 있는 기타의 상태

임상적 주의의 초점이 될 수 있는 기타의 상태(Other Conditions That May a Focus of Clinical Attention)로 관계문제, 학대와 방임, 교육과 직업문제, 주거와 경제 문제, 사회 환경과 관련된 기타 문제가 해당한다.

2. 치료심리

1) 정신분석치료

프로이트에 의해 창시된 정신분석치료(psychoanalytic therapy)는 오늘날까지 지속적으로 발달되어 온 치료방법이다. 이 치료방법은 다른 치료방법과 비교하여 인간의 무의식인 측면을 다루고 있다는 점이 가장 두드러진 특징이다.

정신분석치료는 심리장애가 주로 아동기의 억압된 추동과 갈등으로부터 기인한다는 가정에 기초하고 있다. 따라서 정신치료자는 내담자의 억압된 내용들을 의식화하는 데 치료의 초점을 둔다. 무의식적이던 충동이나 갈등이 의식화되면 내담자는 그것들로부터 자유로워질 수 있다는 입장이다. 성격구조의 측면에서는 원욕의 억압된 부분을 새롭게 의식화하기 위하여 자아를 강하게 하고 초자아에 덜 의존적이게 하며, 자아의 지각의 장을 확대하여 자아의 조직을 복구·증축하는 것이 치료의 목표다. 아울러 정신분석치료에서 우선적으로 성취해야 할 것은 증상의 제거가 아니고, 무의식적인 소망이나 갈등을 의식화하고 포기할 것은 포기하여 현실적이고 자유로운 선택을 할 수 있는 능력에 도달하도록 돕는 것이다.

이 치료의 기법은 내담자의 자각을 증진시키고 행동에 대한 지적인 통찰을 얻게 하며 증상의 의미를 이해하려는 목적을 갖고 있다. 치료과정은 내담자와의 대화에서 정화로, 정화에서 통찰로, 통찰에서 무의식적인 문제를 다루며 노력하는 과정을 통해 성격의 변화를 유도하는 지적이고 정서적인 이해와 재교육의 목표를 향해 나아가는 것이다.

정신분석치료에서 주로 사용하는 기법으로는 자유연상, 해석, 꿈의 분석, 저항의 분석 및 전이의 분석이 있다. 자유연상은 무의식적인 소망, 환상, 동기 등을 의식화시키는 데 사용되며, 내담자로 하여금 떠오르는 생각이나 느낌을 의식적으로 검열하지 않고 그대로 표현하게 하는 것이다. 치료자의 과제는 자유연상과정 중에 내담자의 무의식 속에 억압된 자료들을 확인하는 것이다. 치료자는 내담자가 내놓은 자료를 해석해 주고 내담자가 의식하지 못했던 잠재된 역동을 이용하여 통찰을 증진시키도록 돕는 것이다.

해석은 꿈, 자유연상, 저항이나 치료에서 나타난 내담자의 행동의 의미를 치료자가 지적하거나 설명하는 것이다. 해석의 기능은 새로운 자료를 자아에 동화시켜서 더 깊은 무의식의 자료를 밝히는 과정을 촉진시키는 것이다. 해석이 효과적이기 위해서는 해석의 시기가 중요한데, 치료자는 내담자의 반응을 통해 해석의 시기를 결정해야 한다. 시기가 적절하지 않은 해석은 내담자에게 거부감을 주거나 저항을 불러일으켜 치료에 커다란 장애요인이 될 수 있다.

꿈의 분석은 무의식적 욕구나 갈등을 찾아내고 해결되지 않은 문제들에 대해 내담자가 통찰력을 얻게 하는 중요한 절차다. 잠자는 동안에는 방어가 허술해져서 억압된 감정들이 꿈으로 표면화된다. 꿈에는 내용 면에서 볼 때 두 가지 차원이 있다. 즉, 표현된 내용과 잠재된 내용인데, 잠재된 내용은 위장되고 숨겨진 상징이고 무의식적인 동기들로 구성된다. 치료자의 과제는 자유연상을 이용하여 꿈으로 표현된 내용들에 나타난 상징들을 검토함으로서 잠재된 내용을 밝히는 것이다.

저항은 내담자가 치료시간에 지각을 하거나, 이유 없이 빠지거나, 무례하게 행동하거나, 별로 중요하지 않은 이야기를 오래 계속하거나, 자유연상을 잘하지 못하는 등 다양한 형태로 나타날 수 있다. 이러한 저항은 치료의 진전을 저해하고 내담자가 무의식의 내용을 표현하는 것을 방해한다. 치료자가 저항을 해석하는 목적은 내담자가 저항의 원인을 자각하고 그것을 계속 탐색하도록 돕는 데 있다.

전이는 내담자가 과거의 부모나 중요한 타인과 경험했던 감정이나 갈등을 치료자에게 재경험하도록 하는 것이다. 전이 현상은 치료과정에서 특별한 가치가 있다. 왜냐하면 이때 나타나는 현상들은 내담자로 하여금 다른 방법으로는 접근할 수 없었던 다양한 경험들을 재경험하게 해 주며, 전이의 분석은 내담자로 하여금 과거의 경향이 현재에 어떻게 작용하는지를 통찰하게 해 주기 때문이다.

치료과정은 4단계, 즉 개시단계, 전이의 발달, 훈습(薰習, working through), 전이의 해결이다. 정신분석치료는 내담자가 치료자와 만나는 첫 번째 접촉에서부터 시작된다. 치료자는 내담자에 관하여 가능한 한 많은 것을 알아야 하는데, 여기에는 현 생활상황과 곤란한 점, 그가 이루어 놓은 것, 다른 사람과 관계하는 방식, 가족

배경 및 아동기 발달 역사 등이 있다. 개시단계 동안, 치료자는 내담자의 개인력과 발달에 관하여 계속해서 더 많은 것을 알게 됨으로서, 내담자의 무의식적 갈등의 성질에 대한 전반적인 윤곽을 이해함과 동시에 무의식적 갈등이 표현되는 방식에 대해서도 이해할 수 있게 된다.

치료의 다음 두 단계인 전이와 훈습은 치료작업의 주요 부분을 차지하며 실제로는 중첩된다. 내담자가 자기 인생에서 어떤 중요한 인물들에 대해 가졌던 소망에 관한 아동기의 무의식적 갈등과 자신이 가진 현재의 어려움을 관련시킬 준비가 되면, 그는 치료자와의 관계에서 그것을 드러낸다.

전이의 분석은 내담자가 현실과 환상, 과거와 현재를 구분하도록 해 주며 내담자로 하여금 영속적인 아동기의 무의식적이고 환상적인 소망의 힘을 깨닫도록 해 준다. 훈습은 전이 분석이 시작되어 지속되는 기간 동안 진행된다. 자신이 가진 갈등의 본질에 대한 한두 번의 통찰경험으로 변화가 일어나는 것은 결코 아니다. 전이 분석은 여러 번 그리고 여러 가지 다른 방식으로 지속되어야 한다. 내담자가 전이를 통해 자신의 문제에 대해 통찰하는 것은 계속 깊이를 더해 가며 훈습이라는 과정으로 공고히 되는데, 이 훈습 과정은 반복, 정교화 그리고 확대로 구성되어 있다. 전이가 해결되면 치료는 종결단계에 이른다. 내담자와 치료자가 분석의 주목표가 성취되고 전이가 해결되었다는 것에 합의될 때, 치료의 종결이 고려된다.

2) 행동치료

행동수정(behavior modification)이라고도 불리우는 이 치료방법은 1950년대 말에 심리장애를 평가하고 치료하는 하나의 체계적인 접근으로 대두되어, 오늘날 그 변화와 성장이 두드러지게 나타나고 있다. 행동치료(behavior therapy)에서는 심리장애를 원칙적으로 학습된 것으로 보며, 행동주의 학습이론의 실험연구에 그 바탕을 두고 있다. 근본적으로 치료의 대상을 행동에 두고 있다는 점에서 다른 치료방법과는 상당히 다르다.

행동치료에서 '모든 행동은 그 행동에 앞서서 또는 뒤이어서 일어나는 사상들의 영향을 받아 유발된다.'는 기본원리에 기초하여, 행동을 직접 변화시키기보다는 그 행동에 선행하는 조건 또는 후속하는 조건을 변화시킴으로서 행동의 맥락을 변화시키고자 하는 것이다. 따라서 행동치료의 목표는 학습의 원리를 이용하여 심리장애에 수반되는 여러 가지 부적응적인 행동을 소멸시키거나 바람직한 행동으로 바꾸어 주는 것이다.

행동치료에 주로 사용되는 치료기법으로는 고전적 조건화, 조작적 조건화 및 사회학습에 기초한 방법들이 있다. 고전적 조건화에서 주로 쓰이는 방법은 역조건화(counterconditioning)로 문제행동을 유발하는 자극과 새로운 반응을 연합시킴으로서 문제행동을 새로운 반응으로 대치하는 것이다. 역조건화를 이용한 기법으로는 체계적 둔감화(sysstematic desensitization)가 있는데 이 기법은 비현실적인 불안을 일으키는 사건들을 단계적으로 이완반응과 연합시켜 불안을 극복하도록 하는 방법이다. 이 기법은 고소공포증, 시험공포증, 주사공포증, 광장공포증, 폐쇄공포증 등 다양한 공포증을 비롯하여 비합리적인 불안과 관련된 문제들의 치료와 언어장애, 천식, 알코올 중독 등의 치료에 응용되고 있다.

다음으로는 혐오치료의 방법으로 혐오적인 자극과 연합시켜 문제행동의 빈도를 감소시키는 것이다. 혐오치료 기법은 강박장애, 성도착증, 동성연애자와 같은 문제들을 치료하는 데 적용되어 왔으며, 약물중독의 경우를 제외하고는 혐오치료 기법이 행동치료에 우선적으로 선택되는 것은 아니다.

조작적 조건화에서 주로 쓰이는 방법은 토큰경제(token economy)로 조작적 조건화의 원리를 적용한 방법이 있다. 이 기법은 여러 가지 바람직한 행동이나 습관을 미리 정해 놓고 이를 토큰으로 미리 강화하는 것을 주 내용으로 하고 있다.

다음으로는 바이오 피드백(biofeedback)의 방법으로 사람이 의도적으로 통제할 수 없는 자율신경계통의 생리적 반응들을 통제하는 것을 학습하는 기법이다. 이 기법은 긴장성 두통, 편두통, 위궤양, 고혈압 및 순환장애계통의 정신생리학적인 장애의 치료에 효과적이고 최근에 그 치료 방법이 확대되고 있는 행동치료 분야이다.

행동치료는 내담자가 변화하고자 하는 특정 행동에 초점을 둠으로서, 치료자는 치료과정에서 무엇이 이루어져야 할 것인가를 내담자에게 잘 이해시키도록 할 수 있다. 행동치료는 치료절차의 체계를 갖추고 있다는 장점을 가지고 있다.

이 치료기법은 내담자가 자기 성장이나 자아 실현과 같은 전체적인 과정에서 창조적으로 몰두할 수 있는 기회가 부족하다는 한계점을 지닌다. 이 밖에 내담자가 치료자와의 상호작용에 있어서 비인간화될지도 모를 가능성도 지적되고 있다. 또한 문제가 겉으로 드러난 행동에 직접 관련되어 있지 않은 내담자에게 적용될 수 없을 것 같이 보인다.

3) 인지치료

인지치료(cognitive therapy)는 인간의 행동이 인지(認知), 즉 생각이나 신념에 의해 매개된다는 가정을 받아들여, 문제행동과 관련되는 내담자의 인지체계를 변화시키기 위한 치료적 접근이다. 이 치료 기법은 내담자들에게 그들의 고통에 기여하는 인지적 왜곡을 바로 보게 하고, 보다 정확한 평가와 해석으로 변화시킬 수 있도록 돕는 치료 방법이다. 주로 사용되는 치료 방법은 엘리스의 합리적 정서치료(Rational-Emotive Therapy: RET)와 벡(Beck)의 인지행동치료(Cognitive Behavior Therapy: CBT)로 대표된다. 우선 합리적 정서치료에 대해서 살펴보기로 한다.

합리적 정서치료는 내담자의 문제행동을 만들어 내는 비합리적이고 자기패배적인 신념을 극소화하고, 삶에 대하여 보다 현실적이고 합리적인 가치관을 갖게 하는 것이다. 이 치료는 내담자에게 과학적인 사고방식, 즉 합리적이고 이성적인 사고기법의 기본원칙을 가르치고 이러한 방법을 내면화시키도록 돕는 것이다. 이는 내담자가 삶을 통해서 부딪히게 될 정서적 행동 문제를 스스로 해결하기 위함이다.

● 표 12-2 ●   사람들이 흔히 보이는 비합리적인 신념

1. 인간은 주변의 모든 주요 인물로부터 사랑과 인정을 받아야 가치 있는 존재이다.
2. 인간은 모든 생활영역에서 빈틈 없이 유능하고, 적절하며, 성공적이어야 한다.
3. 사악한 인간은 자신의 죄과에 대해 엄중한 벌을 받아야 한다.
4. 세상 일이 원하는 대로 되지 않는다고 하는 것은, 끔찍하고 대단히 슬픈 일이다.
5. 인간의 불행은 환경이나 외부적 조건에 달려 있으며, 인간은 자신의 비극이나 장애를 극복할 능력이 있다.
6. 위험하고 두려운 일이 있거나 생길 가능성이 있다면, 그것에 대해 항상 관심을 두고 있어야 한다.
7. 삶의 어려움이나 자기 책임은 직면하기보다 회피하는 편이 더 쉽다.
8. 인간은 타인에게 의지해야 하며, 의지할 수 있는 강력한 사람이 필요하다.
9. 인간의 과거사는 현재의 행동을 결정하며, 삶의 큰 영향을 준 사건은 계속해서 영향을 미치게 마련이다.
10. 인간은 타인의 문제나 어려움에 대해 크게 신경을 써야 한다.
11. 인간 문제에는 언제나 바르고 정확하고 완전한 해결책이 있게 마련이고 그것을 찾지 못한다면 끔찍스러운 일이다.

합리적 정서치료의 기법으로는 비합리적인 신념으로 인해 부적응적인 정서와 행

동을 보이는 개인이 합리적 정서치료에 의해 변화되는 과정을 설명하는 모형으로 ABCDE이론을 제안하였다. 해고당했거나 어떤 시험에 불합격했을 때 개인의 정서를 유발하는 어떤 사건이나 행위를 선행사건(Activating event: A)이라 한다. 어떤 사건이나 행위 등과 같은 환경적 자극에 대해서 개인이 갖게 되는 태도나 사고방식을 가리키는 것이 신념체계(belief system: B)이며, 여기에는 합리적인 신념(rational Belief: rB)과 비합리적인 신념(irrational Belief: iB)이 있다. 어떤 선행사건을 접했을 때 비합리적인 신념체계를 가지고 그 사건을 해석함으로서 느끼게 되는 것이 정서적 결과(Consequence: C)인데 여기에는 불안, 원망 또는 죄책감 등이 있다.

여기에는 치료자가 개입하여 내담자가 가지고 있는 비합리적인 신념이나 사고에 대해서 도전해 보고 검토하도록 도와주는데, 치료자는 내담자가 자신의 비합리적인 신념을 논박(Dispute: D)할 수 있게 해 준다. 내담자가 비합리적인 신념으로 대처한 다음에 느끼는 자기수용적 태도와 긍정적인 감정을 효과(Effect: E)로 본다.

합리적 정서치료의 과정은 4단계를 거치는데, 첫째 비합리적인 신념들이 문제를 일으킨다는 것을 내담자에게 예시해 준다. 이를 통해 내담자는 비합리적인 신념과 합리적인 신념을 구분하는 방법을 배우게 된다. 두번째 단계는 내담자가 자신의 비합리적인 신념들을 자각하는 단계다. 세번째 단계는 내담자가 자신의 비합리적인 사고와 신념을 자각하는 것을 넘어서 자신의 생각을 수정하고 합리적인 사고를 할 수 있도록 도와주어야 한다. 네번째 단계는 내담자로 하여금 미래에 닥칠 비합리적인 신념의 희생자가 되지 않도록 하기 위해 삶에 대한 합리적 사고를 기르도록 돕고, 앞으로 비합리적 사고와 신념에 대처할 수 있도록 가르친다.

이 치료는 1960년대에 주로 우울증 환자를 대상으로 치료하여 왔으나, 1980년대 이후에는 불안장애, 섭식장애 및 신체형 장애 등과 같은 여러 심리장애에도 적용되어 왔다. 최근에는 정신분열증과 같이 보다 심각한 장애에까지 그 적용 범위가 확장되고 있다.

4) 인본주의치료

인본주의치료(humanistic therapy)는 정신분석 치료와 비교해서 과거보다 현재를 강조하며 무의식적 경험보다는 의식적 경험을 중시한다. 행동치료가 객관적인 환경요인에 관심을 두는 데 비해, 인본주의치료에서는 주관적인 심리요인에 관심의 초점이 주어진다. 또한 인지치료와는 달리 정서를 통제하기보다는 정서표현을 격려한다. 인본주의치료법에 대하여 살펴보기로 하자.

우선 인본주의치료법은 1940년대 초에 미국의 심리학자 로저스에 의해서 창안되었다. 인간중심치료는 모든 사람은 자신을 유지하고 보다 완전한 것으로 발전시켜 나가고자 하는 선천적 경향성, 즉 실현경향성을 갖고 있다는 인간관을 그 기본철학으로 삼고 있다. 또한 이 치료는 현상학적 입장에서 개인이 경험하고 있는, 또 지각하고 있는 장, 즉 주관적 경험의 장을 그 개인의 실재하는 세계로 본다. 그리하여 이 치료에서는 개인의 적응문제를 자기개념(self-concept)과 유기체의 경험 간의 일치성의 문제로 본다. 다시 말해, 개인의 자기와 유기체적 경험이 일치하는 영역이 클수록 그 개인의 방어적인 경향은 감소되고, 그는 모든 경험의 측면들을 자유롭게 각성하고 충분한 정보들을 수집하고 활용할 수 있어서 충분히 기능하는 인간이 될 수 있다.

인본주의치료의 궁극적인 목표는 충분히 기능하는 인간이 되도록 돕는 것이다. 이러한 궁극적인 목표달성을 위한 구체적인 목표는 치료과정에서 개인으로 하여금 방법적인 행동을 하게 하는 가치조건의 해제를 도와서 유기체적 경험에의 개방성을 증대시킬 수 있도록 돕고, 그 결과로 자기개념과 경험 간 일치의 정도를 높일 수 있도록 돕는 것이라 할 수 있다.

이 치료의 목적은 어느 특정 행동 변화에 있다기보다는, 오히려 한 개인을 전체적이고 계속적인 성장의 방향으로 향하게 하는 데 있다. 그러므로 치료자는 어떤 특정 문제를 어떻게 해결하느냐 보다는 내담자의 개인적 성장을 촉진할 수 있는 분위기와 치료관계를 어떻게 제공하느냐를 문제 삼는다.

인간중심치료(person-centered therapy)는 치료자가 내담자와 상호작용하는 과정에서 진실성, 무조건적인 긍정적 존중 그리고 정확한 공감적 이해의 태도를 표현하고 전달하는 방법이 가장 강조되고 있는 치료기법이라 할 수 있다.

이 치료방법에서 치료자는, 첫째, 진실해야 한다. 진실성 혹은 일치성이란 치료자가 내담자와의 치료관계에서 경험하는 자신의 감정이나 태도를 있는 그대로 솔직하게 인정하고, 경우에 따라서는 솔직하게 표현하는 치료자의 태도를 말한다.

둘째, 치료자는 내담자를 조건 없이 긍정적으로 존중해야 한다. 내담자가 어떤 사람이든 간에 그를 향해 치료자가 무조건적으로 긍정적이고 수용적인 태도를 보일 때 치료적 변화가 일어날 가능성이 더욱 커진다.

셋째, 정확한 공감적 이해란 치료과정에서 치료자와 내담자가 상호작용하는 동안에 발생하는 내담자의 경험과 감정이, 그리고 그러한 경험과 감정이 내담자에게 갖는 의미를 순간순간에 민감하게 그리고 정확하게 이해하려는 노력을 말한다.

따라서 모든 인간이 자아실현을 향한 능동적인 힘을 가지고, 서로를 굳게 믿고 솔직히 자신을 개방하는 경험을 통해, 인간이 본래 가지고 있는 성장과 발전의 잠재력이 실현되도록 하는 방법이다.

5) 게슈탈트치료

게슈탈트치료(gestalt therapy) 방법은 펄스(Perls, 1948)에 의해서 개발 보급된 방법이다. 이 치료법은 자기 자신 및 세상에 대한 내담자의 지각에 초점을 맞춘다. 게슈탈트치료는 현상학적이고 대화적이며, 즉각적인 현재 경험을 더 명료하게 하며 자각을 증진시키는 데 초점을 두고 있다. 이 치료는 인간이 전체적이고, 현재 중심적이며, 선택의 자유에 의하여 잠재력을 자각할 수 있는 존재라는 인간관에 기초하고 있다. 인간이 전체적인 존재라는 것은 인간의 행동이 신체적 · 심리적 · 환경적인 요인 등과 같은 각 요소들의 합이 아니라, 환경 속에서 각 요소들이 역동적으로 상호 관련되어 나타나는 하나의 전체라는 뜻이다. 또한 인간이 현재 중심적이며 선택의 자유에 의하여 잠재력을 자각할 수 있는 존재라는 것은 인간이 항상 지나간 과거의 경험에 얽매이지 않고, 현재의 환경 속에서 자신의 행동을 자유롭게 선택할 수 있으며, 그렇게 선택한 행동을 통하여 자신의 잠재력을 자각할 수 있고 또한 선택에 대한 책임도 자신이 질 수 있는 존재라는 뜻을 포함하고 있다.

게슈탈트치료의 목표는, 첫째, 내담자의 개인적 자각을 증진시키는 것이다. 자각을 통해서 내담자는 외부의 조정에 좌우되지 않고 스스로 자기를 조절함으로서 진실된 자기가 되며, 그리하여 건강한 게슈탈트 형성의 원리에 따라 행동할 수 있게 된다. 둘째, 내담자가 '지금-여기'의 삶을 살아가도록 돕는 것이다. 내담자가 과거나 미래에 집착해서 살게 되면 자신의 삶에 대한 책임을 운명이나 다른 사람들에게 전가시키게 된다는 것이다. 그러므로 '지금-여기'가 내담자에게 유일한 현실이므로 순간순간마다 자신의 느낌에 완전히 몰두하고 그 경험에서 무엇인가 얻어 낼 수 있어야 한다.

게슈탈트치료에서는 내담자의 자각과 환경과의 접촉을 증진시키기 위해서 종종 치료기법들을 사용한다. 왜곡된 지각과 동기, 감정 간의 관계를 강조하였다. 이 치료자의 주된 과제는 내담자를 좌절시켜서 권위자와의 갈등을 해결하고 자기 가치감을 향상시키기에 충분할 정도로 내담자를 화나게 하는 것이라고 믿었다.

6) 실존치료

실존치료(existential therapy) 방법은 1940년대와 1950년대에 유럽에서 생겨났으며, 실존주의를 기반으로 하여 다른 치료법과는 달리 철학적인 측면을 강조한다. 실존치료는 내담자의 실존 또는 있는 그대로의 경험을 이해하고 연구하기 위하여 현상학적인 방법을 사용한다. 현상학적인 방법이란 주관적 관찰자의 입장에서 보여지는 사물을 있는 그대로 이해하려는 접근을 말한다. 실존주의 치료자들은 개인의 인생을 설계하고 변경하는 과제는 전 생애적이라고 믿는다.

이 방법의 주된 목적은 인간에 관하여 관념적으로 진실한 자료를 얻으려는 것보다는 실존적으로 진실한 것을 파악하려는 데 있다. 실존주의적 심리치료자들은 내담자들이 존재의 의미를 탐색하도록, 또한 삶의 중요한 문제들(죽음, 자유, 의지, 소외, 외로움 등)을 용감하게 맞닥뜨리도록 돕는다. 우리의 삶이 과거나 상황에 의해 어쩔 수 없이 결정되는 것이 아니라 우리의 운명을 선택하고 바꿀 힘이 우리에게 있다고 믿도록 돕는다. 이 치료자들은 인간의 존재 및 '지금-여기(here and now)'에서 세상과 상호작용하는 현실의 경험에 관심이 있다.

실존치료의 대표적인 실존분석(deseinanalysis)과 의미치료(logotherapy)에 대해서 살펴보기로 한다.

우선 빈스왕거와 보스(Binswanger & Boss)에 의해 체계화된 실존분석은 실제적 인간실존의 현상학적 분석으로 정의되고, 그 목적은 내적 경험세계의 개조에 있다. 실존분석의 인간관은 결정론을 반대하는 관점에 토대를 두고 있는데 인간을 무의식적 동기나 외적 여건의 희생물로 보기보다는 자유롭게 선택하고 책임질 수 있는 존재로 보고 있다.

다음으로 의미치료는 프랭클(Frankl, 1963)에 의해서 창시된 치료법으로, 인간은 다른 동물과는 달리 영성(靈性)을 주요한 특성으로 지니고 있으며, 자유를 지닌 존재인 동시에 자신에 대해 책임을 느끼는 존재라고 보았다. 의미치료에서는 인간실존의 의미와 더불어 그러한 의미를 추구하는 인간의 의지에 초점을 맞추고 있다.

의미치료의 목표는 존재의 의미를 상실한 채 정신적으로 장애를 느끼는 내담자로 하여금 새로운 인생관과 세계관을 갖게 하여 삶의 의미와 책임을 지니게 하는 데 있다.

7) 집단치료

집단치료(group therapy)란 2명 이상의 사람들을 대상으로 하는 치료방법이다. 보통 3명에서 20명 정도의 내담자를 구성하여 진행한다. 집단치료에서는 정서경험을 자각하고 수용하는 것을 목표로 한다. 이 치료방법의 장점으로는 ① 경제성을 들 수 있다. 여러 명을 한꺼번에 치료할 수 있어서 치료비 비용을 줄일 수 있다. ② 내담자들끼리 서로가 서로를 지지해 줄 수 있고 사회적 지지체계로 작용한다는 점이다. 집단원들 사이에서 자신의 존재 가치를 확인하고 자존감도 높일 수 있다. 아울러 상호작용하는 방법도 배울 수 있다. 치료기법으로는 감수성 훈련집단(sensitivity training group), 참만남 집단(encounter group) 및 싸이코 드라마(psychodrama)를 들 수 있다.

감수성 훈련집단은 T-그룹(training group)이라고도 하며 비언어적인 의사소통과 감각에 초점을 맞춤으로서 자각을 증진시키려는 시도를 한다.

참만남 집단은 T-그룹에서 한 단계 진보된 것으로서, 사람들이 일상적으로 대중 앞에서 쓰고 있는 가면을 벗어 던지고 속에 있는 진짜 감정을 나누자는 취지를 가지고 있다(Minuchin, 1974). 참만남 집단에서는 개인의 구체적인 문제를 해결한다기보다는 자기실현의 경험, 대인관계 개선 및 '참자기 느끼기'에 초점을 맞춘다.

싸이코 드라마는 스위스의 정신과 의사인 모레노(Moreno)에 의해서 1920년대 창시된 기법으로, 감정의 분출과 타인의 반응에 초점을 맞춘다. 그는 심리극을 강력한 감정을 표현하고 자신의 행동에 대한 통찰을 얻고, 현실적으로 다른 사람들의 행동을 평가하는 수단으로 생각하였다. 심리극은 치료자가 치료상황의 역동성을 통제하는 지시적인 치료다. 그러나 내용이 참가자들의 활동에서 자발적으로 나온다는 점에서 비지시적이다.

집단치료법은 집단의 특성이나 치료자의 접근법에 따라 달라진다. 그러나 집단원들이 서로의 경험을 나누고 그에 대하여 반응을 보이는 시간을 활용한다는 점은 공통점이다. 집단에 따라 혹은 치료자에 따라 심리적 문제를 치료자가 적극적으로 나서서 해결할 수도 있고 집단원들 자체 내에서 독립적으로 해결할 수도 있다.

8) 가족치료

가족치료(family therapy)는 집단치료의 한 형태로 간주되기도 하는데, 이는 가족의 성원들이 집단을 구성하여 치료에 참여하기 때문이다. 가장 널리 사용되고 있는 가족치료는 미누친(Minuchin, 1974)이 발전시킨 구조적 가족치료(structural family therapy)가 있다. 가족치료에서는 가족이란 서로의 행복을 바라는 집단을 뜻한다. 가족치료의 대상으로 부모와 자식들뿐만 아니라 법적 부부관계에 있는 사람들, 애인 사이인 사람 등이 포함된다. 이 치료법에서는 가족의 구조와 조직에 초점을 맞추기 때문에 가족 중 어떤 개인이 심각한 심리 장애를 보인다 해도 그 개인을 치료의 대상으로 보지 않는다.

가족은 각 가정마다 고유한 특성을 지니고 있으며 나름대로의 규칙, 역할, 세력, 의사소통의 유형을 발전시켜 온 하나의 사회적 체제이다(Goldenberg, 1980). 베이커(Baker, 1986)는 가족치료에서 체계이론의 중요성을 다음과 같이 강조하였다.

첫째, 가족은 각 부분의 특성을 합한 것 이상의 특성을 지닌 체계다.

둘째, 이러한 가족체계의 움직임은 어떤 일반적 규칙에 의해 지배되고 있다.

셋째, 모든 가족체계는 경계를 가지고 있다. 이와 같은 경계의 특성은 가족체계가 어떻게 기능하는가를 이해하는 데 중요하다.

넷째, 가족체계의 한 부분의 변화는 가족체계 전체의 변화를 초래할 수 있다.

다섯째, 가족체계는 완전하지 않으므로 항상 비교적 안정된 상태를 유지하려는 경향이 있다. 따라서, 성장이나 진화가 가능하여 여러 가지 방법으로 변화를 일으키거나 촉진시킬 수 있다.

여섯째, 가족체계 기능 중에는 체계 간의 의사소통이나 피드백 기능이 중요하다.

일곱째, 가족 속의 개인의 행동은 직선적 인과관계보다는 순환적 인과관계로 보는 것이 보다 이해하기 쉽다.

여덟째, 다른 열린 체계와 마찬가지로 가족체계는 목적을 가지고 있는 것처럼 보인다.

아홉째, 가족체계는 하위체계에 의해서 성립되며, 또한 가족체계는 보다 큰 상위체계의 일부분이다.

이처럼 가족치료란 하나의 체계로 보며, 그 체계 속의 상호교류 양상에 개입함으로서 개인의 증상이나 행동에 변화를 가져오도록 추구하는 치료적 접근법이다.

가족치료의 몇 가지 이론을 살펴보기로 한다. 첫째로, 정신역동적 가족치료(psychodynamic family therapy)란 가족을 대상으로 정신역동적 치료를 하는 것이며, 체계적 가족치료에 정신역동적 통찰과 개입을 선택적으로 도입하는 것이라고 정의할 수 있다. 이 치료법의 주요 목표는 개인을 가족이라는 거미줄로부터 해방시키는 것이다. 즉, 가족 구성원들을 무의식적 제약에서 벗어나게 하여 과거의 무의식적 이미지보다 현실에 기초하여 가족이 건강한 개인으로서 서로 상호작용할 수 있도록 돕는 것이다.

이 치료방법은 치료기법으로 치료자의 태도에 초점을 두며, 경청, 감정이입, 해석, 분석적 중립성의 유지라는 감정정화의 기법을 사용한다.

둘째로, 의사소통 가족치료(communication family therapy)로 가족문제는 잘못된 의사소통에서 비롯된다고 생각하였다. 따라서 이 기법의 목표는 가족이 보다 바람직한 의사소통을 기술을 습득할 수 있도록 돕는 것이다. 주요 개념으로 검은 상자(black box)개념으로, 인간의 마음을 검은 상자로 보았는데, 검은 상자는 그 상자를 열고 안으로 들어간다 하더라도 무엇이 있는지 알 수 없다. 마찬가지로 치료자가 한 개인의 마음 세계로 들어간다고 해도 인간을 이해할 수 없다. 그러므로 인간의 마음속에 들어 있는 실체를 이해하기보다는 인간 마음의 기능이 무엇인가를 이해하는 것이 중요하다.

이 치료 방법은 기법으로 가족 간의 의사소통과정을 중시했다. 아울러 문제의 새로운 인식에 대한 재명명화(relabeling)와 증상처방이라는 역설적인 기법도 사용하였다.

셋째로, 경험적 가족치료(experiential family therapy)로, 이 치료기법은 가족에게 통찰이나 설명을 해 주기보다는 가족의 특유한 갈등과 행동양식에 맞는 경험을 제공하려고 노력한다.

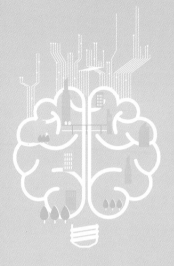

1. 성의 개념

1) 성의 정의

19세기 전까지는 성에 대한 학명이 없었다. 그러다가 19세기에 들어와 성과학(sexology)이라는 성학명이 생겼고, 성 심리학(psychology of sex)이란 용어가 생기게 되었다(Ellis, 2008). 우리나라에서는 이를 성학, 성과학이라고 부른다(김종흡, 2002). 성을 의미하는 단어는 영어에서 섹스(sex), 젠더(gender), 섹슈얼리티(sexuality) 등이 있다. 섹스(sex)라는 단어는 '나눈다' '분리하다'의 뜻인 섹코(Seco), 섹크(Sec)에 관련된 라틴어 섹서스(Sexus)에서 유래한다(Joseph, 1967; 김외선, 2001). 성은 성관계를 의미하기보다 생물학적인 면에서 남녀의 구분을 뜻한다. 인간은 태어나면서부터 남성(male), 여성(female)으로 구분된다. 남성과 여성을 구분할 때 외적인 생식기로 구분할 뿐, 아이의 심리 및 발달 검사로 결정되지는 않는다. 남녀의 구분에 따라서 성에 대한 용어를 살펴보면 다음과 같다. 첫째, 일반적인 성으로, 'Sex(성)' 'Gender(성별)' 'Sexuality(총체적인 성)' 둘째, 해부학적인 성으로, 'Male(남성)' 'Female(여성)' 셋째, 문화적인 성으로, 'Masculinity(남성성)' 'Maleness(남성다움)' 'Feminity(여성성)' 'Femaleness(여성다움)' 넷째, 동양의 성으로, '성(性)= 心(정신적) + 生(육체적)'으로 표기할 수 있다.

따라서 성은 인간, 인성 또는 전인적 인간을 총칭하는 것으로 단순한 성행동이나 육체적인 성의 결합만을 의미하는 것은 아닌 인간의 태도, 가치관, 감성, 문화, 성형태 등을 포함하는 인격적 성을 의미한다. 따라서 총체적인 성(sexuality)은 이성 간 신체적 접촉, 성행위 등과 같은 성적 행위나 양태뿐만 아니라 그 밖의 성의 가치, 문화, 태도, 경험, 학습, 인습, 인식 등 사회적인 것과 육체적·정신적·인격적인 것 등을 포함하는 성과 관련된 전신적인 것을 의미한다.

2) 성의 기능

성(SEX)의 기능은, 첫째, 종족 보존 본능(procreation)으로서 후세를 출산하는 기능, 종족의 번식, 보존을 위한 생식적인 성(reproductive sex)으로서의 기능이 있다.

둘째, 애정표현의 수단으로서의 성으로써 인간 관계적인 성(relationnal sex)과 욕구 불만이나 긴장을 해소, 사랑의 확인, 재화의 획득 등 생활의 원동력인 에너지를 재충전하는 기능이 있다. 셋째, 쾌락 추구(recreation)를 위한 성으로서의 기능이 있다. 넷째, 섹스의 힐링효과(healing effect)로서의 기능이 있다.

3) 남녀 간의 성 차이와 성역할

(1) 남성성과 여성성

인간은 성적인 존재로 삶의 전 생애에 걸쳐 성과 관련성을 가지게 된다. 따라서 인간의 삶에 성은 매우 중요한 요소 중의 하나다. 여성과 남성에 관한 정형은 어느 문화권에서나 오랜 전통과 생활을 통해서 형성되었다. 벰(Bem, 1993)은 성별에 대한 고정관념적인 시각에서, 첫째, 남성, 여성은 서로 다른 성적인 존재라는 양성, 둘째, 남성과 여성은 상반되는 축에 있다는 양극단, 셋째, 남성과 여성은 생물학적 조건이 다르다는 관점으로 분류했다.

남성성(masculinity, manhood, or manliness)이란 남성이나 소년에게 관련 있다고 여겨지는 태도, 행동, 역할들을 의미한다. 즉, 남성성은 사회적 성(gender)에 의한 구분이라고 할 수 있다. 남성이라는 생물학적 성(sex)과는 구별되는 의미이며, 남성성의 기준은 문화적으로나 역사적으로 다르게 구성되어 왔다. 남성성은 본질주의나 생물학적 관점, 사회적 역할의 관점, 실증주의적 관점으로는 정확한 탐구가 어렵다. 기존의 여러 학문이 남성성에 제대로 접근하는 데 실패한 이유는, 지식사회학의 발견에 따르면, 학문 내적인 지식축적과 의사소통의 구조에 있어서 이미 남성성과 같은 사회적 구조가 반영되었기 때문이다. 대신에, 남성성은 사회적으로 실천되는 젠더 관계의 맥락을 통해 파악되어야 하며, 이는 여러 학문 중에서도 사회학만이 비판의식을 갖고 가장 적절하게 접근하고 있다는 판단의 근거가 된다.

남자들의 몸은 온전히 생물학적 물질도 아니요, 온전히 사회적으로 구성된 상징인 것도 아니며, 양자의 절충조차도 아니다. 남성의 몸에는 분명히 신체적 특성으로서의 피할 수 없는 면이 존재하나, 그럼에도 불구하고 지속적으로 개인의 사회적 삶에서 나타나면서 활동성을 보일 수 있다. 사회적 맥락에서 몸이 활동하면서도 그 활동의 대상이 자신의 몸이 되는 재귀적 몸 실천의 경우, 이렇게 실천되는 남성성은 새로운 세계를 형성할 수 있다.

남성성의 사회적 조직화로, 남성성은 권력, 생산, 카텍시스의 3층 구조로 묘사되는 젠더를 사회적으로 실천하기 위한 배열 중 하나다. 남성성은 단일한 것이 아닌 여러 종류의 실천들로서, 지배적 위상을 갖는 패권, 그것에 의해 추방당한 종속, 그것을 묵인하고 이익을 받는 공모, 그것에 권위를 부여하면서도 어떤 이익도 받지 못하는 주변화의 네 가지가 있다. 이상의 남성성은 젠더 이해관계의 변화로 인한 역동, 그리고 여성에 대한 폭력과 동료 남성에 대한 폭력의 공존, 더불어 젠더 질서의 위기 등을 함께 고려할 때, 그것이 유동적인 관점에서 이해되어야 함을 알 수 있다.

여성성(femininity, girlishness, womanliness or womanhood)이란 여성의 고유한 특성으로 간주되어 온 소위 '여성다움'을 말한다. 사회적 성을 다루는 사회학의 일부에서 여성성은 젠더 정체성이다. 여성과 구별된다. 전통적으로 서양 사회에서의 여성성은 상냥하고 온화하며 감정이입적·감각적이다.

생물학적 여성성은 생물학적으로 발생하는 요인들에 의해서 만들어진다. 이는 생물학적 여성의 정의와 전혀 다르다. 여성이든 남성이든지 '여성스러운' 특징들을 가질 수 있다. 현대적 개념에서 '여성성'이란 사회적으로 구성될 뿐만 아니라 여성 개인의 선택들로도 구성된다. 규정되는 여성성은 지역·맥락·문화·사회적으로 조금씩 달라지는 경향을 보이나 전통적으로 여성스러운(feminine) 특징이란 상냥함, 공감 능력, 예민함 등으로 간주된다.

(2) 성 역할

인간은 남녀의 발달과정이 태어나면서부터 생물학적으로나 신체적으로 다르다. 이러한 과정에서 성 역할이 어떻게 형성되었는가를 살펴보고자 한다.

첫째, 남성과 여성의 성 역할은 사회생물학적인 측면에서 보면, 인간이 진화하면서 살아남기 위해서는 인간의 생존과 미래의 보존에 가장 중요한 유전자들이 조상을 통해서 대대로 유전되어 왔다고 사회생물학자들은 주장한다. 둘째, 비교문화적인 입장에서 보면, 비교문화에서 발견되는 성 역할에 대한 현상을 적절하게 설명하지는 못한다. 셋째, 심리학적 입장에서 보면, 아이들은 성장하면서 2~3세까지 자신이 남자인지 여자인지 자신의 성 역할에 대한 개념을 형성한다고 한다. 프로이트는 아동의 3~5세는 남근기에 속하는데, 이 시기의 아동은 이성의 부모에게 근친적인 성적 느낌을 가진다고 주장했다. 넷째, 사회학습입장에서는 아동들은 사회환경에서 부모나 다른 사람들의 행동을 관찰하면서 성 역할을 배운다는 것이다(Perry & Bussey, 1979). 다섯째, 인지발달이론에서 보면, 콜버그는 인간은 사회적으로 영향을 받는 수동적인 존재가 아니고, 자신이 사회를 보는 관점인 스키마(도식)를 형성해서 자신의 성 역할을 발달시키는 데 적극적인 역할을 하는 존재라고 주장하였다. 여섯째, 정보처리이론 입장에서는, 아동은 자신의 성에 대한 인지적 지도, 즉 스키마를 형성해서 그 인지적인 지도에 맞는 성 역할을 배우고 강화해 나간다는 것이다.

(3) 성적으로 건강한 사람의 특징
성적으로 건강한 사람의 특징은 다음과 같다(홍성묵, 2000).

- 자신의 신체와 생김새에 대해서 긍정적으로 생각한다.
- 성에 대한 정보를 필요할 때마다 주저하지 않고 추구한다.
- 대인관계를 할 때 남녀를 구분하지 않고 똑같이 존중한다.
- 자신의 성성향에 대해서 자신감을 가지며, 다른 사람의 성성향도 존중한다.
- 사랑과 친밀한 감정을 적절하게 표현한다.
- 외롭지 않게 친밀한 관계를 손쉽게 만들고 잘 유지해 간다.
- 확고한 결혼관을 가지고 있다.
- 가족, 친구, 사랑하는 사람과의 효율적인 의사소통을 한다.
- 일생 동안 자신의 성을 바람직한 방향으로 즐기고 표현한다.
- 자신의 가치관과 일치하는 성에 대한 태도와 가치관을 가지고 있다.
- 삶에 도움을 주는 성행위와 자신이나 타인에게 해로움을 주는 성행위를 구분할 줄 안다.
- 다른 사람들의 권리를 인정해 주면서 자신의 성을 자유롭게 표현한다.
- 원치 않는 임신을 피하기 위해 피임을 효율적으로 한다.
- 에이즈를 포함, 성병에 걸리지 않도록 책임 있게 행동한다.
- 정기적으로 의학적인 진단과 신체검사를 한다.
- 가족, 문화, 종교, 대중매체, 사회적인 규범이 자신의 사상, 느낌, 가치관 그리고 성과 관련된 모든 행동에 어떤 영향을 주는지 객관적으로 판단을 한다.
- 모든 사람들이 성에 대한 올바른 지식과 정보를 알 권리가 있다는 데 동조

한다.

- 다른 사람들이 갖고 있는 성에 대한 가치관이나 생활방식에 대해서 편견을 갖지 않는다.

4) 양성평등

성 평등(gender equality)이란 모든 사람이 지위 · 배경 등에 관계없이 정치 · 경제 · 사회 · 문화적으로 평등한 대우를 받아야 하듯이, 젠더(사회적 성)에 근거하여 차별 대우를 받으면 안 된다는 규범적 가치다. 젠더 관점에서 성별 위계 및 권력관계에 따라 구조화된 사회적 불평등(성별 고정관념, 성 역할, 성차별적 제도 및 관행, 이분법적 젠더 이해, 성적소수자 차별 등)을 해소하고 차이가 차별이 되지 않도록 하는 상호존중과 공존의 가치와 실천을 의미한다.

양성평등은 '양성평등'과 '성 평등'을 혼재하여 쓰는 경우가 종종 있는데, 엄밀하게는 다른 표현이다. 전자는 인간의 성별은 남성과 여성으로 2개이므로 '양성평등'이라는 용어를 쓰는 것이 일반적이라 여기고, 후자는 인간 사회에는 단순히 남녀 성별로만 분류할 수 없는 이들이 존재하며 그들 역시 흔한 남녀들과 마찬가지로 존중받아야 한다고 주장하는 것이다. 성 평등의 목적은 사람들이 많은 분야에 걸쳐 평등한 대우를 받는 것뿐만 아니라, 사람들의 제반 기회와 삶의 가능성이 평등해지는 것이다. 따라서 양성평등이란 일반적으로 남녀의 성에 의한 법률적 · 사회적 차별을 하지 않는다는 원칙인 것이다.

아울러 성인지 능력이란 생물학적인 성(sex)과 사회적 성(gender)이 가진 차이와 차별의 의미를 분명히 인식하고, 자신의 성별과 관계없이 수행하는 과제와 하는 일(행위) 영역에서 양성평등 지향적으로 일(행위)하는 능력을 말한다. 이러한 성인지 능력의 3가지 요소는, 첫째, 의지(Will)로, 양성평등을 지향하고, 성 주류화 실행에 기여하려는 동기이고, 둘째, 지식(Know)으로, 성과 성별의 차이와, 성 차별구조를 분석할 수 있는 개념 및 대안구조를 만들어 낼 수 있는 도구에 대한 지식까지, 구체적이면서도 포괄적 수준의 지식을 갖추어야 함을 의미하며, 셋째, 실천력(can)으로, 성 주류화 전략을 자신의 업무(행위) 맥락에서 활용할 수 있는 능력을 말한다.

따라서 양성평등 교육의 목적은, 첫째, 여성과 남성 등 특정 성에 부정적인 감정, 고정관념, 차별적 태도를 가지지 않아야 하며, 둘째, 남성과 여성의 생물학적 차이를 사회·문화적 차별로 직결시키지 않고, 셋째, 남녀 모두에게 잠재되어 있는 특성을 충분히 발현하여 자신의 자유의지로 삶을 계획하고 세상을 볼 수 있도록 하여야 한다.

2. 사랑심리

1) 사랑의 정의

사랑은 깊은 상호 인격적인 애정(deepest interpersonal affection)에서 단순한 즐거움까지를 아울러서 강하며 긍정적으로 경험된 감정적 정신적 상태다. 즉, 좋아하고 소중히 여기는 마음을 말한다. 사람이나 존재를 아끼고 위하여 정성과 힘을 다하는 마음이며, 대표적인 예로, 모성애, 가족, 또는 연인에 대한 사랑을 들 수 있다. 넓은 의미에서는 사람 또는 동식물 이외의 대상, 즉 조국이나 사물에 대한 사랑도 포함된다. 한국어의 명사 '사랑'의 옛말은 '다솜'이며, 동사 '사랑하다'의 옛말은 '괴다'다. '괴다' '고이다'의 원뜻은 '생각하다'인데, 이는 사랑한다는 것이란, 곧 '누군가를 끊임없이 생각하고 웃음이 난다'라는 뜻을 담고 있다. 인간의 감정 중 하나이기도 하다.

2) 사랑의 유형

존 앨런 리(John Alan Lee)는 사랑하는 관계에 대해서 그리스어로 사랑을 의미하는 단어 6가지를 이용해 유형을 나누었다. 리는 낭만적, 우애적, 유희적 사랑을 일차적 사랑으로 분류하고 이 유형들을 사랑의 3원색으로 지칭하고 이 중 2가지가 혼합된 것이 이차적 사랑으로서, 실용적·헌신적·소유적 사랑으로 분류한다.

첫째, 낭만적 사랑으로 '에로스(Eros)'는 감각적인 욕구와 갈망을 가진 열정적인 사랑을 뜻한다. 현대 그리스어 'erotas'는 낭만적인 사랑을 뜻한다. 'erotic'은 'eros'에서 파생된 용어다. 고전적 세계에 있어서, 사랑이라는 현상은 일반적으로 광기 또는 테이아 마니아(고대 그리스어: theia mania, 신들로부터의 광기)로 이해되었다. 이 사랑의 열정은 은유적이고 신화적인 '사랑의 화살' '사랑의 과녁'로 묘사된다. 본래

에로스는 그리스 신화 속에 나오는 사랑의 신 이름이다. 플라톤에 있어서는 이데아로 가고 싶은 상태를 에로스라고 한다.

둘째, 우애적 사랑으로 '스토지(storge)'는 친밀한 친구에게서 느끼는 우정에 주요소가 되는 사랑으로 서서히 발전하며 오래 지속되는 사랑이다. 오랜 기간 친구로 사귀다가 연인으로 발전하며 편안하고 정다우며 신뢰가 바탕을 이룬다. 갈등을 원만히 해결하고 서로 강한 상처를 주며 끝나는 형태는 드물다.

셋째, 유희적 사랑으로 '루두스(ludus)'는 놀이를 하듯 재미와 쾌락을 중시하며 즐기는 형태의 사랑으로 상대에 대한 집착이나 관계의 지속을 위한 계획에 관심이 없다. 흔히 여러 명을 동시에 사귀며 고정된 연인상도 가지고 있지 않다. 돈후안이나 플레이보이가 이 유형의 예시로 들 수 있다.

넷째, 실용적 사랑으로 '프라그마(pragma)'는 이성에 근거한 현실적이고 합리적인 사랑으로 논리적 사랑이라고 하기도 한다. 상대방을 선택할 때 성격, 가정배경, 교육수준, 종교, 취미 등 관계가 안정적이고 지속적일 수 있는 조건을 고려한다. 이렇게 고른 연인과는 후에 강렬한 애정 감정과 열정이 뒤따르기도 한다. 우애적 사랑과 유희적 사랑이 결합된 것으로 분류된다.

다섯째, 이타적 사랑으로 '아가페(agape)'는 무조건적이고 헌신적으로 타인을 위하고 보살피는 사랑으로 사랑을 받을 자격을 가지고 있는지 여부나 그로부터 돌아오는 보상에 상관없이 주어지는 헌신적인 사랑이다. 진정한 사랑이란 받는 것이 아닌 주는 것이며, 자기 자신보다 상대방의 행복과 성취를 위해 희생하는 것이라 여긴다. 낭만적 사랑과 우애적 사랑이 혼합된 형태다.

여섯째, 소유적 사랑으로 '마니아(mania)'는 상대방에 대한 소유욕과 집착을 중요요소로 하는 사랑이다. 상대방을 완전히 소유하고, 나 자신이 소유당하는 것이 사랑이라는 생각에 집착하기 때문에 강한 흥분과 깊은 절망의 극단을 오간다. 낭만적 사랑과 유희적 사랑이 혼합된 것으로 분류된다.

3) 사랑의 발전 단계

이성관계는 시간의 흐름에 따라 발전한다. 처음에 낯설어 하던 두 남녀는 만남의 횟수가 증가하면서 점차 친밀감과 애정을 느끼게 되고 깊은 사랑으로 발전되기도 한다. 사회심리학자들은 이처럼 깊이 서로를 사랑하는 연인관계처럼 인간관계가 심화되는 과정을 '사회적 침투'라고 부른다. 알트만과 테일러(Altman & Taylor)는 이성관계의 발전과정을 정밀하게 분석하여 사회적 침투과정을 5단계로 나누어 설명하고 있다. 첫째, 첫인상의 단계로 상대방을 만나 주로 외모나 행동의 관찰을 통해 인상을 형성한다. 이 단계에서 상대방에게 호감을 갖게 되면 그에 대한 관심이 높아져 더 알고 싶은 마음이 생겨난다. 둘째, 지향 단계로 서로 자신에 대한 피상적인 정보를 교환하고 상대방을 탐색한다. 또 상대방에게 좋은 인상을 주려고 노력하며 상대방이 자신에게 호감을 갖고 있는지 타진한다. 셋째, 탐색적 애정교환 단계로 조금 친근한 태도를 취하고 대화의 내용이 좀 더 풍부하고 깊어지며 자발성도 증가하게 된다. 상대방에 대한 호감 이상의 초보적인 애정과 사랑의 감정을 느끼게 되며 자신의 좋아하는 감정을 상대방에게 알리려고 노력하고 상대가 자신을 사랑하는지 확인하려 한다. 넷째, 애정교환 단계로 마음 놓고 상대를 칭찬도 하고 비판도 한다. 서로 좋아한다는 것 또는 서로 연인 사이라는 것을 암묵적으로 인정하고 좀 더 확실한 방법으로 사랑을 표현하고 전달한다. 다섯째, 안정적 교환단계로 속마음을 터놓고 이야기하고 서로의 소유물에도 마음 놓고 접근한다. 또한 자신의 약점이나 단점을 두려움 없이 내보이게 된다. 이 단계에서는 사랑에 대한 확신을 갖게 되고 신뢰와 친밀감에 바탕을 두고 안정적인 애정교환이 이루어지게 된다. 흔히 이 시기에 결혼의 약속을 하게 되고 육체적 애정교환이 이루어지기도 한다.

4) 사랑의 수레바퀴 이론

리스(Reiss, 1971)에 따르면 사랑의 발달이란 바퀴처럼 하나의 순환과정으로서 다음과 같은 네 가지 단계를 거친다고 한다.

(1) 라포형성 단계

두 사람이 서로 좋아하고 원하게 되는 단계다. 이 단계를 통해 사람들은 서로 간에 마음을 열게 되고 우호적 감정을 느끼는 **라포**(rapport)를 형성하게 된다. 이러한 라포는 서로가 신뢰하고 존경하는 마음이 있을 때 형성되는데, 라포를 형성하는 능력은 사람에 따라서 다양하다. 다른 사람들에게 쉽게 접촉할 줄 아는 사람도 있지만, 다른 사람들과 친해지는 것을 어려워하는 사람들도 있다. 일반적으로 라포를 형성시켜 주는 것은 배경의 유사성이다.

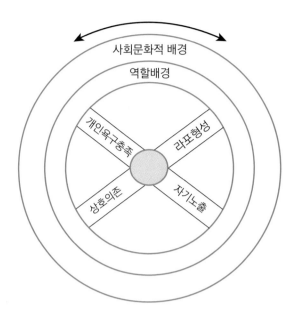

● 그림 13-1 ● 사랑의 수레바퀴 이론

(2) 자기노출 단계

두 사람이 자신에 대한 개인적인 정보를 주고받는 단계이다. 만약 한 사람이 자신의 정보나 느낌을 표출한다면, 다른 사람 역시 자기노출을 하게 된다. 상호 간의 자기노출이 계속되면 될수록 친밀한 관계가 상호의존의 관계로 발전하게 된다. 이 단계는 커뮤니케이션에서 가장 중요하다. 또 사람마다 개인차가 있다.

(3) 상호의존 단계

두 사람은 좀 더 많은 시간을 함께 보내기를 원하면서 상호의존(interdependence) 관계로 발전한다. 서로에게 관심과 호의를 보이고, 상호작용하면서 상대방에게 의존하기 시작하며, 서로가 서로의 존재를 필요로 하게 된다. 상호의존 관계는 행동적 상호의존 관계에서 시작해서 감정적 상호의존 관계로 발전하며, 다음의 네 번째 단계를 유도한다.

(4) 개인욕구충족 단계

모든 사람은 사랑하고 사랑받고자 하며, 이해, 지지 그리고 격려받고자 하는 감정적 욕구를 지니고 있다. 서로의 관계가 발전함에 따라 두 사람은 각각 상대방의 감정적 욕구에 만족한다는 것을 알 수 있다. 이 관계는 좀 더 깊은 자기노출, 상호의존관계 심화 그리고 욕구만족 증대 등으로 진행된다. 리스는 이 단계가 직업상의 역할, 가족역할과 같은 성인의 주요 사회적 역할과 관련되어 있음을 강조한다. 그리고 이러한 개인 욕구가 만족됨에 따라 앞 단계에서 시작되었던 라포 형성이 더 잘 되면서 사랑의 단계는 수레바퀴가 돌아가듯이 계속적으로 진행되는 것이다.

5) Sternberg의 사랑의 삼각형이론

스턴버그(Sternberg, 1986)는 사랑에 세 가지 주요한 요소가 있음을 가설적인 삼각모형으로 제시하였다. 그가 말하는 사랑의 삼각형 이론은 사랑이 하나의 삼각형을 구성하는 세 구성요소(이 요소들은 삼각형의 꼭지점으로 볼 수 있다)의 측면에서 이해될 수 있다. 사랑의 세 가지 요소로 나타나는 삼각형의 변이 같을 때 완전한 사랑이 된다. 사랑의 크기는 이 세 요소의 크기로 결정될 뿐만 아니라, 사랑의 형태도 이 세 요소의 상대적 비율에 따라 여러 다른 형태로 나타나게 된다는 것이다.

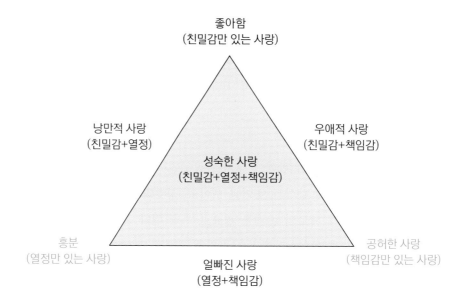

● 그림 13-2 ● 사랑의 삼각형이론

스턴버그가 주장하는 사랑의 세 요소는 다음과 같다.

첫째, 친밀감(intimacy)은 사랑하는 관계에서 나타나는, 가깝고 연결되어 있으며 결합되어 있다는 느낌을 말한다. 흔히 사랑하는 사이에서 느끼는 따뜻한 감정 체험이다. 소위 사랑의 '정서적 요인'이라 할 수 있다.

스턴버그와 그래젝(Sternberg & Grajek, 1984)은 가까운 관계에서 친밀감은 다음과 같이 나타난다고 하였다.

- 사랑하는 사람의 행복을 증진시키고자 하는 열망
- 사랑하는 사람과 함께 있을 때 행복을 느끼는 것
- 사랑하는 사람을 존중하는 마음
- 어려울 때 사랑하는 사람에게 기댈 수 있는 것
- 사랑하는 사람과 서로 이해하는 것
- 자신 및 자신의 소유물을 사랑하는 사람과 함께 나누어 갖고 싶은 것
- 사랑하는 사람으로부터 정서적 지지를 받는 것
- 사랑하는 사람과 친밀한 의사소통을 하는 것
- 자신의 생활에서 사랑하는 사람의 가치를 높이 평가하는 것

둘째, 열정(passion)은 사랑하는 관계에서 낭만적 감정이 일어나게 하거나, 신체적 매력을 느끼게 하거나, 성적 몰입 등 사랑하는 관계에서 있을 수 있는 일들을 생기게 하는 말하자면 뜨거운(hot) 느낌, 욕망이다. 이것은 행동을 유발하도록 강력한 힘을 발휘하기 때문에 소위 '동기적 요인'이라고 한다. 대부분의 관계에서 성적 욕구가 열정의 주요부분을 차지하기도 하지만 다른 요구들, 즉 자기존중욕구, 다른 사람과의 친애욕구, 다른 사람들에 대한 지배욕구, 다른 사람에 대한 복종욕구, 자아실현욕구 등도 열정을 불러일으키는 데 기여한다.

셋째, 결심(혹은 책임, 또는 헌신, 또는 관여, commitment)으로 차가운 느낌으로 묘사할 수 있는 사랑의 '인지적 요인'이다. 이 요소는 단기적인 것과 장기적인 것의 두 가지 측면으로 구성되어 있다. 단기적인 것은 어떤 사람을 사랑하기로 하는 결심을 말하며, 장기적인 것은 그 사랑을 지속시키겠다는 헌신을 말한다. 그러나 이 두 가

지 측면이 꼭 함께하지는 않는다. 즉, 사랑하지만 관계를 지속하려 하지 않는 경우도 있고, 또는 관계를 지속하고 책임을 지는 것이 꼭 사랑한다는 결심을 의미하는 것은 아니다. 많은 사람들이 상대를 사랑한다거나 혹은 그와 사랑에 빠졌다는 인정을 하지 않은 상태에서 그 사람과의 사랑에 헌신을 한다. 그러나 헌신 이전에 사랑에 대한 결심이 있는 경우가 더 빈번하다.

이처럼 사랑의 3요소는 서로 밀접한 상호작용이 있다. 즉, 친밀한 사이가 열정적 관계로 발전할 수도 있고, 열정적 관계에서 친밀감이, 그리고 결심/책임으로 인해 친밀감이나 열정이 생겨날 수도 있다. 그러나 어느 것이 먼저 선행하는지에 대한 일관된 증거는 없다. 대체로 친밀감과 열정이 형성된 후에 결심/책임이 뒤따르나, 결심/책임 후에 친밀감과 열정이 뒤따르는 수도 있다.

스턴버그는 사랑의 3요소들의 배합에 따라서 사랑을 다음과 같이 8가지로 분류하였다.

첫째, **좋아함(liking): 친밀감 요소만 있는 경우**로 사랑에서 열정과 결심/헌신 요소가 결여된 채 친밀감 요소만이 경험될 때 나타난다. 좋아함이란 진정한 친구들과의 관계에서 경험하는 종류의 감정을 말한다. 이 경우 강한 열정이나 장기적 헌신은 없지만 상대를 향해서 친밀감, 결합되어 있다는 느낌, 따뜻함 같은 것을 느낄 수 있다.

둘째, **도취성 사랑(infatuated love): 열정 요소만 있는 경우**로 도취성 사랑은 '첫눈에 빠진 사랑' 혹은 상대를 있는 그대로가 아니라 지나치게 이상화시켜 현실을 제대로 보지 못하는 사랑을 말한다. 도취성 사랑은 친밀감, 결심/헌신의 요소가 결여된 열정적 흥분만으로 이루어진 사랑이다. 그것은 거의 즉흥적으로 생겨났다가 상황이 바뀌면 갑자기 사라져 버릴 수 있다. 또 정신적 · 육체적인 흥분이 상당한 정도로 나타나는 특징이 있다.

셋째, **공허한 사랑(empty love): 결심/헌신 요소만이 있는 경우**로 친밀감이나 열정이 전혀 없이 상대를 사랑하겠다고 결심함으로써 생긴다. 몇 년 동안씩 서로 간에 감정적 몰입이나 육체적 매력을 전혀 느끼지 못하는 정체된 관계에서 발견되는 그런 종류의 사랑이다. 공허한 사랑은 대체로 오래된 관계가 끝날 때쯤 나타나지만, 어떤 커플에게서는 장기적인 관계의 시작단계에서 나타나는 수도 있다.

넷째, **낭만적 사랑(romantic love): 친밀감과 열정 요소의 결합**으로 육체적 매력이나 그

밖의 매력들이 첨가된 좋아하는 감정이다. 낭만적 사랑은 서로에게 육체적, 감정적으로 밀착되어 있는 것이다. 그런 커플들은 관계가 지속될 것에 대한 기대나 계획에 대해서는 특별한 주의나 노력을 기울이지 않는다.

다섯째, **우애적 사랑(companionate love): 친밀감과 헌신 요소의 결합**으로 열정의 주된 원천인 육체적 매력이 약해진 오래된 우정같은 결혼에서 자주 발견되는 사랑이다. 사실상 대부분의 낭만적 사랑은 차츰차츰 우애적 사랑으로 변하면서 남게 된다. 우애적인 사랑에 만족을 느끼는 정도는 개인마다 차이가 있지만, 어떤 사람은 더 이상의 사랑을 원하지 않고 그렇게 노력하지도 않을 것이다. 또 어떤 사람은 자기 인생에서 그런 낭만적 로맨스가 계속 유지되지 않으면 행복하지 않을 수도 있다.

여섯째, **얼빠진 사랑(fatuous love): 열정과 헌신 요소의 결합**으로 친밀감이 결여되어 있는 헐리우드 영화나 급행구혼에서 접하게 되는 종류의 사랑이다. 즉, 한 남녀가 어느 날 만났다가 곧 서로 약혼하고 또 곧 결혼하는 방식과 같은 사랑이다. 서로 간의 관계가 발전해 가는 데 필요한 친밀감의 형성을 위한 시간 없이 열정에 근거해서 헌신이 이루어진다는 점에서 그것은 실체가 없어 보이기도 한다.

일곱째, **성숙한 사랑(cosummate love): 친밀감과 열정과 헌신 요소의 결합**으로 우리 모두가, 특히 낭만적 관계에 있는 사람들이 도달하려고 노력하는 그런 종류의 사랑이다. 하지만 성숙한 사랑을 얻기는 어렵고 또 그것을 지키기는 더욱 어렵다.

여덟째, **모든 요소들의 부재: 사랑이 아닌 것(nonlove)**으로 이것은 우리가 경험하는 다수의 대인관계에서 나타난다. 이런 관계는 사랑도, 심지어는 우정조차도 단편적인 것이다.

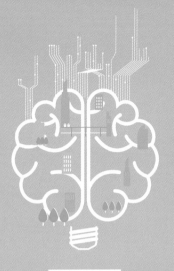

제14장

사회 및 응용심리

1. 사회심리
2. 응용심리

1. 사회심리

인간은 개별적인 존재이지만, 우리 모두는 한 집단에 속해 있는 개개인이다. 따라서 사회심리학자들은 사회적 맥락, 즉 사람들과의 상호작용 과정에서 생각, 감정, 행동이 어떻게 영향을 받으며, 이것이 개개인에게 어떻게 영향을 미치는지를 연구하고자 한다.

1) 태도와 태도 변화

(1) 태도

태도(attitude)는 감정적 반응과 관련 행동을 유발하는 사람이나 장소 또는 사물의 지속적인 정신적 표현으로, 특별한 사람이나 대상에 대해 좋아하거나 싫어하는 반응의 학습된 소인이다. 태도는 특정 사람, 장소 또는 호의를 가지고 있고, 또는 호의가 없는 것들을 평가함으로써 표현되는 행동 및 인지적 경향을 지속한다 (Albarracin & Shavit, 2018). 사회 심리학자들은 일반적으로 태도가 세 가지 요소로 구성되어 있다고 설명한다. 그중 하나는 **감정요소**(affect component)로 태도 대상에 대하여 지닌 긍정적이거나 부정적인 정서를 포괄하는 것이다. 다른 하나는 **행동요소**(behavior component)로 태도 대상과 관련하여 호의적 또는 혐오적으로 취하는 행동, 의향의 면을 말한다. 마지막으로 **인지요소**(cognition component)는 태도 대상에 대해 소지자가 가지고 있는 모든 상념과 지식 등을 말한다.

이러한 태도가 행동에 영향을 미친다는 것은 그리 새삼스러운 사실은 아닐 것이다. 그러나 흥미로운 점은 행동이 태도에 영향을 미칠 수 있다는 것이다. 사회 심리학자인 페스팅거(Festinger, 1957)의 **인지부조화 이론**(cognitive dissonance theory)은 이런 현상을 잘 설명해 준다. 이 이론은 개인이 서로 상반되는 두 가지 태도나 사고(인지)를 가지고 있을 때, 심리적인 일관성을 추구하고자 태도를 변화시키는 것을 의미한다. 또한 스틸(Steel, 1988)은 자기의 개념을 인지부조화 이론에 도입하여, **자기가치확인 이론**(self-affirmation theory)을 주장하였다. 사람은 자신에 대해 전체적으로 긍정적인 지각을 하려 노력하며, 자신을 비판하는 것에 대해 자신의 다른 가치를 강조함으로써 자기 이미지(self-image)를 방어하려 한다고 설명한다. 자기 가치를 확인할 수 있는 사람은 그렇지 않은 사람보다 긴장을 덜 하는 경향이 있다. 이 이론에 따르면 자기의 통합적인 모습을 긍정적으로 갖고자 하는 동기가 인지부조화 효과를 가져온다. 즉, 사람들은 자신의 통합성에 부응하지 못하는 정보를 접하는 경우에 잘못되었거나 불편한 느낌을 갖게 된다. 이때 자신의 긍정적 가치를 다른 면에서 재확인할 수 있다면 인지부조화에 의한 불편감을 크게 감소시킬 수 있다고 본다. 따라서 자기 가치를 확인하면 자아개념이 강해지고 이와 관련된 주제의 메시지 설득률이 높아진다고 할 수 있다.

(2) 태도 변화

사람들의 태도를 변화시키기 위해서 주로 사용되는 방식은 설득이다. 효과적으로 설득하려면 다음의 요인들을 고려해야 한다. 첫째, 설득 정보를 전하는 사람이 정보의 효과성에 큰 영향을 미친다. 즉, 설득자가 매력적이거나, 또는 전문성과 신뢰성을 가진 인물이라면 보다 효과적으로 설득될 가능성이 높다. 둘째, 설득 정보가 어떤 종류의 정보인가가 태도 변화에 영향을 줄 수 있다. 설득 대상자들이 설득 정보에 대해 이미 호의적이라면, 일방적으로 설득자가 설득 정보를 제공하는 것이 효과적인 반면, 설득 정보가 불명확해 보이는 것이라면 설득자와 설득 대상자 간에 양방향으로 설득 정보가 제공되는 것이 효과적이다. 셋째, 일단 설득 정보가 전달되었다면 설득 대상자의 특성이 설득 여부를 결정하게 된다. 예를 들어, 설득 대상자가 지적이라면, 설득 정보를 더 잘 이해하고 기억할 수 있기 때문에 설득이 촉진될 수 있다. 그러나 한편으로는 설득 대상자가 설득 정보에 대해 더 많은 지식을 가졌다면 자신의 의견을 고수하려는 태도를 취하기 때문에 설득이 이루어지지 않을 수도 있다.

설득을 통한 태도변화에서 페티와 카시오포(Petty & Cacioppo, 1981)의 정교화 가능성 모델(elaboration likelihood model)에 따르면, 태도 변화에는 두 개의 기본적 경로가 있다. 수신자가 설득의 메시지를 처리할 때 인지정교화의 정도에 따라 중심경로(central route)와 주변경로(Peripheral route)로 나누어 설명할 수 있다. 중심경로는 메시지에서 제시된 핵심 논점에 대한 사고의 결과로서 설득이나 태도의 변화가 발생한 경우이고, 주변경로는 메시지의 핵심 논점과 상관 없는 다른 요소들에 의해 설득되거나 태도 변화가 발생한 경우다. 일반적으로 중심경로를 통해 형성된 태도는 상대적으로 강력하고 지속적인데 이는 소비자가 의식적이면서 적극적으로 전달

받은 메시지의 중심적 단서(central cues)에 관하여 생각하고 고민하는 '인지적 노력'을 통해 태도 변화를 가져왔기 때문이다. 반면, 태도 변화가 주변적 단서(peripheral cues)에 의해 형성된 결과라면 상대적으로 한시적으로 유지된다. 이는 소비자가 노력을 기울인 것이 아니라 몇 가지 주변 단서만으로 태도를 형성했기 때문이다. 하지만 주변 단서를 통해서 태도 변화를 가져온 소비자들에게는 의식적으로든 무의식적으로든 주변적 단서가 자신에게는 중심적 단서로서 작용하여 태도 변화가 정교하게 이루어졌다고 볼 수 있다.

2) 인상 형성과 귀인

대인지각(person perception)은 사회적인 상호작용에서 타인에 대한 이해가 이루어지는 과정과 그 결과를 다루는데, 크게 인상 형성(impresion formation)과 귀인(atribution)이라는 두 가지로 나뉘어진다. 인상 형성이란 사람들이 처음 대하는 사물이나 사람에 대해서 그 대상을 평가할 때 외모나 행동을 보고 그 사람의 성격, 태도, 행동 경향성 등을 판단하며 전반적인 인상을 형성하는 것을 의미하고, 귀인은 다른 사람이 어떤 행동을 취했을 때 그 행동의 원인을 추론하는 것을 말한다.

(1) 인상 형성에 관한 이론

지금까지 인상 형성에 관한 심리학적 연구는 학습적인 측면을 강조하는 행동주의적 관점(behaviorism)과 인지적인 요소를 강조하는 형태주의적 관점(gestalt)으로 나누어 볼 수 있다.

가. 행동주의적 관점

행동주의적 관점에서는, 인상 형성의 과정에서 타인에게 주어지는 낱개의 특성들이 개별적으로 가지고 있는 척도치(scale value)들이 기계적으로 통합되어 최종 인상으로 형성된다고 본다. 여기서 척도치란 각 개별적인 특성들이 가지고 있는 평가적인 정보의 정도다. 이 접근에서는 각각의 특성이 가지고 있는 평가적 척도치는 항상 일정하며, 이들이 앤더슨(Anderson, 1965)의 평균모형(averaging model)과 트리아디스와 피셔바인(Triadis & Fishbein, 1963)의 누가모형(aditive model)에 의해 기계적으로 통합되어 인상평가가 이루어진다는 것이다. 여기서 평균 모형은 타인의 특성에 대한 개별적인 척도값을 합산하고 평균원리를 적용하여 최종 인상이 형성된다고 본다. 또한 누가모형은 타인의 특성에 관한 척도값을 가산함으로써 최종 인상이 형성된다고 보는 것이다.

나. 형태주의적 관점

형태주의적 관점에서는 정보의 수용자는 타인에 대한 정보를 있는 그대로 받아들이지 않고 선택적으로 수용하며, 상황적인 요인 등을 고려하여 재해석하고 분석하여 의미 있는 새로운 형태로 조직화한다고 본다. 따라서 각각의 특성들은 분리된 것으로 지각되지 않고 서로 관계가 있는 전체로서 지각되기 때문에, 각각의 특성들이 가지고 있는 의미는 고정적인 것이 아니라 그 특성이 어떠한 배경에서 나타나는가에 따라 달라질 수 있다. 애쉬(Asch, 1946)는 인상을 형성할 때 중요하게 고려되는 중심 특성과 주변 특성이 있음을 밝혀냈다. 그는 인상 형성의 과정에서 타인의 성격 특성 중 어떤 것이 중심 특성(central trait)으로 부각되어 이것을 중심으로 대상 인물에 대한 전반적인 인상이 형성되면, 주변 특성(peripheral trait)들은 이에 일치하는 방향으로 의미가 변화하는 과정을 거쳐 인상이 형성된다고 본다.

(2) 인상 형성의 단서

인상 형성은 매우 신속하게 일어난다. 어떤 사람을 처음 만나는 즉시 또는 몇 마디 말을 나누고 나면 곧 그에 대한 인상을 형성한다. 그렇다면 인상 형성에 사용되는 지각단서는 무엇인가? 일반적으로 우리는 사람의 외관적 특성에 근거하여 인상을 형성하는 경향이 있다. 특히 얼굴 생김새, 옷차림새, 비언어적인 행동단서 등이 인상 형성에 중요한 역할을 한다.

첫째, 얼굴 생김새가 있다. 이는 낯선 사람을 만나면 우리는 제일 먼저 그 사람의 얼굴을 보게 된다. 얼굴의 여러 가지 특징을 통해 그 사람에 대한 인상을 형성하게 된다. 특히, 얼굴 생김새와 얼굴표정은 그 사람에 대한 인상을 형성하는 매우 중요한 단서로 사용된다. 둘째, 옷차림새로 '옷이 날개'라는 말이 있듯이, 옷차림새는 인상 형성에 중요한 영향을 미친다. 옷은 사람의 가장 넓은 표면을 차지하고 있으며 따라서 옷차림새는 개인에 대한 많은 정보를 제공한다. 옷차림새는 개인의 사회경제적 지위, 교육 수준, 직업뿐만 아니라 성격, 가치관, 흥미 등과 같은 심리적 특성에 대한 인상 형성에 영향을 미친다. 셋째, 인상 형성의 행동 단서로 어떤 사람이 행동하는 것을 보고 그 사람에 대한 인상을 형성한다. 인상 형성에 영향을 미치는 행동단서에는 몸의 움직임과 제스처, 몸의 자세, 타인과의 거리 등과 같이 다양한 비언어적 단서가 포함된다.

(3) 인상 형성의 일반적 특징

한 사람에 대해 얼굴 생김새, 옷차림새, 행동단서로부터 여러 가지 정보가 동시에 주어지는 경우가 대부분이다. 여기에는, 첫째, 일관성(consistency)으로 사람들은 타인에 대해 형성한 인상을 일관성 있게 유지하려는 경향이 있다. 즉, 타인에 대해 어떤 인상을 형성하고 나면 모순되는 정보가 있다 해도 그것을 무시하는 경향이 있다. 둘째, 초두 효과(primary effect)로 우리가 어떤 사람을 처음 만나면 몇 가지 단서나 정보를 근거로 하여 첫인상을 형성한다. 이와 같이 먼저 제시된 정보가 나중에 제시된 정보보다 더 큰 영향력을 행사하는 것을 초두 효과라고 한다. 셋째, 부정성 효과(negativity effect)로 한 사람에 대해 좋은 평과 나쁜 평을 함께 듣게 되면, 좋은 평보다 나쁜 평이 전체 인상을 결정하는 데 중요한 역할을 하는 경향이 있다. 즉, 어떤 사람의 장점과 단점에 대한 정보의 양이 비슷할 때 우리는 그 사람에 대해서 중립적인 인상을 형성하는 것이 아니라, 부정적인 인상 쪽으로 기울어진다. 이렇게 긍정적인 정보보다 부정적인 정보가 인상 형성에 더 큰 비중을 차지하는 현상을 부정성 효과라고 부른다. 넷째, 인상 형성의 왜곡(distortion) 또는 편향(bias)으로 인상은 주어진 정보에만 근거하여 형성되는 것은 아니다. 인상 형성에 관해 단서가 주어지면 그것을 기점으로 하여 각 개인이 갖고 있는 사람에 대한 평가의 틀이 상기되어 그것을 매개로 하여 일정한 방향으로 인상이 형성되는 경우가 많다. 이렇게 형성된 인상은 그 내용이 왜곡되거나 편향된 것이 될 가능성이 높다. 고정관념 (stereotype)이 대표적인 예인데, 특정 집단의 사람들에 대해 그 집단의 사람들은 모두가 특정한 특성을 갖고 있다는 식의 믿음이다. 대개 합당한 근거 없이 형성된 것들인 경우가 대부분이다. 흔히 얼굴이나 몸의 생김새, 인종, 또는 출신지역을 근거로 한 고정관념들이 많다.

(4) 귀인이론

귀인(attribution)이란 사람들은 자신의 행동을 관찰함에 있어서 내면적인 기질을 관찰하는 것이 불가능하므로 겉으로 드러나는 행위자의 행동을 관찰하여 그 원인을 추리하게 되는데, 이에 대한 추리는 관찰자의 지각 정도에 따라 좌우된다. 이와 같이 타인 행동의 원인을 추리하거나 환경 내에 있는 실체의 기질적인 속성을 지각하여 추리하는 과정을 말한다. **귀인이론**(attribution theory)은 사람들이 어떻게 개인의 몇 가지 행동표본에 기초하여 그 사람이 행한 행동의 특별한 이유가 무엇인지 결정하는지를 설명하는 이론이다. 주어진 행동의 원인을 이해하려고 시도할 때, 사람들은 전형적으로 원인이 상황적인지, 아니면 소인적인지의 여부를 결정하려고 한다. 해롤드 캘리(Harold Kelly, 1967)는 한 사람의 행동이 상황적 요인에 의해 동기화된 것인지, 소인적 요인에 의해 동기화된 것인지를 결정하기 위해서 사람들은 세 가지 유형의 정보를 사용한다고 보았다. 첫째, 다른 사람들이 동일한 상황에서 유사하게 행동을 하는 정도인 **합치성**(consensus) 정보가 있다. 둘째, 개인이 유사한 상황에서 유사한 행동을 할 것인지의 정도인 **일관성**(consistency) 정보가 있다. 셋째, 그 행동이 다른 상황에서도 발생하는지의 정도인 **특이성**(distinctiveness) 정보가 있다. 이러한 세 가지 유형의 정보를 동시에 고려하면, 사람들의 행동의 원인이 소인적인지, 상황적인지를 구별할 수 있다.

가. 귀인 차원

귀인이론에서는 행동의 원인을 어디에서 찾을 것이냐 하는 귀인 차원의 문제가 중심적인 문제다. 하이더(Heider, 1958)에 의해 제시된 가장 기본적인 귀인 차원은 원인 소재(locus of causality)의 차원이다. 그는 과업성취와 관련된 활동의 성과를 내부 귀인(internal atribution, 인적 요인)과 외부 귀인(external attribution, 환경적 요인)의 함수로서 보았다. 내부요인은 능력과 노력, 외부 요인은 과업난이도와 운을 지칭한다. 따라서 성과(능력, 노력, 과업, 운)의 함수로 나타낼 수 있다.

나. 귀인의 영향 요인

귀인의 영향 요인으로는, 첫째, 구체적인 정보단서이다. 이는 수행의 역사, 타인의 수행에 관한 정보, 수행의 일관성 여부 등이 포함된다. 개인의 과거 성공사는 특정한 행동의 원인을 능력으로 귀인할 것인지 혹은 능력 부족으로 귀인할 것인지를 결정하는 일차적 결정자이다. 특정한 과제를 과거에서부터 계속해서 성공적으로 수행한 사람은 자신의 능력으로 귀인시키지만, 그렇지 않을 경우에는 능력이 아닌 다른 요인으로 귀인시킬 것이다. 둘째, 능력에 대한 믿음이다. 이는 자신이 특정한 과제를 수행하는 데 능력이 있다고 믿으면, 성공했을 때는 능력으로 귀인시키고, 실패했을 때는 교사의 편견이나 검사의 불공정성 등으로 귀인시킨다. 반대로 자신을 능력 없는 사람이라고 생각하면 성공은 운이 좋았거나 과제가 쉬웠기 때문이라고 생각하며 실패는 무능력 때문이라고 생각한다. 셋째, 개인의 성향이다. 성취욕구가 높은 사람은 성공을 자신의 기술과 노력과 같은 내적 요인으로 귀인시키고, 성취욕구가 낮은 사람은 성공을 외적 요인으로 귀인시키는 경향이 있다.

다. 귀인의 오류

일반적으로 타인에 대해 평가할 때 주관적인 지각과 오류가 많이 발생하는데, 이와 같은 귀인 편향은 인지적 또는 지각적 요인에서 유래한다.

귀인의 오류를 다음과 같이 설명할 수 있다.

첫째, 기본 귀인 오류다. 이는 사람들이 타인의 행동에 대한 원인으로 외부적인 요인을 과소평가하고 내부적인 요인을 과대평가하는 경향을 의미한다. 귀인을 하는 과정에서 가장 일반적으로 나타나는 오류 중 하나는 타인의 행동 원인을 그 사람의 소인으로 귀인시키고, 자신의 행동 원인을 상황으로 귀인시키는 경향성이다. 이러한 경향성을 **기본 귀인 오류**(fundamental attribution error)라고 하며, 상당히 만연된 현상이다.

그렇다면 이러한 기본 귀인 오류가 나타나는 이유는 무엇인가? 한 가지 이유는 사람들이 귀인을 하는 데 이용할 수 있는 정보의 성질과 관련되어 있다. 특별한 장면에서 다른 사람의 행동을 관찰할 때, 가장 눈에 띄는 정보는 그 사람의 행동 자체다. 개인이 직접적으로 처해 있는 주변 상황은 비교적 안정적이고 불변적이기 때문에 사람이 주의의 초점이 된다. 그러나 사람이 자기 자신의 행동을 고려할 때에는 자신의 행동은 비교적 일관적이며 안정적으로 생각하고 환경의 변화가 더욱 두드러지기 때문에 상황적 요인에 기초된 귀인을 하기 쉬운 것이다.

둘째, 후광 효과다. **후광 효과**(halo effect)는 한 사람의 일부 특징에 대해 가지고 있는 지식이 그 사람의 다른 바람직한 특성을 일관성 있게 추측하는 데 사용되는 현상을 의미한다. 후광 효과가 나타나는 이유는 **내현 성격 이론**(implicit personality theories)에서 찾아볼 수 있다. 이는 어떤 특징들이 그 사람에게서 집합적으로 발견된다는 생각을 반영한 것으로 경험과 논리의 조합에 기초한 것이다. 즉, 한 사람의 특성들은 그 사람 내에서 집합을 이루고 있고, 그 집합 속에 있는 하나의 특성이 긍

정적이라면 다른 특성들도 그 집합 내에 포함되어 있기 때문에 긍정적이라고 판단
된다는 논리다.

셋째, 폴리아나 효과다. 1913년에 발표된 엘리너 포터(Eleanor Porter)의 소설 속
주인공인 폴리아나는 맹목적인 낙관주의를 가진 인물이다. 이러한 주인공과 같이
사람들은 세상은 즐겁고 즐길 만하다고 보려는 경향성을 가지고 있으며, 타인에 대
해 흔히 긍정적인 방향으로 지각하는 경향성을 가지고 있다. 이처럼 타인을 일반
적으로 긍정적인 방식으로 평가하려는 경향성을 **폴리아나 효과**(Pollyanna effect)라고
부른다.

3) 인간의 공격성

(1) 공격성의 개념

공격성(aggression)이란 공격적이거나 적대적 행동을 의미하는 것으로, 분노, 화,
증오에 따른 강압적이고 목적 있는 행위다. 다른 사람을 복종시키거나 압도하기 위
하여 신체적 언어적 행동을 하는 것, 또는 자신에게 향하던 자기-파괴적인 죽음의
본능이 타인에게 향하는 것인데 하나의 정신생물적 에너지(psychobiological energy)
다. 공격성은 다양한 형태로 표현된다. 첫째, 현저한 파괴, 싸움, 고통을 줌, 성적
공격 등 직접적으로 표현되거나, 둘째, 은밀한 적개심을 나타내는 농담 또는 화난
부모가 아이를 과보호를 하는 것처럼 간접적으로 또는 왜곡된 형태로 표현되며, 셋
째, 자기-증오나 피학증처럼 자기 자신으로 향하여 자기-파괴적 행위나 자살을
하게 하고, 넷째, 다른 사람의 목적을 방해하기 위하여 질질 끄는 것처럼 수동적으
로 표현된다. 긍정적인 측면으로 다섯째, 놀이나 스포츠로 승화되거나, 여섯째, 건
강한 자기-주장 또는 기술을 배우고 숙달하고자 하는 욕동으로도 표현된다(Gove,
1969; Moore & Fine, 1990; Moyer, 1976).

따라서 공격성의 범위는 적개적이고 파괴적인 행동으로부터 적개심의 동기가 없
는 자기-주장(self-assertion: 야심, 주도함, 권리주장)까지 그리고 의식적인 것으로부
터 무의식적인 것까지 다양하다. 공격성이 원래 공격적이고 파괴적인 것이냐, 또는
원래는 숙달과 적응을 위해 비공격적인 것인데 좌절과 갈등에 대한 반응으로 공격
적이 되느냐 하는 데는 많은 논란이 있다. 그리고 성적 욕동과 공격적 욕동은 출생
시에 확실히 구별되어 있다가 점점 융합되는 것이냐, 아니면 구별할 수 없는 것이

점점 별개의 것이 되느냐도 논란이 많다. 흔히는 점점 두 욕동이 융합되어 파괴성을 제한하고 에너지를 중화시키는 자아의 적절한 중재에 의해 여러 수준의 발달이 일어난다. 공격성을 타고난 자기-파괴적 죽음의 본능으로 생각한 프로이트의 공격성 개념은 정신분석에서 널리 받아들여지지 못했다(Moore & Fine, 1990).

이처럼 공격성은 자신이나 타인에게 상처나 고통을 주기 위해 의도적으로 하는 행위라고 정의될 수 있다. 이처럼 공격성은 사람이나 동물에게 신체적·정서적으로 아프게 하거나 재산상의 피해나 파괴를 이끄는 행동으로, 언어적이거나 신체적으로 나타난다.

(2) 공격성의 유형

공격성은 우연적·표현적·도구적·적대적 공격성의 네 가지 유형으로 구분되는데, 공격성의 유형에 따라 효율적으로 반응하는 방법이 다르다. 그러므로 각 유형의 유사점과 차이점을 알면, 아동이 공격적일 때 효과적으로 반응할 수 있다. 공격성의 유형은 다음과 같다. 첫째, 우연적 공격성으로 아동은 놀이를 하면서 종종 아무 생각 없이 타인을 해칠 수 있다. 이러한 행동을 우연적 공격성이라 한다. 둘째, 표현적 공격성으로 우연히 다른 사람을 다치게 하거나 다른 사람의 권리를 방해하는 신체적 행동을 통해 즐거움을 찾을 때 일어나는 것으로, 이를 통해 공격자가 즐거운 감각적 경험을 하게 된다. 이때 공격자의 목적은 피해자로부터 어떤 반응을 얻거나 물건을 파괴하려는 것이 아니라, 즐거운 신체적 감각을 느끼려고 하는 것이다. 셋째, 도구적 공격성으로 사물이나 영역, 권리를 얻기 위한 신체적 분쟁에서 누군가를 해치게 될 때 나타난다. 아동이 자신이 원하는 것과 자신의 소유물이라 생각되는 것을 지키기 위해 노력할 때, 누군가를 해치려는 의도는 없지만 도구적 공격성이 나타난다. 넷째, 적대적 공격성으로 적대적 공격성을 보이는 아동은 타인의 신체적 또는 심리적 고통을 통해 만족감을 느낀다. 남에게 상처를 주는 이러한 말이나 행동은 모욕이나 상처에 대한 보복이거나 원하는 것을 얻기 위한 고의적인 공격이다. 적대적 공격성은 고의적인 특성으로 인해, 다른 유형의 공격성과 구별된다.

(3) 공격성의 원인

공격성의 근원이 어느 정도 생물학적 요인인지, 학습에 의한 것인지에 대해서는 학자에 따라 견해 차이가 있다. 공격성의 원인으로는, 첫째, 생물학적 요인으로, 몇 몇 학자들은 공격성이 인간의 본능적인 요소라고 주장한다. 이 가설에 의하면, 아동은 특히 안전과 다른 기본적인 욕구가 위협받을 때, 공격적이 되도록 유전적으로 프로그램화되어 있다. 남성 호르몬인 안드로겐과 테스토스테론이 높아지면 공격적인 충동이 생긴다. 이는 왜 남아가 일반적으로 여아보다 더 공격적이고, 이 호르몬을 많이 가진 남아가 더 공격적인지를 부분적으로 설명해 준다. 기질도 아동의 공격적 성향에 중요한 역할을 한다. 예를 들어, 신경질적이고 부적응적인 기질의 영아는 편안하고 융통성이 있는 영아에 비해 유아기에 더 공격적이다. 둘째, 좌절-공격성 가설로, 좌절한 아동이 더 공격적이지만, 생물학적 요인과 학습과 같은 다른 요인들도 공격적 행동을 자극한다. 셋째, 단서-왜곡 가설로, 아동이 중립적인 사회적 상호작용을 적대적인 것으로 잘못 해석할 때, 공격성이 나타나기도 한다. 넷째, 직접적 가르침으로, 실제로 성인은 많은 경우에 문제 상황을 해결하기 위해 아동에게 공격적이 되라고 말하고 있다. 이러한 가르침은 아동의 행동에 많은 영향을 미친다. 다섯째, 강화로, 아동은 많은 경우에 공격적인 행동으로 보상을 받는다. 자신의 의지를 관철시키기 위해 때리고 물고 할퀴고 욕하고 위협할 때, 상대 아동이 자기가 바라는 대로 갈등으로부터 철회하거나 울거나 양보하면 이 아동은 강화받는다. 한 상황에서 성공하면, 공격 아동은 그 피해 아동에게 이후로도 같은 행동을 반복하게 된다. 여섯째, 모델링으로, 아동은 다른 사람이 공격적으로 행동하는 것을 지켜보면서 공격성을 배운다. 가족, 학교, 지역 사회의 성인이나 또래가 모델이 되기도 하고, 실제 삶이나 영화 속의 인물도 모델이 된다. 일곱째, 지식과 기술의 결여로, 아동은 자신의 목표가 방해받거나 다른 아동에게 공격받을 때, 어떻게 해야 할지 몰라서 공격성을 보이기도 한다. 즉, 자신이 가진 모든 사회적 기술을 다 사용했어도, 자신이 원한 것을 갖지 못했거나 중요한 것을 보호하지 못하였을 때에, 신체적 폭력으로 대응하게 된다. 이는 미성숙과 경험의 부족에 기인한 것으로, 비폭력적인 방법을 연습하거나, 자기 주장성을 표현하는 것을 배울 기회가 없었던 아동들이 주로 공격적이 된다.

(4) 공격적 행동을 줄이는 효과적인 전략

공격성을 줄이는 효과적인 전략은 자신의 의지를 비공격적으로 관철시키는 방법과 타인의 공격성에 대해 자기 주장적으로 반응하는 방법을 가르치는 것이다. 모델링, 강화, 가르침을 통해 공격적으로 되는 것을 배운 것처럼, 같은 방법을 통해 비공격적이 되는 것을 배울 수 있다. 이러한 학습은 아동이 공격자이건, 피해자이건, 방관자이건 모두 일어날 수 있다. 모든 경우에 아동의 공격적 행동을 감소시키는 방법은 폭력과 상반되는 가치관과 상호작용을 내면화시키는 것이다. 공격성적 행동을 줄이는 효과적인 전략은 다음과 같다. 첫째, 모델링이다. 자신이 비공격적 행동의 모델이 될 수 있다. 예를 들어, 아동은 교사가 문제점을 이야기하고, 타인과 논리적으로 이야기하고 화해하는 것을 볼 때, 이러한 방법이 공격성의 바람직한 대안이라고 간주하게 된다. 둘째, 강화의 방법이다. 이는 다른 행동과 마찬가지로 비공격적인 방법이 보상받을 때, 아동은 자신이 원하는 것이 무엇인지를 알리기 위해 비공격적 방법을 더 많이 사용한다. 강화의 한 유형으로서 교사는 긍정적인 개인적 메시지로 아동의 노력을 인정해 줄 수 있다. 다른 형태의 효과적인 칭찬인 긍정적인 개인적 메시지는 특정한 행동을 알려 주고, 왜 그러한 행동이 바람직한지를 아동에게 제시하기 때문에 특히 도움이 된다. 넷째, 직접적 가르침으로, 교수로 아동의 생활에서 좌절감 줄여 주기, 아동이 더욱 유능하게 느끼도록 도와주기, 공감능력 길러 주기, 친사회적 행동 가르치기, 표현적 공격성의 대상 바꿔 주기, 타인의 공격성에 대해 가능한 반응 가르치기, 갈등 중재를 통해 공격성의 대안 가르치기 등이 있다.

4) 고정관념, 편견과 차별

(1) 고정관념

일반적으로 어떤 편견을 가진 사람은, 자신이 배척하는 소수집단의 구성원들이 서로 유사하다고 생각한다. 이를 외집단 동질성 편향(outgroup homogeneity bias)이라고 한다. 이렇게 개개인의 고유한 특성을 고려하지 않고 범주화하는 사고방식이 바로 고정관념(stereotype)이다.

고정관념은 어떤 집단이나 사회적 범주 구성원들의 전형적 특징에 관한 신념이라고 정의할 수 있다. 고정관념은 사회나 인간이 지니고 있는 도식(schema)에 크게 의존한다. 여기서 도식이란 어떤 대상이나 개념에 관한 조직화되고 구조화된 신념이다. 인간은 사회화를 통해 각기 다른 문화 속에서의 신념체계를 습득하게 되고 이를 통해 문화에 대한 확고한 시냅스 연결이 뇌 속에 남게 된다. 이러한 사회화과정 속에서 고정관념이 형성되게 된다. 고정관념은 어떤 사람의 인상을 형성하는 데 큰 영향을 미치고 거기에 선입견 또는 편견을 부과하기도 한다. 고정관념은 때로 분쟁이나 극단적인 인종차별 같은 여러 사회문제를 발생시키기도 한다.

대부분의 사람들은 거의 자동적으로 인상을 형성하게 되는데, 이러한 사실은 중요한 점을 시사해 준다. 즉, 도식이 사회 세계를 조직하는 데 도움을 줄 수 있을지라도, 특히 다른 사람에 대해 과도하게 단순화된 이해를 조장할 때 부정적인 측면을 가지기도 한다는 것이다. 가장 일반적인 고정관념은 앞선 예처럼 인종, 민족 그리고 성에 대한 부분이며, 집단과 관련된 고정관념도 존재한다. 일명 **내집단-외집단 편향**(ingroup-outgroup bias)으로, 자신이 속하지 않은 집단의 구성원들(외집단)에 대해서는 덜 호의적이고, 자신이 속한 집단의 구성원들(내집단)에 대해서는 더 호의적인 경향이 있다. 이처럼 고정관념은 차별을 일으킬 뿐 아니라, 실제로 고정관념을 가지고 있는 집단 구성원들로 하여금 자신의 집단에 대한 고정관념을 반영하는 식으로 행동하도록 이끈다. 이를 **자기 충족적 예언**(self-fulfilling prophecy)이라 부른다. 자기 충족적 예언은 어떤 사건이나 행동의 발생 가능성을 증가시키도록 작용하는 미래의 사건이나 행동의 발생에 대한 기대다.

고정관념의 원인은 사람이 추론하기 위한 한 과정인 인상 형성의 과정 중 도식 과정에서 생기는 유형 중 하나이며, 선천적 원인이 아닌 학습에 의한 결과다. 사회로부터 학습된 사회 관념에 대한 맹목적인 동조 때문이라고도 할 수 있다. 사회 관념은 고정 불변하며 당연하고 이론의 여지가 없는 것이며 앞으로도 영원히 변치 않을 것처럼 강요된다. 어떤 사회 속에서 자신도 모르게 고정관념을 갖게 된다. 그것을 거부하고 새로운 문화를 추구할 때에는 항상 크고 작은 억압과 징벌, 고통이 가해진다.

(2) 편견

편견(prejudice)은 어떤 사물, 현상에 대하여 그것에 적합하지 않는 의견이나 견해를 가지는 태도를 말한다. 즉, 편견은 '공정하지 못하고 한 쪽으로 치우친 사고(思考)나 견해'를 말한다. 어떤 특정의 집단이나 개인(흑인, 외국인)에 대해 충분한 지식이나 경험을 갖기 전에 형성된, 말하자면 나쁜 감정, 부정적인 평가, 적대적인 언동의 총체다. 부정적인 감정이다. 특징으로는, 첫째, 불충분하고 부정확한 근거에 기초하고 있으며 특정의 선입관에 강하게 영향을 받는 태도다. 만일 잘못된 예측을 하였지만 새로운 사실이나 증거에 기초하여 잘못을 수정할 수 있는 경우에는 그 예측을 편견이라고 할 수 없다. 그러나 편견의 경우는 그 뒷받침이 되는 근거 등에 관심을 갖지 않고 새로운 정보 등의 영향도 부정하고 고집적이다. 둘째, 대상에 가치 판단이 포함되어 있다. 즉, 어떠한 가치기준에 기초한 상태에서 실제보다 긍정적으로 높게 평가하거나 부정적으로 낮게 평가하는 태도가 나타난다. 셋째, 비논리적이고 감정적인 태도다. 따라서 태도로서는 강고(强固)하며 논리적이고 현실적인 비판에 대해서는 강하게 감정적인 저항을 나타낸다. 넷째, 집단적 현상이다. 올포트(Gordon Willard Allport)의 정의에 의하면 편견은 경험이나 분석 이전에 집단에 대해서 갖는 판단이라고 한다. 편견은 사회를 카테고리화하여 일면적인 인과관계를 기초로 단순화한다. 그리고 그것을 공유하는 사람들 간에 집단적인 정체성을 만들어 내는 사회적 통합의 기능을 갖는 경우도 있다. 편견의 유사어로는 편향(bias), 고정관념(stereotype) 등이 있지만 상기의 특징에 비추면 편향은 감정적인 것만은 아니며, 고정관념은 나중의 수정이 비교적 용이하다는 등의 점에서 다르다.

편견에는 다음의 세 가지 종류가 있다. 첫째, 공공연한 편견으로, 대외적으로 특정 집단이나 대상에 대해 편견 어린 말과 행동, 태도를 서슴지 않는 것이며, 둘째, 암묵적인 편견으로, 겉으로는 편견을 거부하는 것처럼 처신하지만, 다른 동기로 위장이 가능하다면 편견 어린 태도를 보이는 것과, 셋째, 자동적인 편견으로, 암묵적인 편견까지도 드러내지 않지만, 뇌와 지각(perception)의 차원에서 편견이 드러나는 것이다.

편견의 원인으로, 편견은 생활환경 속에서 사회적으로 학습되어 간다. 아도르노(Theodor Wiesengrund Adorno) 등은 편견은 고립적 요인이 아니라 성격(personality)을 형성하는 시스템 속에 통합되어 있는 것이라고 하였다. 인간은 각종의 경험에 기초하여 사회적 태도(social attitude)를 형성하지만 이러한 태도가 고정화되고 습관화되어 유연성을 상실하면 어떠한 대상에 특정의 시점이나 가치 기준의 입장에서, 인지(認知), 판단하기 때문에 정확한 이해를 할 수 없어 편견이라는 태도가 형성된다.

편견의 심리적 배경에는 적의(敵意)나 자기 방위 등이 있다. 인간은 특정의 인종이나 사회계층 등의 집단에 속함으로써 안심하고 또한 어떤 집단으로의 귀속이 높아짐에 따라 대립하는 집단으로의 대항 의식이나 적의가 발생하게 된다. 집단으로의 귀속 의식의 뒤편에는 과시와 동시에 다른 집단으로의 적의가 포함되어 있으며 그 집단 전체가 갖는 편견에 동화되어 간다. 한편, 인종적 편견 등의 부정적인 태도는 상대를 무시함으로써 자기의 안정을 도모한다는 투사(projection)의 심리에 기초한 경우가 많다. 사회적으로 불우하였거나 지위가 낮은 사람일수록 인종적 편견이 강하다는 연구결과도 보고되어 있다. 또한 인간은 알고 있는 것에 대해서는 친근감을 갖지만 알지 못하는 것에 대해서는 방위적인 태도를 취하기 때문에 미지의 문화나 사회에 대한 공포감도 편견의 원인이 될 수 있다.

5) 타인의 영향

(1) 동조

동조(confirmity)란 타인들과 동일한 행위를 자의적으로 수행하는 것으로, 동조는 집단의 압력이 실제로 혹은 상상의 차원에서 발생함으로 인해 자의적으로 나타나는 행동 또는 태도의 변화다. 이것은 단순히 타인의 행동을 따르는 것이 아니다. 명백히 타인의 행동에 영향을 받아 나타나는 것이 바로 동조이다. 집단심리학자 체스터 인스코(C. Insko)에 따르면, 일반적으로 다수에 의해 동조하게 되는 것은 두 가지 정도의 이유가 있다. 첫째로는 경험적으로, 다수가 옳았기 때문이다. 즉, 그들 다수에게는 자신이 갖고 있지 않은 다른 정보가 있기 때문일 것이고, 소수는 그 정보의 잠재적 가치를 인정하여 다수에 합류하게 된다. 둘째로는 집단으로부터 배척당하는 것을 피하기 위해서다. 이런 이유로 발생하는 동조는 특히 사춘기 중고등학교 학생들에게서 흔히 관찰된다.

따라서 동조란 다른 사람들의 신념이나 기준에 따르려는 욕구에 의해 일어나는 행동이나 태도 변화를 의미한다. 동조 압력을 증명하는 일련의 실험이 애쉬에 의해서 수행되었다(Asch, 1951). 그는 기준이 되는 선분과 길이가 동일하다고 생각되는 선분을 세 개의 선분이 제시된 카드에서 찾도록 실험 참가자에게 지시하였다. 이러한 실험은 비교적 분명한 대답을 할 수 있어 참가자들에게는 쉬운 과제로 보였다. 실험 참가자는 여섯 명의 실험 보조자(실험 참가자는 이들을 또 다른 실험 참가자로 인식)와 함께 한 집단으로 구성되었으며, 가장 마지막에 반응하도록 좌석 배정을 받았다. 그러나 매우 이상한 일이 벌어지기 시작했다. 앞선 여섯 명의 실험 보조자들이 모두 실험 참가자가 정답이라고 생각하는 답과는 다른 엉뚱한 답을 제시하기 시작한 것이다. 결국 실험 참가자는 자신이 정답이라고 생각하는 답을 말할지, 아니면 집단에 따라 다른 모든 사람이 제시한 답을 말할지의 딜레마에 빠지게 된다. 결과는 대다수의 실험 참가자가 다수에 의해 제시된 답에 동조하는 경향을 보였다.

이러한 동조 압력은 몇몇 변인들에 의해서 달라질 수 있다. 집단의 특성은 동조 압력을 변화시키는 변인 중 하나로, 집단의 매력도가 클수록 그 구성원들의 동조가 커지며, 자신의 집단 내 지위가 낮고 집단에 대한 유사성이 낮을수록 개인에게 미치는 집단의 힘은 커지게 된다. 또한 동조 압력은 사람들이 사적으로 반응할 수 있을 때보다 공적으로 반응하도록 할 때 더 커지게 된다. 그리고 애매한 과제일수록 사람들은 사회적 압력을 받기 쉬우며, 집단 내에서 자신과는 생각이 다르지만 다수의 통일된 의견과는 다른 의견을 제시하는 사람이 한 사람이라도 존재하면 동조 압력은 크게 줄어들게 된다.

(2) 순종

동조는 일반적으로 사회 압력이 직접적인 명령의 형태로 작용하지 않는 상황에서 나타나는 현상을 말한다. 그러나 어떤 상황에서는 훨씬 더 명백한 사회적 압력이 존재한다. 즉, 특별한 관점이나 행동 방식을 택하도록 하는 직접적이면서 공공연한 압력이 존재하는 상황이 있다. 이처럼 직접적인 사회적 압력에 반응하여 나타나는 행동 유형을 **순종**(compliance)이라고 부른다.

가. 문간에 발 들여놓기 전략

문간에 발 들여놓기 전략(foot-in-the-door technique)이란, 우선 거부당할 가능성이 낮은 작은 것부터 요구한 뒤, 그것을 수용하면 이후 점점 더 큰 것을 요구하는 기법이다. 작은 것을 수용하면서 상대방은 '그런 요청에 대해 들어주는 친절한 사람'이라는 자기 지각이 발생하고, 이 때문에 나중에 정말 중요한 요청이 들어오더라도 이 일관된 자기 지각을 깨기가 어렵기 때문에 거부하기가 힘들게 된다. 뒤늦게 속았다는 듯한 기분을 받으면서도 어쩔 수 없이 응종하게 된다. 즉, 누군가로 하여금 무엇을 사게 하거나 무엇에 참여시키고자 한다면, 우선 작은 것부터 시작하라는 것이다. 예를 들면, 우선 특정 대선후보를 응원하는 배지를 달도록 요청한 후 이를 승낙하면 선거유세 현장에 참여해 달라고 요청하는 경우 등이 있다.

다른 하나는 자기 지각 이론에 기초한 것으로 최초 요구에 순종함으로써 자신이 요청이 있을 때 도움을 주는 사람이라고 생각하게 되어, 후에 더 큰 요구에 직면할지라도 태도와 행동의 일관성을 유지하기 위해서 순종하게 된다는 것이다.

나. 얼굴부터 들이밀기 전략

얼굴부터 들이밀기 전략(door-in-the-face technique)이란, 거절될 것으로 기대되는 큰 요구에 이어 보다 작은 요구가 뒤따랐을 때 작은 요구에 따르는 경향을 의미하는 말이다. 예를 들면, 한 방문객이 사회복지 기금을 모으기 위해서 기부금을 요청하는데, 100,000원을 요구했다면 대다수의 사람들은 선뜻 기부금을 내지 않고 거절할 것이다. 그러나 거절 이후, 1,000원만이라도 기부해 달라고 요청한 경우 대부분의 사람들이 이 기부금을 낼 가능성이 높다. 이러한 전략이 효과를 보이는 이유는 사람들이 다른 사람들에게 더 잘 보이려는 욕구가 있기 때문이다. 처음에 거절한 것은 타당한 이유에서 그렇다고 이해할 수 있지만, 두 번째 작은 요청을 거절하는 것은 자신을 비협조적인 사람으로 느낄 수 있기 때문에 순종하는 것이다.

다. 면전에서 문 닫기 기법

면전에서 문 닫기 기법(door-in-the-face technique)은 위와는 거꾸로다. 우선 명백히 거부당할 것으로 보이는 어마어마한 것을 요구한 뒤, 그것을 거부하면 타협안인 것처럼 하면서 처음 자신이 원하는 요구를 제시하는 기법이다. 큰 것을 거절하면서 상대방은 '초면부터 이렇게 매몰찬 거부를 보이다니, 나는 나쁜 사람처럼 보일지도 몰라.'라고 은연중에 느끼게 되는데, 이 점을 공략하는 방법이다. 앞의 문간에 발 들여놓기 기법보다는 약간 효과가 적다고 알려져 있는데, 이 요청이 특히 대의명분이 있거나 공익성이 있을 경우에는 효과적이다.

라. 낮게 날아오는 공 기법

낮게 날아오는 공 기법(low ball technique)은 전형적인 거짓말은 하지 않는다는 기법이다. 진실을 전부 말하지는 않고 일부를 숨김으로써 승낙을 얻어 낸 후, 말했더라면 거절했을 가능성이 높은 정보를 뒤늦게 공개하더라도 이에 반발하여 승낙을 철회하는 사람들이 많지 않다는 점에 착안한 방법이다. 이름이 하필 '낮게 날아오는 공 기법'인 이유는, 야구에서 낮게 날아오다가 중간에서 갑자기 확 솟아오르는 구질을 보면서 영감을 얻은 것이라고 한다. 예를 들면, 어떤 실험에 자원해 줄 것을 요청하면서 시간만 제외하고 모든 정보를 공개한 뒤, 상대방이 승낙하면 뒤늦게 실험이 아침 7시에 시작한다고 덧붙이는 것 등이다.

마. 끝이 아닙니다 기법

끝이 아닙니다 기법(that's-not-all technique)은 홈쇼핑 광고에서 흔히 볼 수 있는 것으로, 하나로 묶어서 상품을 판매할 경우 거절당할 가능성이 높다면, 그것들을 하나하나 보여 주면서 "놀라셨다고요? 잠깐, 끝이 아닙니다! 더 드립니다! 이 모든 것을 단돈 39,800원이면 한 번에!"와 같은 방식으로 선심 쓰듯이 판매하는 기법이다. 이것은 처음부터 함께 묶어서 팔았더라면 느낄 수 없었을 '특별한 혜택' 같은 것이 있는 것처럼 느끼게 해 주고, 그 판매 자체도 굉장히 예외적이고 특수한 사례로 여겨지게 만든다.

(3) 복종

순종은 다른 사람의 요구에 순수하게 동의하도록 하는 수단을 제공하지만, 어떤 경우에는 다른 사람의 명령에 기인한 행동 변화, 즉 **복종**(obedience)을 유도한다. 복종을 이해하기 위해 잠시 다음의 예를 살펴보자.

> "나는 새로운 기억 향상법을 개발하였습니다. 당신은 사람들에게 일련의 단어 목록을 가르치고 나중에 검사를 하여야 합니다. 검사 절차는 검사에서 실수를 할 때마다 학습자에게 전기충격을 가하는 것입니다. 전기충격은 30V에서 450V까지의 전기충격을 일으키는 전기충격 기계를 이용하게 됩니다. 기계에는 '약한 충격'에서 '위험'으로 표시된 스위치가 있습니다. 그러나 걱정하지 마시기 바랍니다. 전기충격은 통증을 일으킬 수 있지만 영구적인 손상을 입히지는 않을 것입니다."

앞의 예는 1960년대 스탠리 밀그램(Stanley Milgram)이 수행한 고전적 실험을 설명한 것이다. 실제로 실험은 학습과는 아무 관련이 없는 것이었고, 다만 실험 참가자가 실험자의 요구에 어느 정도 복종할 것인지를 연구하려는 것이 목적이었다. 사실 전기충격을 받는 사람은 실제로 실험 보조자였으며, 어떤 전기충격도 받지 않도록 장치된 방에서 전기충격을 받고 있는 것처럼 연기를 하도록 하였다. 실험 참가자들이 절대로 위험 수준까지 전기충격을 가하지 않을 것으로 예측을 하였으나, 이 예측은 빗나가고 말았다. 전체 실험 참가자 중 2/3가 실험자의 요청에 따라 가장 높은 수준의 전기충격 스위치를 조작하였다.

실험이 끝난 후, 실험 참가자들의 인터뷰를 통해 확인된 것은 이들이 학습자에게 발생하는 어떠한 문제도 실험자에게 책임이 있다고 믿었기 때문에 복종하였다는 것이다. 이러한 밀그램의 결과는 제2차 세계대전이 끝난 후 나치 장교들이 한결같이 "명령에 따랐을 뿐입니다."라고 반응을 한 것과 일맥상통하는 것으로 강력한 권위는 복종을 일으킬 수 있다는 것을 잘 보여 준다.

2. 응용심리

심리학은 인간의 행동과 정신과정에 관하여 연구하는 학문이기 때문에 인간이 있는 곳에는 언제나 심리학이 존재하고, 우리의 일상생활과 밀접한 관련을 맺고 있다. 여기에 심리학의 지식과 원리를 적용한 응용은 우리의 생활 전반에 지대한 공헌을 하고 있다. 심리학의 응용분야는 다양하지만, 간략하게 살펴보고자 한다.

첫째, 산업 및 조직심리학에서의 응용이다. 인사심리학은 종업원의 개인차와 관련된 문제를 다룬다. 여기서 인사(personnel)라는 용어 속에는 종업원의 선발, 배치, 승진, 근무평가, 교육 등과 관련된 모든 문제가 포함되어 있다. 따라서 어떤 직무에 필요한 인간의 지식, 기술, 성격, 흥미 등이 무엇인가를 알아내서 그 직무에 적합한 사람을 선발하고, 배치하고, 직무를 효율적으로 수행할 수 있도록 필요한 교육을 시키고, 합리적인 인사고과를 통하여 임금이나 승진 등을 결정하는 것을 포함한다. 조직심리학에서는 조직 내에서 일하는 모든 종업원들의 태도와 행동은 필연적으로 조직에 의해 영향을 받는다고 본다. 따라서 조직심리학에서는 종업원들의 직무만족, 작업동기, 조직에 대한 몰입, 리더쉽, 의사소통, 노사문제 등을 다룬다.

둘째, 군대에서의 심리학 응용이다. 군대는 다른 조직과 마찬가지로 사람들이 모여서 조직을 형성하고, 심리학의 기본원리와 지식이 군대의 인력관리 및 전투임무의 수행에 광범위하게 적용된다. 군대에서는 군대 인력의 선발과 배치, 군대 인력의 교육 및 훈련, 군대 조직편성 및 제도 개선, 사기 진작 및 효과적인 전투임무 수행, 군대생활 적응을 위한 상담활동 등에 적용되고 있다.

셋째, 정부에서의 심리학 응용이다. 정부 조직은 하나의 조직이므로 기업조직에서 응용되는 종업원의 선발, 배치, 교육훈련, 근무평가, 조직설계 및 조직개발, 직무설계, 리더십, 동기부여와 관련된 산업 및 조직심리학의 지식들이 정부 조직에도 활용된다. 아울러 행정기관에서 수립하는 정책의 결정과 실행, 대기 및 수질오염, 청소년 범죄 및 비행, 인구문제, 사회문제에 내포된 심리적 요인, 대학입시제도, 교도소 재소자의 갱생보호제도 등 다양한 행정제도의 수립에 심리학적 지식이 응용된다.

넷째, 공학에서의 심리학 응용이다. 공학에서는 작업자의 생산성과 안전을 증진시키기 위하여 기계나 장비를 어떻게 설계하는 것이 바람직한지에 관심을 갖고 실험 및 인지심리학 지식들을 산업현장에 응용하는 분야다. 공학의 응용은 자동차나 비행기의 계기판을 어떻게 배치하는 것이 작동 오류를 줄이는지 연구하고, 인간의 기술과 능력에 걸맞도록 작업환경을 어떻게 설계할 것인지를 다루는 데 심리학의 지식이 응용된다.

다섯째, 광고 및 소비자 행동에서의 심리학 응용이다. 광고심리학 또는 소비자심리학은 상품에 대한 소비자들의 지각이나 태도, 상품에 대한 정보통합과정 및 기억, 구매 동기 및 구매 행동, 상품구매에서의 의사결정과정 등을 다룬다. 또한 광고와 관련하여 소비자들에게 상품에 관한 정보를 효과적으로 제시하는 기법을 개발하고 시장조사 및 광고 효과 조사를 실시한다.

여섯째, 교통에서의 심리학 응용이다. 교통심리학은 교통 환경 속에서 일어나는 인간의 교통행동에 관심을 두고 운전자 및 보행자의 행동특성을 파악하고, 교통사고의 원인을 규명하여 교통행동의 무질서와 교통사고를 줄이는 데 관심을 두고 있다. 교통문제를 해결하기 위해 도로 및 안전시설, 교통참가자의 의식 및 태도, 법규 등이 응용된다.

일곱째, 환경문제 해결을 위한 심리학 응용이다. 인구의 증가와 그에 따른 환경파괴로 지구상의 자원이 고갈되고 대기오염과 식수오염 등 환경 문제가 날로 심각해지고 있다. 환경문제를 해결하기 위하여 환경교육, 주의 및 안내표시의 사용, 환경보존 방법 등이 응용된다.

여덟째, 스포츠에서의 심리학 응용이다. 각종 스포츠에서 운동선수들의 경기력은 개인의 평소 기량뿐만 아니라 심리적 요인에 의해서도 좌우되므로 심리학의 다양한 분야가 스포츠에 응용된다. 선수들 간의 경쟁과 협동, 지휘통솔법, 합숙이나 단체훈련에 적응, 훈련계획 등이 응용된다.

아홉째, 법에서의 심리학 응용이다. 법의 공정한 집행을 위해 심리학자는 재판에 관련된 사람들에 대한 소견을 법정에서 증언하기도 하고, 많은 심리학 연구에서 밝혀진 원리나 지식을 토대로 판결에 참고자료를 제공하기도 한다. 심리학자들이 법정에서 전문가로서 진술하는 증언에 관련된 연구 영역을 법정심리학(forensic psychology)이라고 부른다. 그러나 최근에는 법과 관련된 전반적인 인간행위로 영역이 보다 확장되어 법심리학으로 통합되고 있다.

열 번째, 학교에서의 심리학 응용이다. 청소년의 진로 및 취업상담을 위한 심리학의 응용, 학교폭력 예방을 위한 심리학의 응용이다. 청소년들의 진로 및 사회적 응을 위하여 심리학 지식들이 활용될 수 있다. 예를 들어, 수험생들의 효과적인 학습지도, 적성검사를 통한 학과선택 및 진로지도, 면담을 통한 부적응문제의 해결 등 다양한 방면에서 청소년에게 도움을 줄 수 있다. 또한 대학에 진학하지 않고 곧바로 사회에 진출하는 청소년에게 효과적인 진로 및 취업지도를 위해서 여러 가지 심리검사를 사용하여 개개인의 직무적성을 파악하는 일이 중요하다. 이를 위해서는 적성검사, 성격검사, 지능검사 등의 실시를 통하여 각자의 진로를 결정하고 이 결과를 취업지도뿐만 아니라 학업이나 교육방법에 활용할 필요가 있다. 이러한 과정에서 심리학자들은 심리검사의 개발, 검사 실시, 채점 및 평가, 해석에 참여하여 도움을 줄 수 있다.

열한 번째, 사이버 공간에서의 심리학 응용이다. 인터넷을 통해 필요한 정보를 찾고, 물건을 구매하고, 멀리 떨어져 있는 사람과도 통신료의 부담 없이 전자우편을 주고받고 채팅을 하는 등 사이버공간에서의 생활이 일상화되었다. 이러한 변화에 따라 심리학자들은 사이버 공간의 물리적 특징인 익명성, 시간과 공간의 초월성, 기록의 보존성 등이 인간행동에 미치는 영향을 연구하고, 사이버 세계에서 나타날 수 있는 부작용인 사이버 중독증을 예방하기 위한 방안을 제시하기도 한다(황상민, 한규석, 1999).

강문희, 신현옥, 정옥환, 정정옥(2004). 아동발달. 경기: 교문사.

고수일, 한주희(2005). 직무동기의 다차원적 구조. 경영학연구, 34(5), 1339-1363.

고영건, 김미리혜, 김지혜, 김진영, 박경, 박기환, 서혜희, 안귀여루, 오상우, 육성필, 윤혜영, 이경희, 이은영, 이임순, 이형수, 정진복, 조선미, 최기홍, 최승원(2019). 이상심리학. 서울: 학지사.

권대훈(2009). 교육심리학의 이론과 실제. 서울: 학지사.

권석만(2015). 현대이상심리학. 서울: 학지사.

권육상, 전대성, 홍석자, 서상범, 조미영, 홍전희(2004). 사회복지행정론. 서울: 유풍사.

권재일, 김현권, 남승호(2015). 언어의 이해. 서울: 한국방송통신대학교 출판문화원.

김계현(2007). 상담심리학. 서울: 학지사.

김계현, 김동일, 김봉환, 김창대, 김혜숙, 남상인(2000). 학교상담과 생활지도. 서울: 학지사.

김명희, 김영자, 김향자, 신화식, 윤옥균, 윤옥인, 이현옥, 정태희, 황윤한(2009). 다중지능이론과 교육의 실제. 서울: 학지사.

김미리혜, 박예나, 최설, 김유리(2018). 건강심리학. 서울: 시그마프레스.

김보기, 김인기, 짐정일, 문상목, 박성석, 박연경, 정명란, 한신애(2017). 인간행동이해를 위한 심리학. 경기: 양서원.

김성일(2006). 뇌기반 학습과학: 뇌과학이 교육에 대해 말해 주는 것은 무엇인가?. 인지과학, 17(4), 375-398.

김연실, 류청자, 박성원, 박애영, 박정은, 우상우, 장형은, 하수정(2020). 인간심리의 이해. 경기: 메디시언.

김옥경, 이선옥, 고태순, 이현아(2005). (21세기 교사를 위한) 유아교육개론. 서울: 태영출판사.

김종만(2020). 신경해부생리학. 경기: 메디컬포럼.

김종운(2017). 인간관계 심리학. 서울: 학지사.

김주원, 권재일, 고동호, 김윤신, 전순환(2008). 사라져가는 알타이 언어를 찾아서. 경기: 태학사.

김주현, 강소연, 고가연, 김경희, 김현주, 박복순, 박현태, 윤성자, 이하나, 최경혜, 추현심 (2018), 대학생의 건강관리. 서울: 메디컬사이언스.

김청송(2015). 사례중심의 이상심리학. 경기: 싸이북스.

김청송(2019). 현대 청소년심리 및 상담. 경기: 싸이앤북스.

김청자, 장선철(2006). 교육심리학. 서울: 동문사.

김청자, 장선철, 최세리, 김숙영(2003). 심리학의 이해. 서울: 동문사.

김치영, 최용민(2006), 사회복지행정론. 경기: 21세기사.

김현택, 박동진, 성한기, 유태용, 이순묵, 이영호, 진영선, 한광희, 황상민(1998). 인간의 이해 심리학. 서울: 학지사.

김훈태(2020). 교사를 위한 인간학. 서울: 교육공동체 벗.

남기민(2006). 사회복지정책론. 서울: 학지사.

남승규(2017). 행복심리학. 경기: 양서원.

민윤기, 김보성, 안권순, 한건환(2014). 인간생활과 심리학. 서울: 학지사.

박권생, 이재호, 최윤경, 김민영(2015). 사회심리학(제8판). 서울: 시그마프레스.

박병준(2003). 아리스토텔레스의 인간학 이해, 신학전망 140호(2003년 봄). 광주가톨릭대학교 출판부.

박병준(2004). '사랑'에 대한 철학적 성찰, 해석학연구 제14집(2004년 가을). 한국 해석학회.

박양근, 민경호, 조국행(2016). 인간관계론. 경기: 양서원.

박옥임, 백사안, 박준섭(2013). 청소년 심리 및 상담. 서울: 창지사.

박창호, 곽호완, 김보성, 김영진, 남종호, 박광배, 신미경, 안서원, 이재식, 이태연, 정혜선, 한유화(2018). 응용 인지심리학. 서울: 학지사.

배주채(2015). 언어학개론. 경기: 태학사.

서창원, 민윤기(2007). (생활 속의) 심리학. 서울: 시그마프레스.

성태재, 시기자(2017). 연구방법론. 서울: 학지사.

성현란, 이현진, 김혜리, 박영산, 박선미, 유연옥, 손영숙(2009). 인지발달. 서울: 학지사.

송인섭, 정미경, 김혜숙, 최지은, 박소연, 이희현, 김영아, 김누리, 김효원(2013). 교육심리학. 경기: 양서원.

신동열, 한상희, 서순희. 신동숙, 박경숙, 박태연, 정혜영, 김미자, 천해리, 최향례, 공현준, 백은주(2017). 인간심리의 이해. 경기: 양성원.

신복기, 박경일, 장중탁, 이명현(2002). 사회복지행정론. 경기: 양서원.

안은미(2020). 동기와 정서. 서울: 지식과 미래.

안창규, 채준호(1997). NEO-PI-R의 한국표준화를 위한 연구. 한국심리학학회, 9, 443-72.

오윤선(2017). 교육의 심리학적 이해. 서울: 창지사.

오윤선(2020). 인간심리의 이해. 경기: 양서원.

오윤선, 유양숙(2019). 대인관계와 의사소통. 서울: 창지사.

윤가현, 김문수, 김정희, 남기덕, 도경수, 박권생, 박용호, 손영숙, 송인섭, 심웅철, 유승엽, 윤영화, 이철원, 이현진, 조한익, 천성문(2005). 심리학의 이해. 서울: 학지사.

윤영애, 서연숙, 문영미(2018). 인간행동과 사회환경. 서울: 태영출판사.

이규은(2018). 성, 사랑, 성교육 그리고 가족. 경기: 공동체.

이성희, 한희선(2020). 성 평등 관점에서 본 결혼과 가족. 경기: 공동체.

이영돈(2011). 마음. 경기: 예담.

이영실, 유영달, 조명희, 홍성희, 고은주(2018). 정신건강론. 서울: 창지사.

이우경, 이원혜(2019). 심리평가의 최신 흐름. 서울: 학지사.

이장호(2005). 상담심리학. 서울: 박영사.

장후용(2008). 약물중독의 심리 생리학적 이해. 서울: 도서출판 조은.

정아란, 유정희(2019). 양성평등을 위한 행복한 성과 결혼. 경기: 공동체.

정옥분(2005). 청년심리학. 서울: 학지사.

정원식(2001). 인간의 동기. 경기: 교육과학사.

조남두, 윤경원(2010). 인간관론. 서울: 동문사.

지은구(2005). 사회복지행정론. 서울: 청목출판사.

최광일(2020). 학습 및 기억심리학. 서울: 지식과 미래.

최송식, 최말옥, 김경미, 이미경, 박은주, 최윤정(2019). 정신건강론. 서울: 학지사.

최정윤, 박경, 서혜희(2015). 이상심리학. 서울: 학지사.

한경희, 김중술, 임지영, 이정흠, 민병배, 문경주(2011). 다면적 인성검사 II 매뉴얼, 서울: 마음사랑.

한규석(2020). 사회심리학의 이해. 서울: 학지사.

한덕웅, 성한기, 강혜자, 이경성, 최훈석, 박군석, 김금미, 장은영(2005). 사회심리학. 서울: 학지사.

한종만, 김금숙, 김희탁, 배주한, 신형수, 이채우, 허명(2020). 신경해부워크북. 경기: 메디컬포럼.

현성용, 김교헌, 김미리혜, 김아영, 김현택, 박동건, 성한기, 유태용, 윤병수, 이봉건, 이순묵, 이영호, 이재호, 이주일, 진영선, 채규만, 한광희, 황상민(2015). 현대심리학의 이해. 서울: 학지사.

Ajzen, I. (1985). From intention to actions A theory of planned behavior. In J. Kuhl, & J. Beckman (Eds.), *Action control From cognition to behavior* (pp. 11-39). New York: Springer-Verlag.

Akmajian, A., Demers, R. A., & Harnish, R. M. (1984). *Linguistics*. Cambridge. MA: MIT Press.

Albarracin, D., & Shavitt, S. (2018). Attitudes and attitude change(Review unadvance, posted 25 August, 2017). *Annual Review of Psychology, 2018, 69*: 4.1-4.29.

Alderfer, C. (1969). An Empirical Test of a New Theory of Human Needs. *Organizational Behavior and Human Performance, 4*(2), 142-175.

Anderson, C. A., & Dill, K. E. (2000). Video game and aggressive thoughts, Feelings, and behavior in laboratory and in life. *Journal of Personality and Social Psychology, 78*, 772-790.

Anderson, J. R., & Bower, G. H. (1973). *Human associative memory. Washington*, DC: Winston & Sons.

Argyle, M. (2001). Causes and collates of happiness. In D. Kahneman, E. Diener, & N. Schwarz(Eds.), *Well-being: The foundations of health psychology* (pp. 353-373). Russell Sage Foundatioan.

Aristotele(1996). Etica Nicomachea, A cura di Marcello Zanatta. *Testo Greco a Fronte, Vol. I-II*, Milano.

Asch, S. E. (1946). Forming impressions of personality. *Journal of Abnormal and Social Psychology, 41*, 258-290.

Asch, S. E. (1951). Effects of group pressure upon the modification and distortion of judgements. In H. Guetzkow (Ed.), *Groups, leadership, and men*. Pittsburgh: Carnegie Press.

Atkinson, R. C., & Shiffrin, R. M. (1968). Human memory: A control system and its control processes. In K. W. Spence & J. T. Spence (Eds.), *The psychology of learning and motivation(Vol. 2)*. New York: Academic Press.

Atkinson, R. C., & Shiffrin, R. M. (1971). The control of short-term memory. *Scientific American, 225*, 82-90.

Baars, B. J., & Gage, N. M. (2010). 인지, 뇌, 의식: 인지신경과학 입문서. [Cognition, brain, and consciousness: Introduction to cognitive neuroscience] (강봉균 역). 경기: 교보문고(원저는 2010년 출판).

Badcock, C. (2000). Evolutionary psychology: A critical introduction. Combride, UK: Polity Press.

Baldwin, G. B. (1970). Economic advisor, world Bank. Abstract from Foreign Affairs, January, 358.

Baron-Cohen, S., Leslie, A. M., & Frith, U. (1985). Does the autistic child have a "theory of mind?" *Cognition, 21*, 37-46.

Bartoshuk, L. M. (1997). Cited in K. Fackelmann, The bitter truth. *Science News, 152*, 24-25.

Bartoshuk, L. M., & Beauchamp, G. K. (1994). Chemical senses. *Annual Review of Psychology, 45*, 419-449.

Baumgardner, S. R., & Crothers, M, IC. (2009). *Positive psychology*. Washington, DC:

Prentice Hall/ Pearson Education.

Bem, S. L. (1993). *The lenses of gender*. New Haven, CT: Yale University Press.

Binet, A., & Simon, T. (1905). Méthodes nouvelles pour le diagnostique du niveau intellectuel des anormaux. (New methods for diagnosing the intellectual level of subnormals). *L'année Psychologique, 11*, 191-336.

Bower, G. H. (1983). Affect and cognition. *Philosophical Transaction: Royal Society of London, Series B, 302*, 387-402.

Broadbent, D. E. (1958). *Perception and communication*. Oxford, UK: Pergamon.

Brown, B. B. (1984). *Between health and illness*. Boston: Houghton Mifflin.

Brown, J. D. (1987). A review of meta-analyses conducted on psychotherapy outcome research. *Clinical Psychology Review*, 7, 1-23.

Burge, D., & Hammen, C. (1991). Maternal communication: Predictors of outcome at follow-up in a sample of children at high and low risk for depression. *Journal of Abnormal Psychology, 100*, 174-180.

Cairns, H. S., & Cairns, C. E. (1976). *Psycholinguistics: A cognitive view of language*. New York: Holt.

Cassirer, E. (1988). 인간이란 무엇인가: 문화철학서설. [Essay on man] (최명관 역). 서울: 서광 사(원저는 1944년 출판).

Cialdini, R. B., Kenrick, D. T., & Neuberg, S. L. (2020). 사회심리학. [Social psychology : goals in interaction (6th ed.)] (김아영 역). 경기: 웅진 지식하우스(원저는 2015년 출판).

Coreth, E. (1994). 인간이란 무엇인가―철학적 인간학의 기본개요. [Was ist der Mensch?] (안명 옥 역). 서울: 성바오로출판사(원저는 1973년 출판).

Corey, G, (2005). *Theory and practice of counseling and psychotherapies*(7th ed.). Belmont, CA; Brooks/ Cole Publishing Company.

Cowles, H. W. (2012). 언어심리학 101. [Psycholinguistics 101] (이승복, 이희란 역). 서울: 시 그마프레스(원저는 2010년 출판).

Darley, J. M., & Latané, B. (1968). Bystander intervention in emergencies: Diffusion of responsibility. *Journal of Personality and Social Psychology*, 8, 377-383.

de Villiers, J. G., & de Villiers, P. A. (1978). *Language acquisition*. Cambridge, MA: MIT Press.

Deci, E. L., & Ryan, R. M. (1985). *Intrinsic motivation and self-determination in human behavior*. New York: Plenum.

Diener, E., & Lucas, R. (1999). Personality and subjective well-being. In D. Kahneman, E. Diener, & N. Schwarz (Eds.), *Well-being: The foundations of hedonic psychology* (pp. 213-229). New York: Russell Sage Foundation.

Diener, E., & Seligman, M. E. P. (2004). Beyond money: Toward an economy of well-being. Journal of Personality and Social Psychology, 80, 804-813.

Ekman, P. (1972). Universals and cultural differences in facial expressions of emotion. In J. Cole (Ed.), *Darwin and facial expression: A century of research in review* (pp. 169-222). New York: Academic Press.

Ekman, P., Levenson, R. W., & Friesen, W. V. (1983). Autonomic nervous system activity distinguishes among emotions. *Science, 223*, 1208-1210.

Ellis, A. (1998). *REBT diminishes much of the human ego*. New York: Institute for Rational-Emotive Therapy.

Eron, L. D., Huesmann, L. R., Lefkowitz, M. M., & Walden, L. O. (1972). Does television cause aggression? *American Psychologist, 27*, 253-263.

Feldman, R. S. (1994). 생활 속의 적응. [Adjustment] (이수식, 장미옥, 진복선 역). 서울: 양서원(원저는 1989년 출판).

Festinger, L. (1957). *A theory of cognitive dissonance*. Evanston, IL: Row & Peterson.

Frank, G. (1995). An ego-psychological approach to Rorschach. Psychological Reports, 77, 911-930.

Frankl, V. E. (1963). *Man's Search for Meaning An Introduction to Logotherapy*. New York: Washington Square Press.

Friedman, J. M., & Polifka, J. E. (1996). *The effects of drugs on the fetus and nursing infant: A handbook for health care professionals*. Baltimore: Johns Hopkins University Press.

Friedman, S., & Stevenson, M. (1980). Perception of movements in pictures. In M. Hagen (Ed.), *Perception of pictures, Vol. 1: Alberti's window: The projective model of pictorial information*. Orlando, FL: Academic Press.

Gardner, H. (1983). *Frames of mind: The theory of multiple intelligences*. New York: Basic Books.

Gibson, E. J., & Walk, R. D. (1960). The "visual cliff". *Scientific American*, 64-71.

Godden, D. R., & Baddeley, A. D. (1975). Context dependent memory in two natural environments: On land and underwater. *British Journal of Psychology, 66*, 325-331.

Haeffner, G. (1996). 철학적 인간학. [Philosophische anthropologie] (김의수 역). 서울: 서광사(원저는 1982년 출판).

Harlow, H. F., & Zimmerman, R. R. (1959). Affectional responses in the infant monkey. *Science, 130*, 421-432.

Harris, B. (1979). Whatever happened to Little Albert? *American Psychologist, 34*, 151-160.

Hartmen, W., & Fithian, M. (1984). *Any man can*. New York: St. Martin's.

Herzberg, F. (1966). *Work and the Nature of Man*, Cleveland : World Publishing.

Hobson, J. A., & McCarley, R. W. (1976). waves: phase-locked firing by pontine reticular neurons. *Soc. Neuroscience, Abstract, 2*.

Hoffman, C., Lau, I., & Johnson, D. R. (1986). The linguistic relativity of person cognition: An English-Chinese comparison. *Journal of Personality and Social Psychology, 51*, 1097-1105.

Huizinga, J. (1981). 호모 루덴스. [Homo ludens] (김윤수 역). 서울: 홍성사(원저는 1938년 출판).

Hull, C. L. (1943). *Principles of behavior: An introduction to behavior theory*. New York: Appleton-Century-Crofts.

Hunt, M. (1993). *The story of psychology*. New York: Doubleday.

James, W. (1890). *Principles of psychology*. New York: Holt.

Kagan, J. (1998). Biology and the child. In W. Damon & R. M. Lerner (Eds.), *Handbook of child psychology(Vol. 1)*. New York: John Wiley & Sons.

Kalat, J. W. (2019). 생물심리학. [Biological psychology (13th ed.)] (김문수, 박순권 역). 서울: 박학사(원저는 2019년 출판).

Kaplan, H. S. (1974). *The new sex therapy*. New York: Brunner-Mazel.

Kelly, H. H. (1967). Attribution theory in social psychology. In D. Levine (Ed.), *Nebraska Symposium on Motivation. Lincoln*, NE: University of Nebraska Press.

Kinsey, A. C., Pomeroy, W. B., & Marin, C. E. (1948). *Sexual behavior in the human female*. Philadelphia: Saunders.

Kinsey, A. C., Pomeroy, W. B., Martin, C. E., & Gebhard, P. H. (1953). *Sexual behavior in the human female*. Philadelphia: Saunders.

Kosslyn, S. M. (1995). Introduction. In M. S. Gazzaniga (Ed.), *The cognitive neurosciences*. Cambridge, MA: MIT Press.

Kronsick, J. A., Betz, A. L., Jussim, L. J., & Lynn, A. R. (1992). Subliminal conditioning of attitudes. *Personality and Social Psychology Bulletin, 18*, 152-162.

Kuhn, D., & Dean, D. (2009). Connecting scientific reasoning and causal inference. *Journal of Cognition and Development, 5*, 261-288.

Kuhn, T. S. (2013). 과학 혁명의 구조. [Structure of scientific revolutions: 50th anniversary edition] (김명자, 홍성욱 역). 서울: 까치글방(원저는 2012 출판).

Landmann, M. (1977). 철학적 인간학—역사와 현대에 있어서 인간의 자기 해명. [Philosophical Anthropology] (진교훈 역). 서울: 경문사(원저는 1955년 출판).

Larson, R. K. (1990). Semantics. In D. N. Osherson & H. Lasnik (Eds.), *Language*, Cambridge, MA: MIT Press.

Latané, B., & Darley, J. M. (1970). *The unresponsive bystander: Why doesn't he help?* New York: Appleton-Century-Crofts.

Lazarus, R. S. (1984). On the primacy of cognition. *American Psychologist, 39*, 124-129.

Leahey, J. R (2000). A history of psychology: Main currents in psychological thought. Upper New York Saddle River.

LeDoux, J. E. (1994). Emotion, memory and the brain. *Scientific American, 270*, 32-39.

Lepper, M. R. (1983). Extrinsic reward and intrinsic motivation: Implications for the classroom (pp. 281-317). In J. M. Levine & M. C. Wung (Eds.), *Teacher and student perceptions: Implications for learning.* Hillsdale, NJ: Lawrence Erlbaum Associates.

Lepper, M. R., & Greene, D. (1978). *The hidden costs of reward.* Hillsdale, NJ: Lawrence Erlbaum Associates.

Loftus, E. F. (1997). Repressed memory accusations: Devastated families and devastated patients. *Applied Cognitive Psychology, 11*, 25-30.

Loftus, E. F. (1997a). Creating false memories. *Scientific American*, September, 70-75.

MacLean, P. (1990). *The triune brain in evolution: Role in Paleocerebral functions.* New York: Springer.

Maier, N. R. F. (1931). Reasoning in humans II: The solution of a problem and its appearance in consciousness. *Journal of Comparative Psychology, 12*, 181-194.

Marieb, E. N., Wilhelm, P. B., Mallatt, J. B. (2019). 사람해부학. [Human anatomy (7th ed.)] (홍해숙 외 공역). 서울: 메디컬 사이언스(원저는 2014년 출판).

Martin, B. (1991). 사람과 사람사이. [Between man and man] (남정길 역). 서울: 전망사(원저는 1947년 출판).

Maslow, A. H. (1970). *Toward a psychology of being* (3rd ed.). New York: Van Nostrand.

Maslow, A. H. (Ed.). (1970). *Motivation and personality* (2nd ed.). New York: Harper & Row.

Matsumoto, D. (1987). The role of facial response in the experience of emotion: More methodological problems and a meta-analysis. *Journal of Personality and Social Psychology, 52*, 769-774.

Mayer, D. G. (2002). *Exploring Psychology.* New York: Worth Publishers.

Mayer, J. D., & Salovey, P. (1997). What is emotional intelligence? In P. Salovey & D. J. Sluyter (Eds.), *Emotional development and emotional intelligence: Educational implications.* New York: Basic Books.

Miller, G. A. (1956). The magical number seven, plus or minus two: Some limits on our capacity for processing information. *Psychological Review, 63*, 81-97.

Mondin, B. (1996). 인간: 철학적 인간학 입문. [Antropologia filosofica] (허재윤 역). 서울: 서

광사(원저는 1985년 출판).

Money, J. (1987). Sin, sickness, or status? Homosexuality, gender identity, and psychoneuroendocrinology. *American psychologist, 42*, 384-399.

Moscovitch, M. (1997). Cited in C. Holden, A special place for faces in the brain. *Science, 278*, 41.

Neath, I. (1998). *Human memory.* Pacific Grove, CA: Brooks/Cole.

Newell, A. (1990). *Unified theories of cognition.* Cambridge, MA: Harvard University Press.

Newell, A., & Simon, H. A. (1972). *Human problem solving.* Englewood Cliffs, NJ: Prentice-Hall.

Norman, D. A. (1982). *Learning and memory.* New York: Freeman.

Ohnson, M. R. (2000). *Developmental cognitive neuroscience: An introduction.* Oxford: BlackwelL.

Ornstein, R. E. (2004). 의식심리학. [psychology of consciousness] (이봉건 역). 충북: 충북대학교 출판부(원저는 1972년 출판).

Ouchi, W. (1981). *Theory Z: How American business can meet the Japanese challenge.* New York : Avon Books.

Pannenberg, W. (1996). 인간학1—인간본성론. [Anthropologie] (박일영 역). 경북: 분도출판사(원저는 1983년 출판).

Peterson, L. R., & Peterson, M. J. (1959). Short-term retention of individual verbal items. *Journal of Experimental Psychology, 58*, 193-198.

Petty, R. E., & Cacioppo, J. T. (1981). Electromyograms as measures of extent and affectivity of information processing. *Amer. Psychologist, 36*: 441-456.

Pietrofesa, J. J., Hoffman, A., & Splete, H. H. (1984). *Counseling: An introduction* (2nd Ed.), Boston: Houghton Mifflin.

Pinker, S. (1990). Language acquisition. In D. N. Osherson & H. Lasnik (Eds.), *Language.* Cambridge, MA: MIT Press.

Pratkanis, A. R. (1992). The cargo-cult science of subliminal persuasion. *Skeptical Inquirer, 16*, 260-272.

Prince, A., & Smolensky, P. (1997). Optimality: From neural networks to universal grammar. *Science, 75*, 1604-1610.

Rice, M. L. (1989). Children's language acquisition. *American Psychologist, 44*, 149-156.

Rinn, W. E. (1984). the neuropsychology of facial expression: A review of neuro-logical and psychological mechanisms for producing facial expressions. *Psychological Bulletin, 95*, 52-77.

Robertson, I. (2018). Stress test: How pressure can nutke you stronger and sharper,

London: Bloomsbury Publishing.

Rosenthal, R., & Jacobson, L. (1968). *Pygmalion in the classroom: Teacher expectation and pupils' intellectual development.* New York: Holt, Rinehart and Winston.

Rothblum, E. D. (1990). Women and weight: Fad and fiction. *Journal of Psychology, 124,* 5-24.

Rundus, D. (1971). Analysis of rehearsal processes in free recall. *Journal of Experimental Psychology, 89,* 63-77.

Santrock, J. W. (2017). *Life-span development.* New York: McGraw-Hill Education Ltd.

Schachter, S., & Singer, J. E. (1962). Cognitive, social, and physiological determinants of and emotional state. *Psychological Review, 69,* 379-399.

Schaie, K. W. (1965). A general model for the study of developmental problems. *Psychological Bulletin, 64,* 92-107.

Schneider, W., & Shiffrin, R. M. (1977). Controlled and automatic information processing: I. Detection, search, and attention. *Psychological Review, 84,* 1-66.

Schwartz, B., & Reisberg, D. (1991). *Learning and memory.* New York: Norton.

Shertzer, B., & Stone, S. C. (1981). *Fundamentals of Guidance*(4th ed.). Boston, MA: Houghton Mifflin.

Simon, H. A. (1974). How big is a chunk? *Science, 183,* 482-488.

Skidmore, R. A.(1990). *Social Work Administration: Dynamic Management and Human Relationships*(2nd ed). Englewood Cliffs, NJ: Prentice-Hall.

Skinner, B. F. (1938). *The behavior of organisms.* New York: Appleton-Century-Crofts.

Skinner, B. F. (1953). *Science and human behavior.* New York: Macmillan.

Skinner, B. F. (1975). The steep and thorny road to a science of behavior. *American Psychologist, 30,* 42-49.

Smith, J. H. (1981). The idea of health: a philsophical inquary. *ANS, 4*(1), 43-50.

Spearman, C. (1904). "General intelligence" objectively determined and measured. *American Journal of Psychology, 15,* 201-293.

Sperling, G. A. (1960). The information available in brief visual persentations. *Psychological Monographs, 74*(Whole No. 498).

Squire, L. R., & Knowlton, B. J. (1995). Memory, hippocampus, and brain systems. In M. S. Gazzaniga (Ed.), *The cognitive neuro-sciences.* Cambridge, MA: MIT Press.

Sternberg, R. J. (1985). *Beyond IQ: A triarchic theory of human intelligence.* New York: Cambridge University Press.

Sternberg, R. J. (1986). A triangular theory of love. *Psychological Review, 93,* 119-135.

Sternberg, R. J. (2006). *The new psychology of love.* New Haven, CT: Yale University Press.

Sternberg, R. J. (2014). 인간의 지능 탐구. [Handbook of intelligence] (김정휘, 추연구, 허주연 역). 서울: 박학사(원저는 2000년 출판).

Sternberg R. J., & Detterman, D. K (1986). *What is intelligence? Contemporary viewpoints on its nature and definition*. Norwood, NJ: Ablex.

Sternberg, R. J., & Grajek, S. (1984). The nature of love. *Journal of Personality and Social Psychology, 47*(2), 312-329.

Sternberg, R. J., & Williams, W. M. (2009). *Educational psychology* (2nd ed.). Pearson: Available.

Terman, L. M. (1916). *The measurement of intelligence*. Boston: Houghton Mifflin.

Thelen, E. (1995). Motor development. *American Psychologist, 50*, 79-95.

Tolman, E. C. (1959). Principles of purposive behavior. In S. Koch (Ed.), *Psychology: A study of science*. Vol. 2. New york: McGraw-Hill.

Treisman, A. M. (1964). Verbal cues, language, and meaning in selective attention. *American Journal of Psychology, 77*, 206-219.

Treisman, A. M., & Gelade, G. (1980). A feature-integration theory of attention. *Cognitive Psychology, 12*, 97-136.

Tulving, E. (1974). Recall and recognition of semantically encoded words. *Journal of Experimental Psychology, 102*, 778-787.

Tulving, E., & Pearlstone, Z. (1966). Availability versus accessibility of information in memory for words. *Journal of Verbal Learning & Verbal Behavior, 5*, 381-391.

Wason, P. C. (1966). Reasoning. In B. M. Foss (Ed.), *New horizons in psychology*. Harmondsworth, UK: Penguin.

Watson, D., & Clark, L. A. (1994). *The PANAS-X: Manual for the positive and negative affect schedule-expanded form*. Unpublished manuscript, University of Iowa, Iowa City.

Watson, J. B. (1913). Psychology as the behaviorist views it. *Psychological Review, 20*, 158-177.

Watson, J. B. (1924). *Behaviorism*. New York: Norton.

Watson, J. B., & Rayner, R. (1920). Conditioned emotional reactions. *Journal of Experimental Psychology, 3*, 1-14.

Wechsler, D. (1939). *The measurement of adult intelligence*. Baltimore: Williams and Wilkins.

Wiener, N. (1948). *Cybernetics or Control and Communication in the Animal and the Machine*. Paris: Hermann & Cie.

Wood, N., & Cowan, N. (1995). The cocktail party phenomenon revisited: How frequent are attention shifts to one's name in an irrelevant auditory channel? *Journal of*

Experimental Psychology: Learning, Memory, and Cognition, 21, 255-260.

Yantis, S. m., & Abrams, R. A. (2018). 감각과 지각. [Sensation and perception (2nd ed.)] (곽호완, 감기택, 곽지은, 이재식, 최훈 역). 서울: 시그마프레스(원저는 2017년 출판).

Yerkes, R. M., & Dodson, J. D. (1908). The relation of strength of stimulus to rapidity of habit formation. *Journal of Comparative Neurology and Psychology, 18*, 459-482.

Zajonc, R. B. (1980). Feeling and thinking: Preference need no inferences. *American Psychologist, 35*, 151-175.

Zilbergeld, B., & Ellison, C. R. (1980). Desire discrepancies and arousal problems in sex therapy. In S. R. Leiblum & L. A. Pervin (Eds.), *Principles and practices of sex therapy*. New York: Guilford Press.

찾아보기

〈인명〉

A

Adler, A. 23, 184, 236
Adorno, T. W. 313
Allport, G. 185, 313
Altman, I. 292
Anderson, C. A. 303
Anspaugh, D. J. 214
Arbuckle, D. S. 230
Aristoteles 13
Asch, S. E. 304
Atkinson, R. C. 123

B

Baddeley, A. D. 128
Bandura, A. 187
Bem, S. L. 286
Bender, L. 194
Berger, H. 92
Binet, A. 161
Binswanger, L. 278
Bollnow, O. T. 16
Boss, M. 278
Bower, G. 128

C

Cacioppo, J. T. 302
Catell, R. B. 186, 189
Cohen, P. 221
Costa, P. T. 190

D

Darwin, C. 12, 117
Democritus 20
Descartes, R. 13
Dewey, J. 21

E

Ebbinghaus, H. 121, 129
Ellis, A. 242
Eysenck, H. 186

F

Fechner, G. T. 20
Festinger, L. 301
Fishbein, M. 303
Frankl, V. E. 278
Freud, S. 17

〈내용〉

저자 소개

안권순(Ahn Kwon Soon)

충남대학교 심리학과 학사
중앙대학교 대학원 심리학과 임상심리학 석사
동국대학교 대학원 교육학과 상담심리학 박사
(주 전공: 임상심리학, 상담심리학, 교육학)

전 원광대학교 의과대학 신경정신과 임상심리 인턴수료
    대전광역시 활동진흥센터 교육개발부장
    한국대학상담학회 사무국장
    여성가족부 정책자문위원회 청소년분과위원장
    한국청소년학회 회장
    서산시 청소년문화의집 관장
    한서대학교 평생교육원장
    한서대학교 교수학습개발센터장
현 한서대학교 교육대학원 상담심리전공 교수
    한서대학교 보건상담복지학과 교수

〈저서 및 논문〉
『심리학의 실제』(공저, 형설출판사, 2004), 『인간생활과 심리학』(공저, 학지사, 2011), 「비행
청소년과 일반청소년의 비행 경험 및 관련 요인 비교」(2007) 외 다수

인간심리의 이해
Introductory of Human Psychology

2023년 2월 20일 1판 1쇄 인쇄
2023년 2월 25일 1판 1쇄 발행

지은이 • 안권순
펴낸이 • 김진환
펴낸곳 • ㈜ 학지사

04031 서울특별시 마포구 양화로 15길 20 마인드월드빌딩
대표전화 • 02)330-5114   팩스 • 02)324-2345
등록번호 • 제313-2006-000265호

홈페이지 • http://www.hakjisa.co.kr
페이스북 • https://www.facebook.com/hakjisabook

ISBN 978-89-997-2827-3 93180

정가 22,000원

출판미디어기업 **학지사**

간호보건의학출판 **학지사메디컬** www.hakjisamd.co.kr
심리검사연구소 **인싸이트** www.inpsyt.co.kr
학술논문서비스 **뉴논문** www.newnonmun.com
교육연수원 **카운피아** www.counpia.com